日本ダルクローズ音楽教育学会創立40周年記念論集

リトミック教育研究
―理論と実践の調和を目指して―

日本ダルクローズ音楽教育学会　編

開成出版

『創立40周年記念論集』の刊行にあたって

日本ダルクローズ音楽教育学会
会長　福　嶋　省　吾

　本学会は、1973年創立以来40数年における弛まない学会活動を展開してきた。
　2013年度は学会創立40周年の年に当り、記念事業の一環として創立40周年記念論集『リトミック教育研究―理論と実践の調和を目指して―』と題する記念論集の刊行を計画し、この程刊行することができた。毎年度刊行している学会誌『ダルクローズ音楽教育研究』の他に、この種の記念刊行物はすでに『30周年記念論文集』および『35周年記念論文集』の2冊を刊行してきた。このほど、5年ごとの周年事業として3冊目の刊行となった。この記念事業は、わが国における音楽教育研究の分野において、リトミック教育研究が少なからず寄与してきたのではないか。それは個人研究に基づきながらも、学会としての研究への取り組みが極めて重要と思われる。
　さて、本書は『リトミック教育研究―理論と実践の調和を目指して―』と題しているが、この命題は本学会が掲げている研究活動の重要な目標の一つでもある。それは、リトミック教育の実践を発展的に深めていくためには、哲学や教育学、そして心理学または統計学など、研究の基底となる確かな学術的理論に依拠していかなければならないし、一方、理論研究においては、文献史料を駆使して哲学や教育学、歴史や人物史などを研究対象に進めていくが、その場合文献史料から読み取れる実践的な内容と方法をイメージし探究していくことも必要と思われる。そこで、学会として理論と実践のどちらかに偏らず、リトミック教育研究の重要な軸としてその調和を求めて研究活動を展開していくことが、これからの学会として取り組むべく重要な課題でもあろう。
　ところで、「リトミック教育研究」の研究領域は、学術的な分野に依拠していかなければならないと思われる。その一つとして、先ずリトミックとは何かという基本概念の検討、ついでその教育とはどのような教育哲学に根差しているのか、さらにこのリトミック教育の内容と方法を考案したE.ジャック=ダルクローズの哲学や音楽観、そして音楽教育思想とは何かなど、彼の人物を対象とする基礎的な研究があろう。もう一つは、日々の教育実践を踏まえ、教育科学としての実践事例研究であろう。この実践事例研究は、教育活動を豊かに推進していくための重要な情報を与えてくれる。この二つの分野に大別される研究分野において、その調和を目指す地道な研究活動は簡単ではないが、学会組織を挙げてじっくり取り組むことにより、その研究成果を有効に発揮することができるのではないかと思われる。
　なお、「40周年記念論集」および既刊の「論文集」が読者の研究活動の一助になれば幸いである。最後に、本書の刊行に際しては、開成出版株式会社編集部に大変お世話になり、心より謝意を表する次第である。

目　次

刊行にあたって……………………………………………………福嶋　省吾‥iii

小学校の「リズムダンス」の授業にプラスティーク・アニメを活かす
　………………………………………………………………………浅倉　恵子‥1

ジャック＝ダルクローズによるリトミックの応用とその広がりに関する研究
　――「リトミックと盲人教育」、『身体運動の協調と非協調』に着目して――
　………………………………………………………………………板野　和彦‥9

天野蝶による子どもの歌と動きについての一考察………………板野　晴子‥21

音の活動において「見る」「聴く」「触れる」「動く」ことの意味
　――箏の弦を用いた幼児の活動の分析を通して――……………今川　恭子‥35

小林宗作による＜J＝ダルクローズ教育思想の捉え方＞に関する一考察
　――その身体運動に対する考え方も絡めて――…………………江間　孝子‥45

保育学生の「リズム理解力」と「リズム身体表現力」を高めるリトミック教育の効果
　………………………………………………………………………大谷　純一‥57

小学校音楽科におけるリトミック指導の可能性
　――「体を動かす活動」による〔共通事項〕の知覚・感受の場面の分析を通して――
　………………………………………………………………………金田　美奈子‥67

リトミックにおけるプラスティック・アニメに関する研究
　――音楽と身体の動きの関係に見る古典バレエとの比較を中心に――
　………………………………………………………………………佐々木　由喜子‥77

リトミック教育に関する理論的考察
　――音楽的感情と隠喩のプロセスに注目して――………………塩原　麻里‥89

リトミックによるフレーズ指導に関する一考察…………………清水　あずみ‥101

リトミックの理念――リズムの根本思想――……………………関口　博子‥113

日本の小学校教育における
　ジャック＝ダルクローズの教育の活用に関する一考察………髙倉　弘光‥123

日本人とリトミック教育——和太鼓の学習が示唆するもの・
　長尾満里さんの仕事から——・・・・・・・・・・・・・・・・・・・・・・・・・・・・・・・・中山　裕一郎・・133

リトミックにおける意識と無意識についての一考察
　——リトミックの意識覚醒の検証データをもととして——・・・・・・・・北條　郁美・・143

音楽授業における対象理解とリトミック導入の意義
　——発達障害児の能力の個人内差と音楽学習の関係——・・・・・・・・・三宅　浩子・・155

記念誌編集後記・・板野　和彦・・167

執筆者一覧（五十音順）　　　2015年3月31日現在

浅倉　恵子（あさくら　けいこ）	淑徳大学
板野　和彦（いたの　かずひこ）	明星大学・明星大学通信制大学院
板野　晴子（いたの　せいこ）	立正大学
今川　恭子（いまがわ　きょうこ）	聖心女子大学
江間　孝子（えま　たかこ）	日本大学芸術学部
大谷　純一（おおたに　じゅんいち）	聖セシリア女子短期大学
金田　美奈子（かねだ　みなこ）	文京区立駕籠町小学校
佐々木　由喜子（ささき　ゆきこ）	第一幼児教育短期大学・明星大学通信制大学院博士後期課程
塩原　麻里（しおばら　まり）	国立音楽大学
清水　あずみ（しみず　あずみ）	国立音楽大学
関口　博子（せきぐち　ひろこ）	神戸女子大学
髙倉　弘光（たかくら　ひろみつ）	筑波大学附属小学校
中山　裕一郎（なかやま　ゆういちろう）	信州大学
福嶋　省吾（ふくしま　しょうご）	東京福祉大学
北條　郁美（ほうじょう　いくみ）	くらしき作陽大学・くらしき作陽短期大学
三宅　浩子（みやけ　ひろこ）	札幌国際大学短期大学部

小学校の「リズムダンス」の授業に
プラスティーク・アニメを活かす

浅 倉 恵 子

A study on the application of Plastique Animée
to the elementary-school Rhythm Dance

Keiko ASAKURA

はじめに

　2011年4月から新しい小学校学習指導要領の下で、「リズムダンス」という授業が小学校でおこなわれている。「リズムダンス」は10年前の学習指導要領から導入されているが、今回初の中学校体育でのダンス必修化を受けて、小学校のダンス教育は中学校へつなぐものであるという方向性が定まった。学習指導要領では「リズムダンス」は、軽快なロック、サンバなどのリズムに乗って全身で弾んで踊ったり、友達と自由にかかわり合ったりして楽しく踊ることができるようにするとされており、リズムの例示としてロック、サンバが取り上げられ、発展としてヒップホップダンスが想定されている。

　ところで、子どもの育つ社会的環境が変化して、愛好者が以前に比べて格段に増えたということであっても、これらの音楽を学校教育に導入することにはいろいろな問題もあるのではないだろうか。たとえば現代的なリズムとされているため、用いる音楽はその時点で流行しているものになりやすく、授業で用いたために、子どもがその音楽を愛好するようになったということもあり得る。またダンス自体にも、小学校教育への導入には配慮が必要であると考えられる。

　一方、小学校音楽では新しい学習指導要領において、「表現」及び「鑑賞」の指導にあたっては、音楽との一体感を味わい、想像力を働かせて音楽とかかわることができるよう、指導のねらいに即して体を動かす活動を取り入れることと明記された。以前から、リトミックを小学校音楽で活かす各種取り組みがなされ、その一つにリトミックを導入した鑑賞教育がある[1]。鑑賞教材をプラスティーク・アニメの手法を適用して身体表現化するという試みも始められ[2]、今後の展開が期待されている。

　本稿では、リズムダンスは小学生にあまりなじみのないロック、サンバ、ヒップホップを用いるよりも、プラスティーク・アニメの手法を適用して、小学校音楽の鑑賞曲を用いる方がよいのではないかということを示したい。また「リズムダンス」に音楽の鑑賞曲を用いることは、小学校における相関カリキュラムの発展にもつながるのではないだろうか。

1　リズムダンスの授業

　リズムダンスは、12年前の学習指導要領において主内容として導入されて以来、小・中・高校ともにかなり高い実施率で広がっている。リズム系のダンスは、近年、社会でも若者やキッズ（小・中学生）を中心に踊る人口が急増しており、子どもにとっても身近で関心が高く、また今の時代に合った学習内容であるとして主内容に位置づけられた[3]。

　新学習指導要領における小学校体育の表現運動の領域の内容構成は、表1のようになっている。表現運動の領域は、低学年の「表現リズム遊び」、中・高学年の「表現運動」で構成され、主内容として、「表現」「リズムダンス」「フォークダンス」の3つで構成されている。

表1

	小学校低学年	小学校中学年	小学校高学年
領域名	表現リズム遊び	表現運動	表現運動
主内容	・表現遊び ・リズム遊び （簡単なフォークダンスを含む）	・表現 ・リズムダンス （フォークダンス）	・表現 ・フォークダンス （リズムダンス）

＊（　）は地域や学校の実態に応じて加えて指導できる内容を示している。

　「リズムダンス」が登場するのは中学年以降であるが、低学年のリズム遊びにおいても、［リズムと動きの例示］には、弾んで踊れるようなやや速いテンポのロックやサンバなどの軽快なリズムの曲や児童にとって身近で関心の高い曲[4]、と記載されており、リズムダンスが想定されていることがわかる。

　「リズムダンス」を詳しく見るために、第3学年及び第4学年の目標及び内容[5]を参照しよう。第3学年及び第4学年の目標及び内容では、軽快なロックやサンバなどのリズムに乗って全身で弾んで踊ったり、友達と自由にかかわり合ったりして楽しく踊ることができるようにする、とされている。そして以下のような例示が上げられている。

　　［リズムと動きの例示］
　　　○弾んで踊れる軽快なテンポのロックやサンバのリズムの曲
　　　○いろいろな速さや曲調の異なるロックやサンバのリズムの曲
　　　　・軽快なロックやサンバのリズムに乗って、その場で弾む、スキップで移動するなど全身で即興的に踊ること。
　　　　・動きにアクセントを付けたり、ねじる・回るなどの動きを組み合わせたり、素早い動きやストップなどでリズムの変化を付けたりして続けて踊ること。
　　　　・ロックの弾みや後打ち（後拍が強調された弱起のリズムでアフタービートともいう）、サンバの「ウン<u>タッタ</u>」（※下線は、強調を表す）のシンコペーション（拍子の強弱を逆転させたり変化させたりしたリズム）のリズムの特徴をとらえ、体の各部分でリズムをとったり、体幹部（おへそ）を中心にリズムに乗ったりして全身で踊ること。

・2・3人で手をつないだりくぐり抜けたりして自由にかかわり合って踊ったり、友達と調子を合わせたり対応したりして踊ること。

リズムダンスの授業は12年前から実施されているが、その間いろいろな問題点がダンス教育の視点からも指摘されている。たとえば流行のヒップホップのダンスやエアロビックスに偏っている授業、テレビ等の動きのまねで終わってしまう授業、教師の方から一方的に振りを与えている授業、「弾んで踊る」ことと気分としてのりだけで終わってしまい、学習の発展のない授業などである[6]。また現場の教師からは、ロックやサンバなどのリズムの曲とは具体的にどのような楽曲なのか、子どもたちが乗って自由に踊るようになるために、どのように指導すればよいかがわからないなどの声が上がっている。

私はこれらの問題は、次のような二つの事情に由来しているのではないかと考えている。一つは、テレビ等の動きのまねで終わってしまうのは、リズムダンスで扱うことになっている現代的なリズムは、テレビ等を通して、決まった振りを伴って子どもたちの生活に入っているものが多いからである。人気のAKB48、KARAやARASHIなどの楽曲をリズムダンスの授業で用いると、これらの楽曲は決まった振りと一体化しており、音楽と動きを切り離すことはなかなか難しい。商業的、消費的な楽曲を授業に用いれば、どうしてもその商品としての形に左右されてしまうのである。二つ目は、例示のロックやサンバなど（などには、ヒップホップが含まれる）のリズムについてである。これらのリズムの愛好者が日本でも増えているが、その多くは思春期以降の大人であり、子どもが日常生活で遭遇することは少ない。またこれらのリズムの起源は日本から遠い場所で、日本人固有のリズムからはかなり離れていると言わざるを得ず、日本人がなじみやすいリズムではないと思われる。リズムに乗りやすいと考えられ、これらのリズムが授業に導入されたということであるが、果たして日本の小学生が乗りやすく、自由に踊りやすいリズムなのかが疑問である。

ここで、これらの問題を含め、現行のリズムダンスの授業の問題点を①〜④にまとめておきたい。

① 現代的なリズムを取り上げるということは、商業的・消費的な楽曲を授業で用いる可能性もあり、それらの楽曲の消費を伸ばしてしまう恐れがある。授業に取り入れることで、それまで関心のなかった生徒までがテレビを視聴したり、CD等を購入したり、ファンとなってライブに出かける可能性があるということである。現代的なリズムの音楽は生活の中に多量に入っているというものの、強く愛好されるようになる中学生以降に比べると、小学生の段階ではまだ、一部限られた生徒に留まっているものを、学校が広めてしまう可能性がある。

② ロック、サンバ、ヒップホップは、子どもたちが成長過程で自然と親しんできたリズムではないことである。大人顔負けでこれらのリズムに乗れる小学生も確かにいるが、一般的な小学生にはクラシック音楽以上になじみの少ないリズムと言える。特にサンバは現代的なリズムでもなく、ラテンのリズムで日本人には難しいと思われる。

③ 小学校の授業で取り上げる教育的価値があるのかということである。これらのダンスに付随する文化には、教育には向かない部分もあるように思われる。周知の通り、ロックのルーツには規制概念や体制に対する反抗心の表現があり、若者をターゲットとする対抗文化としての存在意義を持ってきた。サンバにはブラジルの奴隷がつらい労働の日々の中で、祭りの時のみすべてを忘れ激しく踊ったという歴史があり、体を覆う部分の少ない衣装と肉体をさらけ出すような情熱的な踊りが特徴的である。ヒップホップのルーツには米国の貧困層やマイノリティー

による社会への抗議があり、麻薬やタトゥなどとも浅からぬ関わりがあるとされている。これらは世界的に展開する過程で当初の特徴は薄まっているが、規定を壊す、崩すことを個性や格好良さと見なしたり、非日常性を貴ぶ風潮や文化を伴っていることは否定できない。思春期以降は社会を見直す目が必要であったり、常識や日常的なものから脱することも大切であるが、小学校の授業でそれらを教える必要があるのであろうか。

④　教師が授業で用いる教材を準備するのが、簡単ではないことである。教師自身がこれらのリズムの楽曲やダンスについての知識が乏しいため、テレビ等を視聴して、常に流行している楽曲やダンスに注意を払ったり、講習会に参加し続けて教えを請わなければならなかったりする。

このような理由から、リズムダンスの授業で用いる楽曲は、①商業的・消費的な楽曲ではなく、すなわち流行曲ではなく、②生徒が幼児から親しんできた音楽の延長上にある楽曲で、③教育的な価値がある楽曲で、④教師がある程度は理解している楽曲がふさわしいと思われる。次章では、この4点を満たすことができると思われる、小学校音楽の鑑賞教材について述べたい。

2　小学校音楽の鑑賞曲

小学校音楽の鑑賞教材は、時間の経過に従って廃れる消費的な音楽ではなく、ある程度の年数を経た評価の定まった楽曲である。また国や地域、時代にもできるだけ偏りのないように幅広く用意されている。子どもたちは幼児教育、小学校の音楽の授業を通して、これらの音楽になじんでおり、教師も音楽の授業研究を通じて楽曲を理解している。したがって、このような鑑賞教材の中から、身体を動かしやすい楽曲、思い切り体を動かす楽しさが味わえる楽曲を選び、リズムダンスの授業で用いるようにすればよいのではないだろうか。

子どもたちが身体を動かしやすい、リズムに乗りやすい楽曲とは、先述した体育の学習指導要領にも示されているように、速いテンポの軽快なリズムの楽曲であり、加えてディナーミクスの変化の大きな楽曲ではないだろうか。低学年・中学年・高学年の代表的な鑑賞教材の中から、このような楽曲と作曲者を選び、以下に列挙してみる。

低学年鑑賞教材
　　アメリカン・パトロール（ミーチャム）、おもちゃのシンフォニー（L.モーツァルト）、口笛吹きと子犬（プライアー）、ラデッキー行進曲（ヨハン・シュトラウス）、かじやのポルカ（ヨゼフ・シュトラウス）、子象の行進（マンシーン）

中学年鑑賞教材
　　エリーゼのために（ベートーヴェン）、《くるみ割り人形》より行進曲、金平糖の踊り、トレパック（チャイコフスキー）、《白鳥の湖》より四羽の白鳥（チャイコフスキー）、トルコ行進曲（モーツァルト）、天国と地獄（オッフェンバック）

高学年鑑賞教材
　　アイネ・クライネ・ナハトムジーク（モーツァルト）、《アルルの女》よりファランドール（ビゼー）、剣の舞（ハチャトリアン）、ハンガリー舞曲（ブラームス）、ピーターと狼（プロコフィエフ）、ボレロ（ラベル）

その他、具体的な曲名を挙げないまでも、お囃子、箏曲、各国の民族音楽や舞曲、ビートルズやカ

ーペンターズなどの20世紀のポップスのヒット曲などにも、リズムダンスに適した楽曲が多数ある。

3　プラスティーク・アニメの手法を適用した楽曲の身体表現化

　前章で挙げた楽曲を子どもたちが踊るとき、教師はそれをどのように指導すればよいかについては、プラスティーク・アニメ創作の手法が活かされる。子どもたちが楽曲を聴いて自由に踊ったり、グループでオリジナルな動きを作るのであるが、教師がその指導にあたる時は、リズムに合っている動きとはどのようなものかというモデルを知っている必要がある。もちろん子どもたちのオリジナリティーが最も尊重されるが、子どもたちにオリジナリティーを発揮させるために、教師はどのように援助できるかについては、子どもたちの表現をモデルに照らし合わせることによって示唆が与えられると考えられる。

　このモデルは、プラスティーク・アニメ創作の手法から得られる。プラスティーク・アニメは楽曲における音楽の要素や構造を身体表現の中に実現させたものであり、楽曲の音楽の要素や構造を注意深く聞き取って（分析して）、それをできるだけ忠実に身体の動きに変換する過程を経る[7]。このようにプラスティーク・アニメは本来、音楽専門の領域であるが、「リズムダンス」では、子どもたちが思い切り体を動かして友達と踊ることを目的としているため、音楽の要素や構造を厳密に身体の動きに変換するというより、音楽の特徴の大枠をとらえた身体表現を提示することが大切なのではないだろうか。あまり厳密で音楽専門的すぎると、小学校の教師に採用してもらえなくなるので、気をつけたい。要は、ロックやサンバなどを用いるよりも、教師たちにとって「リズムダンス」の指導がしやすいものであることがポイントとなる。

　以下、音楽鑑賞曲の中から2曲を取り上げ、プラスティーク・アニメの手法を用いて身体表現に変換したものが表2と表3である。表中の左端のアルファベットは楽曲中の場所、数字は小節数を示し、右はその音楽の特徴と、それから変換した身体表現モデルを記載した。

　表2　トルコ行進曲（モーツアルト作曲）
　　軽快なピアノ曲で、繰り返しが多く、曲のしくみを理解しやすい。細かな動きをイメージさせる部分と勇ましく華やかな部分のメリハリもあり、身体表現しやすい楽曲である。

　表3　トレパック（チャイコフスキー作曲）
　　バレエ組曲《くるみ割り人形》の中の一曲で、ロシアの踊りを意味する題からも、身体表現に適していることがわかる。強く撥ねる音が特徴的で、バレエではロシア風の高い跳躍となって現れているので、身体表現モデルにも生かしたい。

表2

小節数	音楽の特徴	身体表現モデル
a （8×2）	イ短調、急速な音群と止まる音から成るフレーズが上昇しながら3回演奏される。次に14コの下降する撥ねる音と止まる音。これを繰り返す。	3人が間をとって縦一列に並ぶ。1番目の子どもはリレーのように素早く腕を振り2番目にタッチ、2番目も同じように3番目にタッチ、3番目も同じように腕を動かした後両手を上げ止まる。次に3番目は両手で弧を描きながら6歩撥ねた後、2番目も反対方向に弧を描き4歩撥ね、1番目も同じようにして5歩目で手も元に戻す。繰り返す。

小節数	音楽の特徴	身体表現モデル
b (8+8)	上行する重音4コと下降する音群と止まる音、これを2回、次に3度下で繰り返した後、再びaが始まるが、撥ねる音は10コとなり、3音で全終止する。	二組の向かい合った二人組の第一組が「なべなべそこぬけ」をして背中合わせになり、次に第二組が同じように背中合わせになる。第一組が「なべなべそこぬけ」で元に戻り、第二組も元に戻る。またaと同じように動き、今度は最後の1番目は3歩足踏みして足をそろえる。
c (8×2)	イ長調、クレシェンドでアクセントの音2回、続いて弾む上下する9音、もう一度繰り返し8音目で全終止する。これを繰り返す。	胸の前で握った両手を、アクセントの音で外側へ強く開くと同時に頭を上げるを2回おこなう。次に2音で1歩、合計5歩歩く。繰り返し、4歩目で足をそろえて止まる。これを繰り返す。
d (8×2)	嬰へ短調で急速な音群が続き、これを繰り返す。	上体を右へやや傾け、ゼンマイ仕掛けの人形のように右回りする。次に同じことを左回りでおこなう。
e (16×2)	イ長調で急速な音群と2音で半終止し、もう一度繰り返し全終止した後、dの4小節目で変化し、同じリズムで嬰へ短調で終止する。これを繰り返す。	両手を前に出しながら小走りで前進し、両手を右下左下と動かしながら小走りで後退し、また両手を前に出しながら前進し、半終止で両手を前に伸ばし止まる。繰り返し、全終止で素早く両手の平を互い違いに裏表する。次はdと同じように動く。これを繰り返す。
f (8×2)	cと同じ	cと同じ動き
g (8×2)	aと同じ	aと同じ動き
h (8×2)	bと同じ	bと同じ動き
i (8×2)	cとメロディーは同じだが、リズムが細かくなり、より動的になる。	基本の動きはcと同じであるが、両手をユラユラ揺らしながら開いたり、またユラユラさせながらステップする。
j (12)	cやf、iと同じ、軍楽隊の太鼓を思わせる低音部に乗り、高音部はアルペジオの強く長い音が続くのを繰り返す。	両手を斜め下から斜め上に2回振り上げ、その場で4回撥ね、頭を持ち上げる。また4回撥ね、上体をやや低くして片手を腰の高さでゆっくり回す。繰り返しでは、頭を2回持ち上げる。
k (7)	高音部はjと同じメロディーが弱く伸びやかな音になり、低音部も高く急速な分散和音になる。	jと同じ動きを全体に小さくしておこなう。
l (6)	jの後半のみ	jの後半と同じ動きをする。
m (6)	2種類のリズムと最後を締める2音	両手を頭上で大きく右左右と3回振り、強い足踏み5回とジャンプを2回する。

表3

小節数	音楽の特徴	身体表現モデル
a (8)	ト長調、弾んだリズムのフレーズが2回、3度・4度・5度・6度の上がり下がりを7回して、3音で半終止する。	馬跳びする二組を含む10人程度の子ども達が集合している。二組のうち、一組ずつ馬跳びする。次にその他の子ども達が右左右左右左とホップしながら逆の足を前へ上げた後、足踏み3回する。
b (8)	aと同じで全終止する。	aと同じ動きであるが、今度は馬だった子どもが跳ぶ。
c (8)	シンバルも加わり、aを非常に強く演奏する。	aとほぼ同じであるが、馬跳びと同時に2回右方向へ右手を上げジャンプする子どももある。
d (8)	シンバルも加わり、bを非常に強く演奏する。	bとほぼ同じであるが、左方向へ左手を上げジャンプする子どももある。
e (8)	ニ長調になり、メロディーは低音部に移る。aに似たリズムに続き5度下降する2コの強音があり、高音部と低音部のメロディーが接近し、半終止する。	全員で一列になり、aの足上げを今度はラインダンスのようにおこなった後、前方へ手をつないだまま8回スキップする。
f (8)	eとほぼ同じであるが、eよりもやや弱く演奏され、全終止する。	eとほぼ同じ動きであるが、後半は後方へ8回スキップする。
g (8)	アクセントの音の間隔が短くなり、八分音符の連続になり、ニ長調の全終止（ト長調に対しては半終止）をする。	全員を三組に分け、一組ずつ順に、片足横飛びしてもう一方の足を寄せて強く踏みを左右各1回おこなう。次に全員で手も振りながら7回地団駄を踏む。
h (8)	cと同じ	cと同じ動き
i (12)	7小節目までdと同じ、その後12小節まで同じような音型が続く。	8小節目までdと同じ動き、その後二人組のつないだ手を上げて同じステップをする。
j (8)	iと同じような音型が収束に向かって続き、最終小節の3音で華々しく終結する。	上体と両手を下から反時計回りに大きく回し、同様に反対に回す。次の3小節で全員が一カ所に段々集まり、最後の3音で両手を高く上げポーズする。

おわりに

　上記の身体表現モデルは、音楽の特徴を視覚的に表すことに重点を置いたものである。したがって動きや隊形はシンプルで、基本的なものを採用している。教育現場では、子どもたちの経験や学

習の状況に合わせ、子どもたちの意見を取り入れながら、動きや隊形を発展させてもらいたい。

　なお、相関カリキュラムについてはここでは詳しく言及しないが、小学校教育において、二つ以上の教科で共通の教材を用いることは、生徒、教師双方にとってメリットが大きいと思われる。リズムに合った動きを追求する「リズムダンス」の授業において、共通の教材を用いるという本稿での提案は、小学校の相関カリキュラムの例でもあった。今後はプラスティーク・アニメを活用したリズムダンスの研究を続けるとともに、「リズムダンス」のカリキュラム研究もおこなっていきたい。

注
1）神原雅之『アクション＆ビートでつくる音楽鑑賞の授業』明治図書、2007
2）伊藤仁美　発表「小学校の音楽の授業におけるプラスティークアニメの試み」日本ダルクローズ音楽教育学会第5回研究大会パネルディスカッションⅠ、2005
3）村田芳子『表現運動・リズムダンスの最新指導法』小学館、2012、p.6
4）『小学校学習指導要領解説　体育編』文部科学省、2008、p.35
5）前掲『小学校学習指導要領解説　体育編』p.54-55
6）前掲『表現運動・リズムダンスの最新指導法』p.7
7）浅倉恵子「楽曲分析からプラスティーク・アニメへの変換」『ダルクローズ音楽教育研究　通巻第30号』、2005、p.28

ジャック＝ダルクローズによる
リトミックの応用とその広がりに関する研究
―「リトミックと盲人教育」、『身体運動の協調と非協調』に着目して―

板 野 和 彦

A study of the application of Eurhythmics to
special education by Jaques-Dalcroze

Kazuhiko ITANO

はじめに

　エミール・ジャック＝ダルクローズは1930年に『リトミック・芸術と教育（Eurhythmics art and education』を出版し、この中に「リトミックと盲人教育」という論文が収められている。この中でジャック＝ダルクローズは、それまで視覚障害を抱える人々に対して「視覚や聴覚の欠点を補うという観点からの再教育がなされなかった」[1]と指摘した上で、リトミックが障害を持つ子どもや成人の感覚を高めるために重要な役割を果たすことが可能であるという見解を示している。さらに、この教育法が「集中力を発展させ、好奇心を目覚めさせて、想像力や発展と表現、想像と周囲との対話への本来的な願望を高めるのにふさわしい」[2]として、さらに幅広い人間の諸能力を高めることができるのではないかという考えも示している。

　一方、1935年に発表された『身体運動の協調と非協調 Coordination et disordination des mouvements corporels』においてジャック＝ダルクローズは、運動行為を調和させ、集中力を高め、意志を強くするための練習を示した[3]。ここで述べられた教育は、すべての人々を対象とするものであり、音楽的能力の伸長だけでなく、より幅広い人間の諸能力を引き出すことを目指している点が注目に値する。

　リトミックは創案当初、学ぶ者の音楽を聴き取る能力を高めることを目指したものであったが、その後、より幅広い人間の諸能力を高めることも視野に入れるようになった。1930年代に発表された上記2つの著作において、ジャック＝ダルクローズはリトミックによる音楽教育の新たな分野への応用とさらに幅広い目的と方法を明示している。

1　研究の目的

　「リトミックと盲人教育」、『身体運動の協調と非協調』を検討し、ジャック＝ダルクローズによるリトミックの応用とさらなる広がりを持った目的、方法について明らかにし、併せてリトミック

教育の全体像を把握するための基礎的資料を得ることを本研究の目的とする。「リトミックと盲人教育」と『身体運動の協調と非協調』は、音楽的な能力以外の人間の一般的能力を伸ばすことについてジャック＝ダルクローズによって書かれたものの中で主要なものであるため、今回取り上げることになった。

2　リトミックが実践された4つの分野について

現在、リトミックは教育、福祉などの幅広い分野で実践されている。この広がりは音楽教育、芸術教育、特別支援教育など内容や対象の違いによって分類することもできるが、幼児、小学生、大学生等、対象の年齢で区分して捉えることも可能である。このように実に様々に活用されているリトミックであるが、このような幅広い応用もまたジャック＝ダルクローズによって始められている。1892年にジュネーヴ音楽院で音楽を専門とする学生たちの指導にあたったことを始めとして、彼は学生、子ども、大人など様々な年齢の人々の指導を担当し、その分野も音楽教育として、特に音楽を専門とはしない教育として、障害を持つ人々の教育として等、様々な内容の実践を行った[4]。

エイブラムソン（Abramson, Robert M.）(2007)は、ジャック＝ダルクローズがリトミックを考案そして実践した際の広がりは、以下の4つの分野に及んだとしている。
　①音楽理論を教授するための特別な技術としての活用
　②音楽のリズムを身体運動を通して感じ取らせる技術としての活用
　③ダンス・身体表現と関係づけられた音楽的訓練としての活用
　④療法としての活用[5]

上記の項目のうち①として挙げられている音楽理論を教授するための特別な技術としての活用は、ソルフェージュや音楽理論の指導を聴き取りや歌うことと併せて手を動かす活動を行うもので、これが徐々に②音楽のリズムを身体運動を通して感じ取らせる技術としての活用へ移行していった。上記の①から④までの区分は、ジャック＝ダルクローズの教育研究を単純に4つに分けるものではなく、それぞれが重なり合ったり、前後していたりすると考える方がより正確であると思われる。

本稿で検討する視覚障害者のためのリトミックは④療法としての活用にあたる。一方、『身体運動における協調と非協調』で述べられている内容は、障害を持たない人々を対象としているものの、人間の幅広い諸能力を伸長することを企図したものであり、④療法としての活用と②音楽のリズムを身体運動を通して感じ取らせる技術としての活用の双方に該当する。

音楽療法はこの数十年で我が国においても大いに注目されるようになってきた分野であり、それについて90年ほど前に創案者自身が検討を行っていたという事実は注目すべきものである。また、リトミックの全体像を捉えるためには欠かすことのできない側面である。

3　「リトミックと盲人教育」と「視覚障害を持つ子どもたちとリトミック」について

ジャック＝ダルクローズによる視覚障害者・児に関する2つの論文、「リトミックと盲人教育（Eurhythmics and education of blind）」(1930)と「視覚障害を持つ子どもたちとリトミック（Les enfants aveugles et la rythmique）」(1942)はそれぞれ『リトミック・芸術と教育』、『想い出

Souvenirs』に収められた論文であるが、その内容はかなり重複している。筆者は前者の日本語訳と後者の仏語原文の対照を行った。年代にして12年経過した後者において、前者にある冒頭の1段落（日本語で11行）をはじめとして、中ほどで2つの段落が削除されている。また具体的な練習内容においては2つの項目が付け加えられている。これ以外にも異なる単語が用いられている部分などもあるが、論旨が覆されているような部分はなく、全体とすれば2つの論文の間に大きな相違はなく、言い換えれば視覚障害者のためのリトミックについての彼の考えに大きな変化はなかったと言える。本稿では「視覚障害を持つ子どもたちとリトミック」を中心にしながら「盲人教育とリトミック」も参照して検討を進める。

4 ジョンゲラスとヴィレについて

ジャック＝ダルクローズの視覚障害者教育の創案、発展に関わった人物はかなりの数にのぼるが、ここでは2名の人物について取り上げたい。直接的な関わりがあったとジャック＝ダルクローズが指摘している2名、スペインのリトミック教師、フアン・ジョンゲラス（Juan Llongueras 1880-1953）とモンテーニュの研究家として知られるピエール・ヴィレ（Pierre Villey 1879-1933）である。

4.1 ジョンゲラスの実践について

ジョンゲラスはスペインへのリトミック導入の中心と目される人物である。彼は1910年にリトミックをバルパラディスの小学校に導入し、その後1911年から1912年頃までヘレラウでジャック＝ダルクローズに学んだ。帰国後、バルセロナにリトミック・インスティテュート「カタルニア・リズム・プラスチック」を設立した[6]。

ジョンゲラスは視覚障害者のためのリトミックを実践し、その結果をリズム誌と第一回リズム会議報告書に掲載した。ジャック＝ダルクローズは彼の教育の成果を高く評価しており、視覚障害者のためのリトミックが実際に効果のあるものであることを認識するひとつの事例となったものと思われる。

4.2 ヴィレ『視覚障害者の世界』

モンテーニュ研究の大家として知られるピエール・ヴィレは、自身が全盲であり、1918年に『視覚障害者の世界—心理学的随筆』を著した。この中でヴィレは視覚障害者の障害物を察知する能力について「一般に誇大に認識されている」と指摘するなど視覚障害者から見た空間の把握などについて述べている[7]。ジャック＝ダルクローズは「この書は盲人の精神性と行動性を理解する上に少なからぬ助けとなった。」[8]と述べている。

5 視覚障害者のためのリトミックの目的と方法

5.1 問題意識

視覚障害者たちの「ぎこちない動作、顔の表情の乏しさ、ものぐさについて、それが自信のなさや人に認められないこと、人がどう考えているかわからないこと、完全な自己表現ができないこと

からの恐れ」[9] から来ているというのが教師たちの一致した見解であり、またジャック＝ダルクローズの観察の結果でもあった。そして「彼らの精神的肉体的な抵抗力は不十分で、生きることに強い関心を持っている者はほとんどいないように見えた。」[10] という医師の見解にも強く同調している。

5.2 視覚障害者のための教育の目的
ジャック＝ダルクローズは自身が構築した視覚障害者のための教育の目的を以下の様に明示している。
　①集中力を高める
　②好奇心を目醒めさせる
　③想像力や発展と表現を高める
　④創造と周囲との対話への本来的な願望を高める [11]

視覚障害を抱える子どもたちに必要な能力を養うことを主眼にしたものであり、音楽的な能力の伸長については③や④に部分的に含まれる可能性があるものの、中心に据えられてはいない。

5.3 視覚障害者のための教育の手段
　ジャック＝ダルクローズは、1911年から1913年までのヘレラウ学院在任中、視覚障害を持たない子どもたちに目隠しをさせていくつかの実験を行った。その結果、視覚障害者が次のような学習を必要としているということが明らかになった。以下の2つが視覚障害者のための一般教育の有力な助けとなるだろうとしている。
　①運動における力と時間の度合いを認識し筋肉の迅速な収縮と弛緩を学ぶ
　②反射運動の数を増し神経組織を冷静と昂揚の交互作用によってバランス良く鍛える [12]
　そしてリトミックの応用と既存の視覚障害者教育が密接に関係しながら実践されることが重要であるという考えも明らかにしている。教育の基本的なあり方として、既存の方法について研究し、その良い面を活かしながら新しい方法について検討するという方法をジャック＝ダルクローズが意識していたことの表れである。

5.4 視覚障害者教育の内容
　ジャック＝ダルクローズによる視覚障害者教育の内容は以下のように区分されている。
A．筋肉感覚による空間の把握について

　上記の表に記された「空間感覚と筋肉感覚の発達のための課題」において、筋肉感覚によって身の周りの空間を正確に把握することができるようになるための練習が明示されている。例えば「8. 生徒を2列に並ばせ向かい合わせる。第1列の生徒は腕を伸ばし第2列の生徒の手のひらにさわる。1歩下がり、1歩前進してすでに離している相手の手を打つ。以下、2，3，8歩等で繰り返す。」[13] のような練習を行い、歩幅と歩数によって空間を正確に把握できるようにしようという課題が示されている。そしてその遠近に関する情報は視覚による情報よりも正確であるとし、そう考える根拠としてピアニストが鍵盤を見ることなく正しい演奏ができることを挙げている。また視覚障害者は視覚的刺激に妨げられることがないため、筋肉感覚を活用することについては晴眼者よりも有利で

あるという見解も述べている。

　ジャック＝ダルクローズは視覚障害者が自分自身の歩みを確信し、それらが安全であると感ずることが心の平静を引き起こす、としており、さらに身体運動を安心して実行するための教育が終わったら気質の教育を行うべきだと述べている。視覚障害者の身体・精神的な脆弱性を生み出しているのは自由に身体運動を行うことができないためであると考え、この空間に対する自由さを確保したうえで彼らの心に働きかける指導を行うべきだとしている。これを受けて「神経の興奮をリズミカルな方法で外部に発散して鎮める」[14]ためのＤ．一般的なリトミックの活動を奨励している。

Ｂ．触知感覚と筋肉意識の発達のための課題

　指、手、足の裏などで様々な対象に触れた感覚を活用するばかりでなく、全身で空気の流れや、周囲の人々の体温を感じ取る練習も身体運動と組み合わせて行う[15]。

Ｃ．聴覚能力の発達のための課題——空間と筋肉感覚に関連づけて

　音を聴いて、その音源の方向や現在立っているところからの距離を正確に把握する練習を行う。また、障害物を感知するために必要になる、より敏感な聴覚能力を獲得するための練習も含まれている。例えば「地上で重い物体をある程度の距離に投げる。生徒はその距離を歩数で判断する。」[16]という練習が示されているが、これは音の発せられた地点と自分の距離を正確に把握してゆくために効果があるものと思われる。また、「布を張った壁に沿って歩き、時々歌い、声を出してその反響に留意する。布の切れた場所、或いは木・その他に変わった場所で止まる。」[17]という練習は生徒が、壁に反響する自分の足の足音を聴き取ることができるように意図された練習であり、これについてはヴィレの『視覚障害者の世界』の「第5章　障害物を察知する感覚」の中に聴覚によって障害物を見出す方法が詳細に記述されており[18]、これを参考にしたのではないかと考えられる。

Ｄ．一般的なリトミックの学習

　この側面については「我々の能力と決断、願望とその具現、前進的衝動と衰退の総てを表現する音楽に心身から没頭することは、想像力と生命活動の葛藤に由来するあらゆる乱れから我々自身を解放することである。」[19]という記述があり、視覚障害者のために考えられた練習と併せて、一般的なリトミック学習をすることの意義を強調している。そして「正しく教育された盲人の音楽家は、

表１　Ｊ＝ダルクローズによる視覚障害者教育の内容の区分

（2012年板野作成）

A	空間感覚と筋肉感覚の発達のための課題	21項目の練習	・障害物を事前に感知する ・身体を抵抗なしにバランス良く自由に動かす ・アナクルーズ、クルーズ、メタクルーズ ・緊張をほぐし弛緩状態を作り出す（運動が容易になる。） ・教師の動きに触れて手足で模倣 ・休止および再開（バランスをとる練習）
B	触知感覚と筋肉意識の発達のための課題	13項目の練習	
C	聴覚能力の発達のための課題——空間と筋肉感覚に関連づけて（ダルクローズ・ソルフェージが学習内容に含まれている）	16項目の練習	
D	一般的なリトミックの学習	視覚障害者に応用するための配慮が示されている	・コミュニケーションをとり、神経の興奮をリズミカルな方法で発散して鎮めること ・望みに理想的な形を与え、他者との通じ合いを可能にする。

リズム運動には才能があるが耳に関しては問題のある教師と互いに協力できる。その結果、彼の前に興味深く有益でもある新しい行路が開けるであろう。」[20] としているが、これはリトミックが社会性を高める力を持っていることを明言したものであり、これに続けて「いつの日にか、完全な自動的触知感覚の所有がもたらす可能性について人々に説くのが盲人でないとも限らないと、誰が知り得よう。」[21] と述べて障害を持つ人々に対して、単に教育をする側として考えるのではなく、将来的には障害を持つ人々がリトミックを活用した教育を実施する側に立って、つまり社会のリーダーとして活躍することもあるという考えを示している。ノーマライゼーションの思想が生まれる数十年前にジャック＝ダルクローズがこのような考え方を持っていたことは注目に値する。

6 『身体運動の協調と非協調』について

ジャック＝ダルクローズが1935年に出版した『身体運動の協調と非協調 Coordination et disordination des mouvements corporels』は身体運動のための教科書である。副題は「自発的で強い意志による運動行為の調和と集中力の育成のための練習」であり、聴き取りや演奏技能の能力等の向上、つまり音楽的能力の涵養を狙ったものではない。全ての人々の一般的能力を高めることを目的としている。区分とすれば②と④の双方に該当すると思われる。

6.1 教育の目的

本書は協調（Coordination）、つまり身体の右側と左側、あるいは上部と下部等異なる部分が同じ動きをすること、あるいは共同した一つの動きをすることと、非協調（Disordination）、つまり身体の異なる部分が異なる動きをすること、あるいは対照的な動きをすることを行うことにより、人間の運動を調和させ、ぎこちなさを排除し、集中力を養おうとするものである。冒頭に、フォレル（Forel, O.-L）による以下の様な序文がある。

> 序文
> 　人間の身体が、（矢状面上の）ほとんど対照的な半分から成るものであると考えると、問題は特別に興味深いものになるが、左脳は制御する地位をもっており、使用せずに残された、潜在した重要な領域は右脳の中にある。私たちの身体のそのような左半分の無気力さや受動性と戦うこと、非協調の対照的な練習によって独立性を回復させることによって、人は器用さや心理・運動的な柔軟さを増大させ、それに引き換え、想像や集中に関する努力等々は私たちの精神の怠惰と戦う、そして私たちはありふれた方法である因習を避ける。非協調は、教育の原理として、非常に大きな影響力を持つことになるだろうと、私は思う。
> 　O.L.フォレル博士 [22]

フォレル（1891-1982）は『神経症の心理　Psychologie Des Nevroses』（1925年）を著した心理学者であり、リズム誌にも論文を掲載している。ここでは脳の働きと身体運動を活用した教育が未来の教育に大きな力を持つだろうということを脳の働きとの関連の中で述べている。そして、この序文の後にジャック＝ダルクローズによる解説が掲載されている。

両手利きの人になるためには右手と左手が、ただ使えるというだけでは十分ではなく、ピアニストやオルガニストのように楽々と使えなくてはならない。さらに、その身体と精神の中に、右側から完全に独立した左側をもち、洗練された性格を十分に備えていなくてはならない。それは両手利きになったピアニストがする、長い期間に渡って引き延ばされた特別な練習の後に来るものである。身体全体が「両手利き支配」された状態になるためには練習を補う必要がある。それは実際的で長い時間引き延ばされた練習のおかげであり、身体運動の左の側面を増大させること（私の心臓は左側で、私の心は満足だ。）そして、それは遠慮なく行われることができるのだが、左の側面のやり方は、右の側面の柔軟あるいは自動的な動きの影響を受けた、解放された動きを所有することが可能である。左側の、上腕、肩、腰、脚、足を、それぞれ対応する右の側面にさからわず追随して動いてしまうことの無いように習慣づける必要があり、そしてそれに伴い、私たちの中枢神経に筋肉の作用の強さを経験させ、私たちの判断力に運動の影響を教え、私たちの意志に運動に関する行動をすることを容易にし、強化し、これと同じように、そのうえ必要な場合にはこれを中止させることなどを習慣づける必要がある。一度「左」の動きが実際的であることを強制されることが簡単になり、そして一度協調が与えられたならば、私たちの中に引き起こされる感覚を強め、感情を研ぎ澄ますことが必要で、彼らの対立筋は右の側面の動きに対照をなし、2つの拮抗作用を解決しながら、そして、彼らの関係と彼らの意志の中に調和を確立しながら。それらの非協調の練習は、私たちの中に調和の感覚を引き起こし、私たちに力強さとは対照的な性質の情報を与え、そしてそれらのあいだの柔軟なやりとりを援助する。それは、私たちの体の中に多数の心理・生理的自動性を創り出し、同様に、それが必要ない時には、骨を折ることなく彼らの活動をやめることを教育し、2つの脳の親密な協力そして調和のとれた助力に私たちが到達したとき、私たちの対照的な運動の力を結びつけ、そして切り離す。

＊用語は協調（coordination）の反対を意味するものとしてプランジ出身のフォレル博士によって提案された。したがってすべての練習は心理・運動的に獲得された自動性を中断するために作られている。[23)]

　まず始めに、身体の左右の部分を同時に動かす協調的な練習を行うことによって、その動きを自分自身の意志で自由にコントロールすることが出来るようにするとともに、それが私たちの身体の中に引き起こす感覚を十分に感受する。続いて身体の左右の部分をそれぞれ別な速さ、強さ、緊張と弛緩の度合い、位置で動かす非協調的な練習を行うことによって自動性や意志による停止、調和の感覚を生み出すことが、本書で示された練習の目的である。そして、このような目的は音楽教育学的なものではないため、この解説の最後で述べられている通り、非協調（Disordination）という言葉がフォレル博士の提案によるものであり、この内容についても「教育の原理として、非常に大きな影響力を持つことになる」というフォレルの言葉の持つ意味は大きい。本書においてリトミックは心理・生理学的意味を検証しながら、より広い分野に応用されるようになったと言うことができると思われる。

6.2 『身体運動の協調と非協調』の内容

　本書の内容は「身体運動の協調」（冒頭から p.15）と「身体運動の非協調」（p.16-46）という2つの部分に大きく分けられ、前半には練習1から練習40までが示され、後半には、これより少し多い練習1から練習42までが示されている。リトミックの学習の中ではしばしば拍と分割やポリリズムやポリミーターなどの練習が行われ、本書における非協調の練習はこれと類似または同一の内容を持つものがあるが、その目的が異なっている。

　以下、前半および後半に示された練習のタイトル（冒頭）といくつかの練習の内容を以下に示す。

身体運動の協調
抑制、自発的な跳躍、そして柔軟な行動のための練習
基礎的な動き
腕

1．a) ｜急に
　　　｜ゆっくりと　　　　　左腕を収縮させる。その後で降ろす。
　　　｜クレッシェンドで
　　　｜デクレッシェンドで
　　　右腕は休む。

　b) 左腕を降ろす、しかし先生の号令で固まる。2回目の「オップ」という合図で弛緩する。

　c) 右上腕で同様の練習を行う。

2．a) 両方の腕をゆっくりと上げる、そして降ろす。「オップ」という合図で左上腕をしばらくの間停止させる。

　b) 同じ練習を両腕を、すべての平面そして段階で（広げる　あるいは　伸ばす）、それから戻る、そして身を縮める。

　　　　　上下の段階　　　　　　　　　　　　　　　平面

```
9 _____                          9 叉は 1
8 _____                       8  \   |   / 2
7 _____                           \  |  /
6 _____                            \ | /
5 _____                     7 ------+------ 3
4 _____                            / | \
3 - - - - -                         /  |  \
2 _____                       6  /   |   \ 4
1 _____                              5
```

　c) 同様に、対照的な平面上で：
　　　例えば教師が「3と8」と　｜　左腕を平面3上で水平に固定する。
　　　大きな声で言ったら　　　｜　右腕を平面8上で斜めに固定する。

　d) 上下の段階と平面の組み合わせ：例えば、「3、8」という号令によって、左腕は平面8の

中の上下の段階3（同じ平面）に置かれる。
   e）同じ練習を2人で実行することも可能である。練習1．を行うことが練習2．をすることにも影響を及ぼす。目を閉じて練習を行うことにより腕は完全に受け身にゆだねられる。練習2．が終わった時、練習は1人で続けられる。
3．定められたメトリックによる動き
4．両上腕をすべての平面、すべての高さへ投げ出す。「オップ」という合図が腕の動きを抑制する。
5．両上腕の平衡状態
6．両上腕の円形の動き、省略された螺旋状の動き、8．へ
7．左上腕の循環運動、それから前腕、それから腕全体。別の腕がカノンで入る。
8．a）ひざのはずみは両上腕による身振りを導き、その身振りを固定する、あるいは、教師がピアノで短い和音、あるいはより長くまたはより短く引き延ばされた和音を演奏すると突然弛緩する。（短時間弛緩する、あるいは教師はピアノから手を持ち上げる。）
9．a）上腕で円を描く。この際にどの平面で描いても良いし、どの高さで描いても良い。
10．a）回内（前腕を外から内に回旋させる運動）、次に回外を左手首で行う。
循環運動を右手首で行う。
上記2つの動きを同時に行う。[24]

身体運動の非協調
注意書き：これまで行った練習の大部分を、様々な方法により形を変えることにより、非協調の練習として用いることができる。以下に上げる変形はその一例である。リトミックの教師は様々な練習を考案するだろう。

1．上腕
   a）　右上腕　収縮　　緩和　　　収縮　　緩和
       左上腕　収縮　　緩和　　収縮緩和収縮緩和
                     （2倍の速さで）
   b）「オップ」という号令で、生徒の左腕は上がり、右腕はより速く2回下がる、あるいはよりゆっくりと。
   c）左腕を完全に緊張させ、一方右腕はより弱い緊張で、より小さな空間を用いて、さらにより流麗な態度を獲得する。「オップ」という合図で腕を2倍速く動かす。
   d）左腕を上昇させながらクレッシェンドを表現する。
      右腕を上昇させながらデクレッシェンドを表現する。
      「オップ」という合図で2倍の速さで腕を動かす。
   左腕
   右腕
   e）右腕
      左腕

f）練習bを見て、身振りを対照的な空間の中で即興し、そして「オップ」という合図で空間を変更しなさい。

　　g）上下の段階

　　　　　　　　　それから　　　　　　　　　　そして変形する

　　左腕　　右腕　　　　　　　左腕　　右腕

　同時に

　　h）

　　右腕　　左腕

　　そして反対方向へ

　　i）同様に、しかし水平に　　　同様に　　　　　　　　　　　　など等

　　　　　　　　　　　　　　　　左腕　　右腕

　　j）練習aと練習bを同時に行う。そして同様に練習aと練習d、練習aと練習eを同時に行う。そこで、腕にねじり、そして対照的な循環運動を付け加える。

　右腕

　左腕

　　k）右腕の動きは手の出発点となる。一方左腕の出発点はひじである。（あるいはまた右ひじ、そして左肩）「オップ」という号令で2倍の速さで動かす。

2．上記1．練習hと練習iはAとBの2人で向かい合って実行することもできる。そして、それぞれ右腕を動かし、左腕はパートナーに預ける。3と5（左右に揺れる練習）も同様に行う。それぞれのパートナーはそれゆえ、活動的な動きと受動的な動きを同時にすることになる。特に優れた点として、それは、右腕とのユニソンにおいて左腕が無益な収縮をすることを防ぐことを挙げることができる。

3．a）右上腕で4分の2拍子を打つ。左上腕もカノンで同様にする。

4．a）右上腕を下に向かって4分の3拍子で伸ばす。先ず右側で行い、次に空中で行う。

5．a）すべての平面で両手を左右に揺らす。「オップ」という合図で、左上腕を別な平面で左右に揺らす、あるいはまた2回より速く、あるいはより遅く。

6．腕で円形の動きをする。他の人の腕より2倍速く、あるいはさらに次のように。（カノンで）

7．a）右手首の2つの円形の動きをする。同時に左手首で1つあるいは4つの動きをしている間に。

8．左手首で（図）のような形を描く。同じ形を右手首でゆっくりと2回描く、そして2回より大きく描く。

9．肩

　　a）　右肩　前に　後ろに　持ち上げる　低くする

　　　　左肩　持ち上げる　低くすること　前に　後ろに

10．頭

　　a）頭を前にゆっくり傾ける、前へ、右へ、後ろへ、そして左へ、そして4分の4拍子を打ち、2回目は速く。[25]

7．考察

　ジャック＝ダルクローズによる視覚障害者教育は、対象の性質やニーズに細かい配慮がなされている点、「時間・空間・力」の要素のうち空間に重点をおいて構成されている点、論理的な考察が加えられたうえで具体的な練習が示されている点などがその特徴であると考えられる。リトミックが実践された初めの「①音楽理論を教授するための特別な技術としての活用」と比較して考えると、主に音の高さからリズムへとその内容も変わり、音楽に関する技術の指導から人間が生きてゆくために必要な諸能力を高めることへとその目的も幅広いものとなったと言える。そこにジャック＝ダルクローズの教育に対する考えの深まりを感じ取ることができる。本発表で取り上げた「視覚障害を持つ子どもたちとリトミック」は以下の文章で終わっている。

　「確かに教育の問題はこの困難な時代にあって情熱的な興味を起こさせる問題の１つである。未来に対するゆるぎない自身を持って偉大な企てに心から参与し、人類の進歩と来るべき世代の精神的・倫理的保全のために求められるどんな犠牲をも払うことは価値あることである。」[26]

　また、『身体運動の協調と非協調』においては、副題が「自発的で強い意志による運動行為の調和と集中力の育成のための練習」となっている通り、人間の諸能力を高めるためにリトミックを活用する試みがなされたと言える。音楽的能力や技能の向上を企図したものではないが、その方法は音楽やリズムを活用したものであり、テンポ、強弱、時間・空間・エネルギー、アクセント、拍、小節、フレーズ等のリズムの要素が活用され、「オップ」という教師による合図によって行動を変化させるという即時反応の練習や２人組でパートナーとの関係の中で練習を進めることなど、リトミックの学習の内容を心理・生理学的枠組みの中で再構築しようという試みであると考えられる。

　本稿で取り上げた２つの著作は1930年代に発表されたものであるが、その基本になっている考え方は以前からジャック＝ダルクローズが抱いていたものであった。リズム誌に視覚障害者の教育に関する文章を発表したのは1920年が初めであったし、『リズムと音楽と教育』には「一定時間内に、足では三つの同じ動きを、腕では二つ、あるいは四つ、五つの動きを行わせる。他の訓練にもまして、この訓練は、思考の集中力を発達させるのに効果がある。」[27] さらには「複リズムは自動的作用を養うことで開発することでやさしいものになる。」[28] という文章があり、いずれも長い期間に亘って構想が練られていたことを示している。

　ジャック＝ダルクローズは60歳を迎えた1930年にストックホルムの音楽学校でリトミックの講義を行い、同年日本ではダルクローズ会が結成された。リトミックは世界の多くの国々で実践されるようになり、1934年にはジュネーヴでリトミックを学んだ学生は46か国7253名を数えたと言われる[29]。しかし、彼はこのような状況に満足することなく、リトミックによって教育にどのような貢献ができるのか、リトミックはどのような可能性を持っているのかを追求し続けたのである。

おわりに

　リトミックによる音楽教育が実践されるようになって100年が経過しようとしている時にジャック＝ダルクローズが自身の教育をどのように発展させていったのかについて検討するということは、

時代のギャップを感じざるを得ない。しかし、本稿で検討した『身体運動における協調と非協調』は翻訳もされておらず、この方面の認識は極めて希薄であると言わざるを得ない。子どもたちが様々な問題を抱え、彼ら、彼女たちの教育にあたる教員も様々な対処を模索している今、リトミックによる音楽教育を研究・実践する者としてジャック＝ダルクローズの教育観の広がりについて検討することは避けては通ることのできない課題であると思う。

※ジャック＝ダルクローズは『リトミック・芸術と教育 Eurhythmics art and education』（1930年）の中で aveugle（仏語）あるいは blind（英語）という表現を用いており、日本語訳では「盲人」となっているが、本稿では学校教育法第八章特別支援教育の中で用いられている視覚障害者という表現を用いた。

注
1）ジャック＝ダルクローズ著、板野平訳『リトミック・芸術と教育』全音楽譜出版社、1986年、p.122
2）ジャック＝ダルクローズ、同上書、p.123
3）Jaques-Dalcroze, *Coordination et Disordination des Mouvements Corporels*, Editions Musicales, 1935, Paris, p.1
4）マルタン他著、板野平訳『エミール・ジャック＝ダルクローズ』全音楽譜出版社、1977年、p.7
5）Abramson, "How Emile Jaques-Dalcroze changed his methods", LE RYTHME 2007, pp.4-5
6）リング他著、河口道朗他訳『リトミック事典』開成出版、2006年、pp.291-292
7）Villey, *Le Monde des Aveugles Essai de Psychologie*, Ernest Flammarion, 1918, Paris, p.86
8）ジャック＝ダルクローズ著、板野平訳『リトミック・芸術と教育』全音楽譜出版社、1986年、p.129
9）ジャック＝ダルクローズ、同上書、p.122
10）ジャック＝ダルクローズ、同上書、p.123
11）ジャック＝ダルクローズ、同上書、p.123
12）ジャック＝ダルクローズ、同上書、pp.123-124
13）ジャック＝ダルクローズ、同上書、p.134
14）ジャック＝ダルクローズ、同上書、p.133
15）ジャック＝ダルクローズ、同上書、p.136
16）ジャック＝ダルクローズ、同上書、p.138
17）ジャック＝ダルクローズ、同上書、p.137
18）Villey, *Le Monde des Aveugles Essai de Psychologie*, Ernest Flammarion, 1918, Paris, p.84
19）ジャック＝ダルクローズ著、板野平『リトミック・芸術と教育』全音楽譜出版社、1986年、p.139
20）ジャック＝ダルクローズ、同上書、p.139
21）ジャック＝ダルクローズ、同上書、pp.139-140
22）Jaques-Dalcroze, *Coordination et Disordination des Mouvements Corporels*, Editions Musicales, 1935, Paris, 表紙から数えて4ページ目（ページ数記載なし）
23）Jaques-Dalcroze, 同上書、表紙から数えて5ページ目（ページ記載なし）
24）Jaques-Dalcroze, 同上書、pp.1-6
25）Jaques-Dalcroze, 同上書、pp.16-26
26）ジャック＝ダルクローズ著、板野平訳『リトミック・芸術と教育』全音楽譜出版社、1986年、p.140
27）ジャック＝ダルクローズ著、山本昌男訳『リズムと音楽と教育』全音楽譜出版社、2003年、p.85
28）ジャック＝ダルクローズ、同上書、p.86
29）マルタン他、板野平訳『エミール・ジャック＝ダルクローズ』全音楽譜出版社、1977年、p.15

天野蝶による子どもの歌と動きについての一考察

板 野 晴 子

A study of the Children song and a motion by Amano Cho

Seiko ITANO

はじめに

　パリのダルクローズ学校（Ecole du Luxembourg de Paris）で1931年から1年間リトミックを学んで帰国した天野蝶（1891-1979）は、日本へのリトミック普及に貢献した人物としてその名が挙げられる。天野がリトミック留学を終えて帰国した1930年代当時の日本では、音楽の専門家や教育者以外でオルガンやピアノ等の鍵盤楽器の演奏経験を持つ者は多くはなかった。天野が赴任した体育大学の授業でリトミックを活用するためには、体育教育の現状や体育学生の音楽学習経験の実態に合わせる必要があった。このような時代的背景の中で天野によって案出されたのが「天野式リトミック」である。

　天野は2冊のリトミックの指導書[1]において、「天野式リトミック」、「天野式テクニック」、「幼児リトミック（天野式）」、「プラスティック」について記している。その内容や対象者が異なることは天野の著書から判断することができるが、一般的にはこれらの天野の指導法は一括りにされて「天野式」という略称で呼ばれている現状にある。天野が体育教師であったことや、「天野式」の実践当初はピアノ伴奏の代わりに「天野式リズム太鼓」を使用していたこと等から、体育教育分野におけるリトミックの普及を成したと理解されているようである。しかし、天野によるリトミックは、「音楽リズムの即時身体表現」、「音楽的時価の表現」、「拍の分割」などのJ＝ダルクローズによる学習項目が学習内容に含まれていることから[2]、「天野式」は体育の授業の中で活用された音楽教育であると見ることもできる。また、現在も天野による子どもの歌が幼児教育や保育の現場で、一日の活動の始まりや季節の合間等に歌われている。そのことを鑑みると、体育教育の分野のみならず音楽教育の分野への貢献度も見過ごされない。

　天野自身は日本女子体育短期大学教授、日本女子大学講師、貞静学園高等保育学校講師、東京成徳短期大学講師[3]として教鞭をとり、体育や保育を専門に学ぶ学生への指導を行った。またその傍ら、各地方の保育、幼児教育の現場からの依頼を受けて、幼児を対象とするリトミックの講習を多数行った。現在も私学の小学校、中学校、高等学校の授業内で「天野式」が活用されているところもあるが、学校教育と比較すると幼児教育、保育の現場で実践されている状況が多く見られる。「天野式リトミック」を採用している園が多数存在することや、その実践者は少なくないことから、

「天野式」は幼児教育の現場への普及を成したことも明らかである。

天野によるリトミックに関する研究は、これまで音楽教育の視点から検討されることはなかった。特に、天野による子どもの歌を中心とした唱歌教育については言及されていない。本研究では、天野の教材の中から子どもの歌とその動きについて着目し、リトミックの創案者であるJ＝ダルクローズの *Chansons d'enfants* [4] に収められた子どもの歌と動きとの比較を行う。天野による子どもの歌と動きを通して、天野の教育法の分析と音楽教育観を探ることは、日本の音楽教育における唱歌と動きの取り扱いについて検討する一助となり得るものであり、日本へのリトミック導入史の一端を明らかにする上でも意義のあるものである。

1　研究の目的

天野に関する先行研究としては、小林（1979）による調査、研究が挙げられる。天野の関係者からの聞き取りによる生い立ち、日記に記載されている言葉、教育現場でのリトミック活動の有り様などが報告されている。拙著（2013）では「天野式」と称される「天野式テクニック」、「天野式リトミック」、「プラスティック」、「幼児リトミック（天野式）」の各指導法の内容の分析を行った。その他に、近藤（1999）、岡本、西本（2009）等による報告を若干見出すことができるが、これらの中に天野とJ＝ダルクローズ両者の子どもの歌と動きについて着目した研究は無い。

現在も「天野式」の指導者を対象とした講習会が月に一度開催されており、その教育方法が検討されている。「天野式」の教育内容で使用される教材は天野による作品であり、全てに天野による子どもの動きが付けられている。その中には「おべんとう」、「おかえりのうた」、「こどもの日」、「もちつき」など [5]、幼児教育や保育の現場においても、「生活のうた」や「季節の歌」として、毎日、もしくは季節の節目や行事ごとに歌われている作品が多く含まれている。しかし、現在の保育養成機関で使用されている子どもの歌の教本では、天野の名は作詞者として記述されるに留まり、曲の振付が記載されていないものも少なくない。本研究の目的は、天野による子どもの歌と動きについての全容を明らかにすることである。

2　研究の方法と対象

天野のリトミックに関する著作は『天野式テクニック・リトミック』と『幼児リトミック（天野式）』、リトミック指導のためのピアノ伴奏法の教本、子どもの歌と動きのための曲集が数冊出版されている。また、体育教育に関する論述が2稿ある。年月経過のために天野式リトミック講習会での配布プリント等の資料が散逸している状況は否めなかった。資料収集および聞き取りは、天野の高弟である永倉栄子、伊藤直江、また天野の研究を手がけた小林恵子らの協力を得ることができた [6]。

天野による子どもの歌と動きの教材研究をするにあたり、永倉が保管していた教本『子どもの歌と遊戯』の中から、天野による作詞、作曲、振付のオリジナル曲を対象とした。また、天野の教材を分析する際に、J＝ダルクローズの作詞、作曲、振付による子どもの歌と動きのための曲集、*Chansons d'enfants* を参考にした。

3 天野蝶の子どもの歌と動きの背景

本節では、天野が後年子どもの歌と動きに関わるに至った教育的背景について概観していく。

3.1 天野の受けた女子教育の修業

天野は京都府北部、日本海の宮津湾にある、日本三景の「天野橋立」で有名な宮津市（当時は京都府与謝郡宮津町）の出生である。宮津市は古くから天野橋立三社巡りなどの名勝観光、信仰聖地参拝などで多くの人が訪れる。宮津は江戸期に藩主が頻繁に変わるが、明治以降もこの地方の政治経済の中心であり続けた。宮津はかつて北前船が来航する交易の要衝であり、丹後ちりめんで栄えた場所である。天野は自分がリズム教育のできる教師になり得たその理由を、「全く幼年期少年期の日本舞踊、三味線、琴の修行の賜物である」[7]と述べているが、芸道人口の多い宮津の地域環境が彼女の幼少期に受けた教育に大きく関わっているとみてよい。

西山（1972）は近世芸能の特質について、「武家貴族の遊芸は、そこへ出入りする御用達町人の間に忽ち流行し、それが町人社会にも普及することになっていった」[8]と述べている。城下町の宮津においてもこのような継承がなされていたと言える。現在も宮津の祭りでは湾の水上で宮津節に合わせて子どもたちが太鼓を敲くなどしており、唄、踊り、太鼓などの習い事は、この地方の子どもたちには馴染の深いものである。天野はこの宮津町の商家の次女として生まれ、「私自身も四才から六才迄ならった日本舞踊の価値を四十才すぎて認識、仏前にぬかづいて母に感謝をささげたものである」[9]とあるように、女子教育の修行の一環として幼少期に舞踊を習ったのである。

3.2 小学校教育における天野の子どもの歌と動きの指導

4才から始めた日本舞踊が身についていたこともあり、小学校から師範学校時代まで、天野は身体を動かすことが大変得意であった。その後天野は小学校訓導として体育の授業を通して子どもの歌や動きの指導に関わることになった。天野が宮津尋常高等小学校の訓導になったのは1910（明治43）年である。

体操科は1900（明治33年）に改正された第3次小学校令により、学校教育に於いて正課課目となった。体操遊戯取調委員会は1904（明治37年）に設置され、1907年に改正された小学校令において、尋常小学校の体操の指導内容に遊戯が2年まで課せられた。唱歌については「1年、2年は唱歌と合わせて週に4時間、3年以上6年までは唱歌と分離して各学年体操は3時間」[10]となった。

一方の音楽取調掛は体操遊戯取調委員会よりも25年先駆けて1879（明治12年）に設置されている。音楽取調掛が着手したのは、我が国の音楽教育に西洋音楽を移入する取り組みである。

しかし、この近代教育の試みが一応の成功を上げるまでには、かなりの模索があった[10]。それまで学制では下等小学校（4ヵ年）の教科は「唱歌（当分之ヲ欠ク）」と記述されており、下等中学校（3ヵ年）の教科でも「奏楽（当分欠ク）」という扱いであった。第3次小学校令の下、必須教科目である修身・国語・算術・体操の4科目には音楽は位置づけられておらず、さらに明治40年改正の小学校令においても、唱歌は必修科目とされながらも「唱歌ハ当分ノ内之ヲ欠クコトヲ得」と示されている。

西洋音楽の教育の普及に長期の年月を要したのは、西洋音楽を演奏したり聴いたりする環境が未だ整っていないなど、その実態が国民の実生活とかけ離れていたことや、指導者不足などが背景にあった。現在の我が国の教育課程では、体育と音楽はそれぞれ独立した教科として位置づけられているが、天野が小学校で教員をしていた当時は、体操と遊戯と唱歌を同一教科内で教えていた。

　天野は小学校訓導になってからは学生時代に得意としたダンスと音楽を授業に活かしたいと考えていた。「外国からフォークダンス、体育ダンスの先生が来日、青年会館で講習がある毎に受講した」[12]、また「三十九才迄の私は講習で修業したダンスに、時々自分の創作を加えて体育指導のバックボーンにした」[13]との記述から、天野が遊戯の指導に熱心であったことが窺える。ここに記された「創作」とは幼少期に習った日本舞踊の一部をアレンジしたものであり、旋律に「タラタラ～」という音節を付けて歌いながら指導する方法は、天野が経験した三味線や琴の「口唱歌」が活かされたものであろう。

3.3　天野の受けた西洋音楽の教育と戸倉ハルからの影響

　体育の視察官にダンスの指導法を褒められたことがきっかけとなり、体育教師となった天野であるが、その本心は「音楽教育家になる夢をすてず、ピアノ、声楽、和声学に精進していた」[14]であった。天野は音楽での文部省師範学校中学校高等女学校教員検定試験（通称：文検）の合格を目指すため、東京音楽学校（現在の東京藝術大学）の教授らのレッスンを受けるために職を辞して上京した。天野はピアノを田中寅之助[15]とハンカ・ペッツォルト Hanka Pezzold[16]、声楽を柳兼子[17]、作曲を中田章[18]に師事した。しかし音楽での文検合格は果たせず、その後しばらく天野は戸倉ハル（1896 － 1968）の伴奏者として講習会に同行する。

　両者の出会いは1922（大正11年）で、天野は京都府立第一高女に勤務、戸倉は東京女子師範学校研究科の学生であった。2人は教師仲間を介して知り合い、ダンスの話で協和した。戸倉は東京女子高等師範教授、学校体操教授要目の改正審議員、お茶の水女子大学教授、日本女子体育連盟会長を務め、我が国の幼児教育界に大きな影響を与えた遊戯研究者である。

　天野は戸倉の思い出を以下のように記している[19]。

　　「私が最も力を入れて学び、教えたのは音楽と体育ダンスであったので、戸倉先生のダンスに関するお話にはすぐひき込まれた」

　　「私が東京に移住した年（中略）二人で講習に歩いた。生来、恵まれた先生のデリケートで甘い感受性は、庭の千草、荒城の月、浜千鳥等の表現（中略）、身にしみてわかるだけに私の歌と伴奏に身がはいる。幸い、当時、音楽の検定試験を受けるために精進していたので、何の苦もなく先生のダンスにのることができた」

　　「三原の女子師範の講習でマズルカを教えられるとき、『伴奏曲がないから、なにか即興でひいてほしい。』といわれた。幸い、かって米人にレコードで習ったマズルカの曲を思い出し、その他いろいろの曲や思いつきをまぜて、五節までどうにかまに合わせた」

　　「新曲に振り付けされるとき、どうしても変格小節が会得できないと、私が根負けするほど何度でもピアノをひかされた」

これらの記述から、戸倉の要求する伴奏や動きの為の音楽を演奏するために、天野が自分の音楽経験を活かして、動きと音楽の関係を追求していた様子が見て取れる。天野は戸倉のダンスの講習会の伴奏者として共に広島、新潟、茨城をまわった。後に幼稚園や保育園の遊戯の第一人者として活躍するようになった戸倉との活動は、天野の教育観に影響を及ぼしたように思われる。

　その後、天野はパリにリトミックを学ぶために留学をする。永倉は「詩人の深尾須磨子にすすめられて昭和6年に留学した天野蝶は（中略）いろいろな研究と工夫を重ねた結果天野式リトミックを創案し独自の教育法をもって全国各地を講習してまわりました」[20]と記し、天野の教育法の独自性はリトミックを学んだところにあることを示唆している[21]。

　本節では天野が幼少期に受けた「習い事としての芸事」である女子教育の修業の経験と、小学校訓導時代に受講した内容に工夫を加味して子どもの歌と動きの指導としたこと、また、天野の受けた西洋音楽の教育、遊戯研究家である戸倉ハルとの実践について触れた。さらに後のリトミック留学での学びなど、これらの事柄が天野が手がけた子どもの歌と動きに対する考え方のバックボーンとなっていると思われる。

4　天野による遊戯集

　天野による著作について、永倉（1983）は「先生が幼児リトミック指導のために残された本は、リズム遊戯集5冊、ピアノ即興奏法、幼児リトミック、ゆうぎ体操の8冊に分かれておりました」[22]と記している。この記述は、永倉が天野の著作を一冊に纏め、『天野式リトミック』として編集した楽譜資料集の冒頭にある。『たのしいリズム遊戯体操』[23]は作詞、作曲、振付けの殆どが天野によるものであるが、この遊戯集の目的は、天野によって「幼児の体育的技術の向上をはかること」[24]と述べられており、体育教育のための教材である。よって、ここでは検討の対象とはしない。天野はこの他にも、子どもの遊戯のための作品集を戸倉ハルらとの共著で出している。これらの天野の文献の中から、子どもの歌と動きの為の作品を取り上げ、曲目ごとに、作詞、作曲、振付を担当した者の名を記した（表1～表9参照。表は筆者が作成した）。

表1　『うたとゆうぎ（秋の巻）』[25]

曲目	作詞	作曲	振付	備考
とんぼ				作詞、作曲、振付名記載無し
ぶらんこ	一宮道子	一宮道子	天野蝶	
おまつり	村山寿子[26]	一宮道子	天野蝶	
おつきさま				作詞、作曲、振付名記載無し
ぽんぽこたぬき				作詞、作曲、振付名記載無し
あまだれポッタン	一宮道子	一宮道子	天野蝶	
もみじ		天野編曲	天野蝶	作詞、作曲者名記載なし
ちよがみ				作詞、作曲、振付名記載無し
アメチョコさん	村山寿子	一宮道子	天野蝶	
とびましょ	一宮道子	一宮道子	天野蝶	
おかえりのうた	村山寿子	一宮道子	天野蝶	

表2 『うたとゆうぎ こどものこよみ』[27)]

曲　目	作詞	作曲	振付	備　考
おともだち				作詞、作曲、振付名記載無し
おはよう	村山寿子	一宮道子	天野蝶	
おかえりのうた	村山寿子	一宮道子	天野蝶	
おべんとう				作詞、作曲、振付名記載無し
こどのもひ				作詞、作曲、振付名記載無し
おかあさまの日				作詞、作曲、振付名記載無し
たなばた				作詞、作曲、振付名記載無し
もちつき	一宮道子	一宮道子	天野蝶	
おしょうがつ				作詞、作曲、振付名記載無し
まめまき				作詞、作曲、振付名記載無し
ひなまつり				作詞、作曲、振付名記載無し
そつぎょうのうた				作詞、作曲、振付名記載無し

表3 『たのしいリズム遊戯集』1[28)]

曲　目	作詞	作曲	振付	備　考
組曲 うみ (1.うみ 2.かに 3.かい 4.たこ 5.かもめ 6.ふね)				作詞、作曲、振付者記載無し
工夫さん				歌詞無し、作曲、振付者記載無し
ジャンケン				作詞、作曲、振付者記載無し
ここまでおいで				歌詞無し、作曲、振付者記載無し
なかよし				歌詞無し、作曲、振付者記載無し
かくれんぼ				歌詞無し、作曲、振付者記載無し
きしゃごっこ				歌詞無し、作曲、振付者記載無し
てんてんてまり				歌詞無し、作曲、振付者記載無し

表4 『たのしいリズム遊戯集』2[29)]

曲　目		作詞	作曲	振付	備　考
組曲 秋	1. えんそく	村山寿子	一宮道子	天野蝶	組曲中の5曲はそれぞれ作詞、作曲、振付の担当が異なっている
	2. 十五夜さん	一宮道子	天野蝶	天野蝶	
	3. かまきり じいさん	文部省	一宮道子	天野蝶	
	4. おまつり	村山寿子	一宮道子	天野蝶	1)「おまつり」と同曲
	5. 木の葉がちるよ	天野蝶	一宮道子	天野蝶	
おほしさま					歌詞無し、作曲、振付者記載無し
ぼくらとワンワン			天野編曲	天野蝶	作詞者名、作曲者名記載無し
ほら にてるでしょ		村山寿子	一宮道子	天野蝶	
おすもう		山村寿子	一宮道子	天野蝶	「山村」は「村山」の誤植か
たかくなれ ひくくなれ		村山寿子	一宮道子	天野蝶	
うれしいな		天野蝶	一宮道子	天野蝶	
シーソー		天野蝶	一宮道子	天野蝶	

表5 『たのしいリズム遊戯集』3 [30]

	曲目	作詞	作曲	振付	備考
春の組曲	1. つん つん つくし	一宮道子	一宮道子	天野蝶	
	2. めだかのおにごっこ	一宮道子	一宮道子	天野蝶	
	3. みつばちさん	天野蝶	一宮道子	天野蝶	
	4. さいたさいた	天野蝶	天野蝶	天野蝶	天野のオリジナル作品
	5. あまだれポッタン	一宮道子	一宮道子	天野蝶	1)「あまだれポッタン」と同曲
	6. のっそりこ	一宮道子	一宮道子	天野蝶	
おこりんっぽうとなきむし		一宮道子	一宮道子	天野蝶	
ぴょん ぴょん ぴょん		天野蝶	天野蝶	天野蝶	天野のオリジナル作品
たんじょう日		一宮道子	一宮道子	天野蝶	
リズムあそび=模倣あそび			天野蝶	天野蝶	天野のオリジナル作品　歌詞無し
隊形あそび			天野蝶	天野蝶	作詞者名記載なし

表6 『たのしいリズム遊戯集』4 [31]

曲目	作詞	作曲	振付	備考
おはよう	村山寿子	一宮道子	天野蝶	2)「おはよう」と同曲
おかえりのうた	村山寿子	一宮道子	天野蝶	1) 2)「おかえりのうた」と同曲
たん たん たんぽぽさん	村山寿子	一宮道子	天野蝶	
こぶたさん	柴野民三 [32]	一宮道子	天野蝶	
アメチョコさん	村山寿子	一宮道子	天野蝶	1)「アメチョコさん」と同曲
おたまじゃくし	一宮道子	一宮道子	天野蝶	
かえるのうた		ドイツ曲	天野蝶	日本語作詞者名記載無し
ぶらんこ	一宮道子	一宮道子	天野蝶	1)「どんぶらこ」と同曲
ぞうさん	一宮道子	一宮道子	天野蝶	
とびましょう（ママ）	一宮道子	一宮道子	天野蝶	1)「とびましょ」と同曲
くまのこ	佐藤義美 [33]	一宮道子	天野蝶	
あそびましょ	一宮道子	一宮道子	天野蝶	
もちつき	一宮道子	一宮道子	天野蝶	2)「もちつき」と同曲

　天野の初期の遊戯集は戸倉、天野、一宮の共著である。天野の教え子の伊藤直江によると、天野は作曲者として多く記されている一宮について、「天野式リトミックをよく理解し、効果的な音楽を作曲する人物」と評していたという。一方の戸倉については、共著者として名はあるが、作詞、作曲、振付に戸倉がどの程度関わっていたのかを示す資料は見当たらなかった。しかし、3.3で先述したように、天野と戸倉は子どもの歌と動きに対して共感を持っていたことは明白である。天野の文献の発行年を見ると、『うたとゆうぎ（春の巻）』[34] と『うたとゆうぎ（秋の巻）』が1948（昭和23）年、続く『うたとゆうぎ　こどものこよみ』は1949年に出版されている。

　1948年当時の戸倉は既に遊戯研究の第一人者として活躍しており、晩年まで30冊余りの遊戯集、翻訳等を執筆している[35]。大正・昭和前期の土川五郎（1871-1947）は唱歌遊戯、律動遊戯、表情遊戯の最盛期を構築した人物であり、戸倉は土川の影響も受けていたとされる[36]。土川は自身の論

表7 『たのしいリズム遊戯集』5 [37)]

曲　目	作詞	作曲	振付	備　考
もみじ		天野編曲	天野蝶	作詞者名、作曲者名記載無し
トンネル あそび	天野蝶	天野蝶	天野蝶	天野によるオリジナル作品
おんぷ あそび	天野蝶	天野蝶	天野蝶	天野によるオリジナル作品
お客さま		天野編曲	天野蝶	作詞者名、作曲者名記載無し
カッチン カッチン		天野編曲	天野蝶	作詞者名、作曲者名記載無し
ヒコーキ		天野編曲	天野蝶	作詞者名、作曲者名記載無し
おててとあし	/	外国曲	天野蝶	歌詞なし、天野による編曲
だるまさん		天野編曲	天野蝶	作詞者名、作曲者名記載無し
コンコンこ山		天野編曲	天野蝶	作詞者名、作曲者名記載無し
夕立	天野蝶	天野蝶	天野蝶	天野によるオリジナル作品

表8 『幼児リトミック《天野式》』 [38)]

曲　目	作詞	作曲	振付	備　考
りずむあそび 模倣あそび	/	天野蝶	天野蝶	歌詞無し、5)の曲とは異なる
あそびましょう	/	天野蝶	天野蝶	歌詞無し、6)の曲とは異なる
あか．しろ．あお	天野蝶	天野蝶	天野蝶	天野によるオリジナル作品
ピカピカぼし	/	天野編曲	天野蝶	歌詞無し、天野による編曲

文の中で「子供は音樂についての大藝術家である」[39)]とJ＝ダルクローズの言葉を引用し、続けて「彼の幼稚園や小學校で興ふる唱歌は大人よりも早く巧みに取り入れ又これを樂しむものである」[40)]と述べて、子どもが遊びの中で歌を自然に楽しむように、遊戯においても歌うことを楽しむことが肝要であるとしている。当時の日本の遊戯においてはJ＝ダルクローズの教育観が影響を及ぼしており、リトミック留学を果たして帰国した天野が関わったこの3種の『うたとゆうぎ』にも、戸倉、一宮、天野を介してJ＝ダルクローズの教育観が反映されていると考えられる。天野にとって『うたとゆうぎ』の出版は、子どもの歌と動きを研究する大きなきっかけとなった。「体育の基本訓練として（中略）幼稚園及び小学校低学年は（中略）単にリズム遊戯を指導していたが、約二十年前からミュジックプレイ（ママ）の名で（中略）簡単な和音進行（カデンツ）でリトミックの真似事をしてみて驚いた」[41)]という記述と、「昭和二十四年頃ミュージックプレイの名のもとに幼児リトミックをはじめてから十六年間、その教育効果の素晴らしさに私は驚嘆とよろこびに奮起した。そして生まれたのが以下詳述する天野式幼児リトミックである。」[42)]という記述をみると、3種の『うたゆうぎ』が出版された1949（昭和24）年以降、天野は「幼児リトミック《天野式》」を創案し始めたといえる。

一方の『たのしいリズム遊戯集』全5巻は、『幼児リトミック《天野式》』と同年の1964（昭和39）年に発行されており、天野の子どもの歌と動きについてのリトミック観が反映された曲集であるといえよう。作詞、作曲、振付け全てを天野が手がけたオリジナル曲も含まれている。

5　天野による子どもの歌と動きのための作品

　『たのしいリズム遊戯集』全5巻及び『幼児リトミック《天野式》』に収められた曲の中から、天野によって作詞、作曲、振付がなされたオリジナル作品を抽出した（表9）。表9に示したように、天野によるオリジナル作品は6曲であった。
　天野の子どもの歌と作品は、幼児が理解しやすい生活の中からの題材、子どもの音域に合わせた歌いやすい旋律、子どもが無理なく動くことのできる振付で構成されている。また、伴奏はⅠ、Ⅳ、Ⅴの機能和声を使用し、子どもにも基本的な和声感を養わせることができる。密集や分散和音を使用し、アルベルティ・バスやスタッカート、オクターヴの使用等の変化を持たせてはいるが、これらは高度なピアノテクニックを要求するものではなく、ピアノ学習経験を数年積んだ幼児教育指導者が取り組みやすいような配慮がなされている。子どもには前奏を聴きながら拍子を感じ取らせ、行進やジャンプではアクセントを意識させている。「おんぷあそび」に見られるように、歌と動きの活動をしながらリズムの呼称をさせる等、リズムの学習を目的とした作品もある。これらのことから、天野が子どものための歌と動きの作品を通して、子どもにはリトミックを活用した音楽的能

表9　天野のオリジナル作品の分析

曲　目	リズム、旋律、和音等	（詩の内容）【動き】その他
さいたさいた F dur　2/4 　　音域ヘ～ハ	16分音符、8分音符、メロディは音域も幼児向けであり簡素で歌いやすい　右手伴奏旋律に臨時記号、16分音符	（れんげ、すみれ、チューリップが咲いたよ）【前奏聴く、円の隊形を作る、片膝立、膝屈伸、拍手、手で花の形を作る、羽ばたき、拍に合わせ走る】
ぴょんぴょんぴょん G dur（F: の誤表記） 2/4 　　音域ト～ニ	4分音符と8分音符で構成された簡素なリズム　歌の9小節目の下向旋律、次の4度跳躍に留意して歌わせる	（うさぎ、かえる、すずめになってぴょんぴょんしよう）【前奏聴く、拍手、動物の模倣、ランニングターン、ジャンプ】
トンネルあそび C dur　2/4→4/4 　　音域ハ～ハ	スキップのリズム、旋律はハ(・)から順次進行の上行形で歌いやすいⅠ、Ⅳ、Ⅴの和音、密集形多様	（トンネルをくぐりながら、ピアノと声の合図を聴こう）【座る、立つ、拍手、手を振る、膝たたき、行進、くぐる、旋回する、号令に合わせて行う】
おんぷあそび F dur　2/4 　　音域ヘ～ハ	8分音符、4分音符、2分音符旋律は主音から2～3度の順次進行で歌いやすい　Ⅰ、Ⅳ、Ⅴの伴奏	（しぶ、にぶ、ハップと名前をつけて音符を覚えましょう）【円の隊形を作る、お互い向き合い両手打ち、指差し、両手挙げ、両手腰片足膝を曲げる、歩く】
夕立 D dur　2/4 　　音域ニ～ニ	16分音符、スキップ、8分音符旋律は簡素で歌いやすい アルベルティ・バスの伴奏形	（夕立、雷、雨が降ってきたから早く帰ろう）空を見る様子、両手を上にあげる、両手を耳にあて膝を曲げる、拍手しながらランニング、駆け足行進】
あか．しろ．あお D dur　4/4 　　音域ニ～ロ	4分音符、8分音符、付点4分音符、旋律は簡素で歌いやすい Ⅰ、Ⅳ、Ⅴの伴奏	（赤、白、青の丸を作ろう）【赤、白、青のグループに分かれる、前奏は手をつないで上下に振る、足ぶみ、拍手、膝の屈伸、前進、後退、行進】

力の養成を、幼児教育者にはリトミック活動を取り入れるように考えていたことは明らかである。

6　考察

　一般的に「天野式」は、「体育的な動きの幼児リトミック」や「天野式太鼓」がイメージされることが多いようであるが、実際には（天野は）子どものための歌と動きの作品を数多く残した。天野はリトミック留学を終えて帰国し、教師となったが、体育学生を対象にリトミックを導入しようとしたとき、学生はピアノの演奏経験が少なく、J＝ダルクローズのリトミックをそのまま導入するには困難であった。そこで天野はいくつかの方法を考えて「天野式テクニック・リトミック」を案出するに至ったと考えられる。

　日本ではそれ以前より、土川や戸倉らによって盛んに遊戯研究がなされており、子どもの動きと歌の融合は行われていた。天野がリトミックを幼児教育に取り入れる際に、「子どもの歌と音楽と動き」という遊戯と近似の方法で行ったことは、その後の日本の幼児教育分野でリトミックが受容されやすい要因の一つになったともいえる。さらに、天野による「子どもの動きと音楽と動き」を用いる方法は、単なる思い付きではなく、J＝ダルクローズの述べる「ことば、所作、音楽の三者の一体化」[43]と同義である。子どもの音楽的能力を育成する為に、子どもの歌に動きを付けた教材を作るという天野の考えは、歌唱活動に動きを活用することが、子どもの「素養の開花を促すことができる[44]」というJ＝ダルクローズの考えと共通のものである。歌と音楽と動きを子どものリトミックに活用したことは、日本においては天野のオリジナリティの高い方法であったと考えることができる。

　自作の歌と動きをコンビネーションさせて教材としている取り組みは、J＝ダルクローズにも見ることができる。子どものための作品についての考えをJ＝ダルクローズは以下のように述べている。

　　　「20年前、私は子供向けの歌曲小品をいくつか作曲したが、それを歌うときには、身体の動きで拍節を区切るよう指定した。さて、私は音楽の嫌いな子や、歌の嫌いな子どもたちが、動くことが好きであるがために、終いには歌うことが好きになるということを度々確認している。音楽の二つの基本的要素は、リズムと音響（sonorité）である。よく、聴取能力に乏しい子どもを終いには音楽好きにするのは、リズミカルな動きへの愛好なのである。」[45]

　J＝ダルクローズは歌や動きを子どもが愛好するのは自然なことであり、先に述べた「ことば、所作、音楽の三者」を一体化することにより音楽好きな子どもたちを育成することを目指して、子どもの歌と動きの作品 *Chansons d'Enfants* [46] を作った。以下に曲目を表記する（表10）。

　この曲集は英訳でも紹介されており、J＝ダルクローズの子どもの歌の教材として代表的な作品と考えることができる。作曲家J＝ダルクローズは和音進行や伴奏形の複雑さにより、快活さや情緒的なニュアンスを表現しているが、子どもの歌のリズムは主に8分音符や16分音符、4分音符で構成されている。複合拍子や変拍子はあるものの、歌いながら動いている子どもが混乱をしない

表10 *Chansons d'Enfants* の目次

Ⅰ．La toute petite maison（とっても小さなお家）
Ⅱ．Madam'la Neige（雪のご婦人）
Ⅲ．La petite abeille（小さなミツバチちゃん）
Ⅳ．Le coucher de Bébé（赤ちゃんのねんねの時間）
Ⅴ．Les souris se sont vengées（ネズミたちの仕返し）
Ⅵ．La promrnade en pousette（乳母車でお散歩）
Ⅶ．Le jeu du chemin de fer（汽車あそび）
Ⅷ．La Visite chez la Dame（貴婦人をご訪問）
Ⅸ．L'omelette au chocolat（チョコレートのオムレツ）
Ⅹ．Réponse de la petite fille bien sage（小さな良い女の子の思い出）
Ⅺ．La Danse a la Corde（縄跳び）
Ⅻ．Rividididiti（リヴィディディティ）

（　）内の邦訳は板野による

程度に使用されている。全ての曲が 12 小節ほどで完結している天野の作品と大きく異なるのは、1 番が 50 小節以上にもわたり、リピートされた 3 番もしくは 4 番まで劇のようにストーリーが展開され、それに合わせた配役ごとの動きが、集団とグループに分かれてつけられていることである。この様に異なる部分もいくつか見受けられるが、天野と J ＝ダルクローズは子どもの「運動─触覚知覚、空間感覚・旋回感覚」[47]を整備し、精神と身体を調和させることを目指すリトミックの一方法として、歌と動きを融合した活動を用いたといえる。

おわりに

天野の手がけた作品は、現在でも歌われており、幼児教育、保育の現場に浸透している。全ての曲に天野による振付がつけられていたという事実を明らかにすることができた。しかし、音楽のみが伝えられ、天野による振付けの伝承が欠落している状況は否めない。現在の多くの保育者養成校で使用されている教本を見る限りでは、天野はリトミック指導者というよりも作曲者であるという認識がなされていくことになる。これは曲の作詞者と作曲者のみの記載に留まってしまい、振付者を削除している出版社が多く見受けられる現状にも一因があろう。振付を削除することは、教材としての価値の一部分を削除することにもなる。このような中で、天野の関わった遊戯集の作品の作詞、作曲、振付者の氏名を確認した作業は意味があったといえる。

本稿では天野の遊戯集を中心に、天野によるリトミック導入の一側面をみることができた。歌と動きを子どものリトミック指導に活用したことは天野の実践の一つの特徴を成す部分と思われる。今回は天野による作品を中心にしたが、次回は J ＝ダルクローズによる子どもの歌と動きについての検討も加えていきたい。

（謝辞）
　本稿を執筆するにあたり、天野式幼児リトミック研究所所長の永倉栄子氏、国立音楽大学名誉教

授の小林恵子氏、リズム企画リトミック講師伊藤直江氏の3氏には、天野蝶の文献収集および聞き取りに関して多大なるご厚意をいただきましたこと、御礼申し上げます。

注
1) 天野が記したリトミックの指導書は『幼児リトミック〈天野式〉』共同音楽出版社、(1966)と『天野式テクニック・リトミック』共同音楽出版社、(1969)の2冊が挙げられる。
2) 拙著「天野蝶による日本へのリトミック受容に関する一考察—天野の指導内容を視点として—」『ダルクローズ音楽教育研究』Vol.37、日本ダルクローズ音楽教育学会、(2013)、p.10 参照
3) 天野蝶『幼児リトミック〈天野式〉』共同音楽出版社、(1966) p.126
4) E.Jaques-Dalcroze, Op.42 *Chansons d'enfants*, Paris, 1904 Édition foetisch
5) これら4曲はいずれも一宮道子作曲、天野蝶作詞による。
6) 永倉栄子氏への聞き取りは2012年11月19日、浦和市にて行った。また、小林恵子氏への聞き取りは2012年8月4日、小林氏自宅にて行った。さらに同年11月10日、小林氏自宅にて伊藤直江氏、小林恵子氏から聞き取りを行った。
7) 天野蝶、前掲書 (1966)、p.30
8) 西山松之助「近世の遊芸論」(1972)、p.598、日本思想体系『近世藝道論』岩波書店所収
9) 同上書 (1966)、p.15
10) 岡田俊彦『教科教育「体育」』多摩印刷株式会社、(1988)、p.43
11) 文部省『学制百年史』(1972) 参照
12) 天野蝶、前掲書 (1969)、p.20
13) 同上書 (1969)、p.21
14) 同上書 (1969)、p.20
15) 田中寅之助は「うちの子ねこ」、「蜘蛛の糸」等の唱歌の作詞、作曲を手掛けている。
16) ハンカ・ペッツォルト Hanka Pezzold(1862-1937)：ノルウェー人のアルト歌手。ピアノの腕前もあったリスト門下生で、東京藝術大学（旧東京音楽学校）で教鞭を執っていた。
17) 柳 (1892-1984) は東京音楽学校学生時代に声楽をペッツォルトに師事した。ドイツを中心に、1929年にはボストン、1976年にはパリでも歌い、1972年に日本芸術院会員に選出された。
18) 中田は東京音楽学校教授として音楽理論、オルガンを教えていた。
19) 日本女子体育大学「大学後援会報」第30号、日本女子体育大学講演会、(1968)
20) 永倉栄子編『天野式幼児リトミック 第1集』チャイルド本社、(1983)、p.13
21) 天野の留学の経緯については、後述参考文献に記載した小林 (1979)、板野 (2013) に詳しい。
22) 永倉栄子、前掲書 (1983)、p.3
23) 天野蝶『楽しいリズム遊戯体操』共同出版社、(1973)
24) 天野蝶『たのしいリズム遊戯体操』共同出版社、(1973)、p.2
25) 天野蝶、戸倉ハル、一宮道子『うたとゆうぎ（秋の巻）』二葉書店、(1948) に所収されている曲は「とんぼ」（歌詞：すーいすいすい とんでこい…)、「ぶらんこ」（歌詞：ぶらんこ ぶらんこ こぎましょ こぎましょ one, twe（ママ）, three, four …)「もみじ」（歌詞：かぜにふかれて もみじのはっぱ…) など、文部省唱歌や現在一般的に歌われている童謡とは異なるものである。
26) 村山寿子は「ゆきのこぼうず」の作詞者としても知られている。
27) 天野蝶、戸倉ハル、一宮道子『うたとゆうぎ こどものこよみ』(1949) 二葉書店
28) 天野蝶、一宮道子共著『たのしいリズム遊戯集』1、共同音楽出版社、(1964)
29) 天野蝶、一宮道子共著『たのしいリズム遊戯集』2、共同音楽出版社、(1964)
30) 天野蝶、一宮道子共著『たのしいリズム遊戯集』3、共同音楽出版社、(1964)
31) 天野蝶、一宮道子共著『たのしいリズム遊戯集』4、共同音楽出版社、(1964)
32) 柴野民三 (1909-1992) は『コドモノヒカリ』の編集者、児童文学家である。
33) 佐野義美 (1905-1968) は童謡作詞家、童話作家。代表的な作品は「犬のおまわりさん」等がある。
34) 天野蝶、戸倉ハル、一宮道子『うたとゆうぎ（春の巻）』二葉書店 (1948) は現在未入手
35) 名須川知子「幼児期の身体表現教育における『定型性』の意味—戸倉ハルの遊戯作品分析を手がかりに—」兵庫教育大学紀要、第1分冊、(2001)

36) 名須川知子「唱歌遊戯作品における身体表現の私的変遷」兵庫教育大学研究紀要第 22 巻、(2002)、p.13
37) 天野蝶、一宮道子共著『たのしいリズム遊戯集』5、共同音楽出版社、(1964)
38) 天野蝶『幼児リトミック《天野式》』、共同音楽出版社、(1964)
39) 土川五郎「幼児の遊戯」『大正・昭和保育文献集』第 4 巻実践編所収、日本らいぶらり、(1978)、p.106
40) 同上書 (1978)、pp.106-107
41) 天野蝶『天野式テクニック・リトミック』共同出版社、(1969)、p.30
42) 天野蝶、前掲書 (1966)、pp.39-40
43) 同上書 (2003)、p.142
44) 同上書 (2003)、p.61
45) 山本昌男訳、E・J＝ダルクローズ著『リズムと音楽と教育』全音楽譜出版社、(2003)、p.61
46) E.Jaques-Dalcroze, Op.42 Chansons d'enfants, Paris, 1904 Édition foetisch
47) 山本昌男訳、前掲書 (2003)、序文

参考文献
小林恵子「パリのリトミック学校に学んだ、もう一人の幼児教育者―天野　蝶の歩いた道―」国立音楽大学研究紀要第 14 号、(1979)
板野晴子「天野蝶による日本へのリトミック受容に関する一考察―天野の指導内容を視点として―」『ダルクローズ音楽教育研究』Vol.37、日本ダルクローズ音楽教育学会、(2013)、p.10 参照
山本数子「リトミック運動を普及させた天野蝶について」日本女子体育大学紀要 12 号、(1982)
近藤久美「21 世紀の子どもを育むリズム教育―天野式幼児リトミックを通して―」一宮女子短期大学研究報告第 38 号、(1999)
岡本昌代、西本夏江「保育学科における「体育」の授業内容の考察〜幼児体育と「天野式リトミックが融合したリトミック体操」について」東筑紫短期大学研究紀要 40 号、(2009)
西山松之助、他著『近世芸道論』岩波書店、(1972)、p.598
永倉栄子編『天野式幼児リトミック』第 1 集、チャイルド本社、(1983)

音の活動において
「見る」「聴く」「触れる」「動く」ことの意味
―箏の弦を用いた幼児の活動の分析を通して―

今 川 恭 子

Importance of "Look", "Listen", "Touch" and "Move" in Sound Activities:
Based on the Analysis of Young Children's Touching Sou (Koto) Strings

Kyoko IMAGAWA

1　はじめに

　人とモノとのネットワークの中に生まれて生きる子どもたちにとって、そのときどきの自分を取り巻くネットワークを通した多様な相互交渉は、学びと育ちの原動力であり推進力であるといってよい。人との相互交渉の大切さは言うまでもなく、モノとの相互交渉もまた、とくに乳幼児期における発達と学習において大きな重要性をもつ[1]。

　生命のないモノは、子どもとの相互交渉によって有機的な関係性の網の目の中に入り、子どもにとって「意味」ある世界を構成する。この「意味」の捉え方は、人とモノとの関係性への見方によって違いが生じるだろう。環境の中のあらゆるモノには、その物理的属性の背後にルール rule とコード code があり、子どもの育ちとは、試行錯誤しながらそれらの「正しい」認識に至ることであり、その「正しい」認識にしたがって正解を導き出したりモノをうまく操作できたりするようになることである、と考えるのか。あるいは子どもの育ちとは、子どもが主体的にモノにかかわり探求し、モノとの相互交渉を通して多彩な可能性を引き出したり創りだしたりしながら意味生成を重ねて生きる過程である、と考えるのか。客観的な正解のある知を身につける情報処理者的な子どもを見るのか、あるいは正解のない多様な可能性の中での個性的な存在としての子どもを見るのか。そのいずれかの姿だけを見るのが正しい子ども理解というわけではなく、その時と場合、文脈に応じて、どちらも我々が見ることの出来る、もしくは見なければならない子どもの姿ではなかろうか。モノを含む世界と子どもの関係性をどう見るかによって、子どもの行為の行方、生み出される意味の世界、さらにはそれを見る我々にとっての意味や子どもの導き方も大きく変わるだろう。

　本稿において筆者は、主体的にモノにかかわり意味を創りだす存在としての子どもを見るという立場を大切にしたい。その理由のひとつには、音楽行為において重要な想像力や創造性を子どもの中に見出すためには、こうした見方が欠かせないと考えるからである。そしてもうひとつには、楽器を介して音を聴き・つくる子どもをめぐる諸課題に取り組んでいくうえで、モノとの相互作用に

おいて発揮される子どもの能動性と創意工夫を見つめる目が必要だと考えるからである。子どもがモノにかかわり耳を使って音を産み出す営みの中には、楽器との関係も含まれるはずである。だが「子どもと楽器」というと、楽器の側から規定される、もしくは言葉は悪いかもしれないが楽器から強制される面が注目されがちである。その結果「子どもと楽器」をめぐっては、まずは楽器の制約を正しく認識し、一定の技能に身体を嵌め込んで動くように訓練することが連想されやすい。こうした側面の必要性はもちろん認めるが、そこでは、自分を取り巻くあらゆるモノに能動的にかかわる創意工夫に満ちた子どもという側面が見落とされがちになることも指摘せざるをえない。とくに幼児期においては、子どもからのこうした主体的で創造的な側面が、一定の技能や知識の獲得以上に重視されるべきではないだろうか。子どもはモノにかかわりながら、客観的なモノの属性や扱い方を知るとともに自分自身の感覚を通して自己を確かめ[2]、自分も変容しながらモノとの関わりもまた変容させている。モノとのかかわりを深める中で何かに気づいたり発見したり、何らかの変化を自分の外の世界につくりだしたりする過程は、子ども自身が感じ方を膨らませ動き方を変えつつ想像し思考する過程と言い換えることができる。モノと相互作用する子どもたちがどのように感じ、どのように動いているのかを詳細に知ることは、子どもが主体的かつ創造的に相互作用できるような環境を音楽的な観点から構想することに繋がっていくのではないだろうか。

2 研究の目的と方法

2.1 本稿の目的

本研究では子どもがモノと相互作用する過程に焦点を当て、その中で子どもが音を聴き音をつくろうとするときにどのように知覚しどのように動いているのかを検討する。分析を通して、音に関わる活動において「聴くこと」だけでなく「見ること」「触れること」そして「動くこと」がどのように関係し合うのかを明らかにし、それらが意味することを考えたい。

具体的には「箏の弦（以下、「糸」）」を用いた活動を幼稚園において実施し、その活動過程での子どもたちの姿を分析検討する。子どもたちが糸にかかわって音を出すときに、「見る」、「聴く」、「触れる」、「動く」ことはどのように具体的に相互に影響し合うのか。またそれらは子どもの中に生じるどのような変化を示しているのだろうか。本研究が実際に行うのはひとつの小さなアクションリサーチであり、その結果はあくまでも限定的にしか読み取れないものではあろう。だが、子どもたちが音にかかわって主体的かつ創造的な営みを展開していくための環境構成を考えていくための小さいながらもひとつの基礎的な研究となることをめざしたい。

2.2 実践の概要と分析の方法

本研究が検討対象とする実践のデータは、筆者が共同研究者とともに幼稚園で実施した糸を用いた活動における子どもの姿の記録である[3]。

幼稚園において、筆者たち（ファシリテーター、以下Fと記す。F1は筆者、F2は共同研究者の箏曲演奏家）が糸を計画的・意図的に子どもたちに提示した。糸を材料として幼児を対象に行なった活動は2011年に複数の幼稚園でいくつかのタイプの実践をおこなっており、その都度子どもたちの様子を記録・分析することによって実践内容の見直しや研究仮説の修正を行なってきた。本

稿で取り上げる実践は、2011年の1学期（6月と7月）に葛飾区の私立まどか幼稚園において5歳児を対象にして実施した活動である。

[実践の概要] 2011年6月24日、7月8日、5歳児4クラス（1クラス約30名）対象に2日間に分けて実施、F＝筆者（F1）・箏曲演奏家（F2）

　糸そのものに子どもたちが出会い、見て触れて探求するという内容である。Fたちは一斉保育時間に保育室を訪れ、座っている子どもたちの目の前（保育室前方）で糸の両端を持って張り、子どもたちは交代でその糸に触れた。保育者は子どもたちと並び合って座り、一緒に活動に参加した。子どもたちは糸の質感をまず目で確かめ、触れることでそれを実感することとなった。その後、Fたちは糸が箏という楽器の弦であることを子どもたちに知らせた。それを受けて子どもたちはどうすれば音が出るのかを考えながら糸への働きかけを試行した。さらに続けてF2が糸から音を出すモデリングをしてみせる。このモデリングを受けてさらに子どもたちは糸への働きかけの試行を続けた。最後に、Fたちは保育室内の道具箱などを利用し、共鳴によって音が増幅されることを教えた上で、子どもたちも共鳴を利用して音を出すことを体験した。のべ100名以上の子どもたちの反応はそれぞれ異なり、またクラスによっても雰囲気が異なるため、Fたちは子どもたちの様子に応じて臨機応変に言葉かけ等の対応を進めていくこととしたが、すべてのクラスで子どもたちが次の手順（活動の4段階）で経験を進めることを原則とした。

1）予備知識なしに糸に出会い、糸を探索する
2）糸が楽器の弦であることを知り、音の出るモノとして糸を探求する
3）モデリングを見て探求を続ける
4）共鳴を得て容易に大きな音を出せるようにする

　活動の様子はビデオカメラで撮影し、後日筆者が映像を見ながら子どもたちの様子を記述した。その記述をもとに行なった分析については、Fが積極的に援助する中での子どもの様子を活動の4段階に対応させながら分析した。筆者たちからのはたらきかけは臨機応変であり、子どもたちや保育者の状況は複雑な要因のからまり合いである。したがって、子どもの動きを数量的に分析するのではなく、その状況の中での子どもの動きや発言の前後関係や意味を考えるという質的な分析方法を採ることとする。なお、筆者たちは意図的に現場に参与し、ある程度意図的な介入の形をとっているが、これはそのことによって個別的な仮説検証を目的として行なっているのではなく、緩やかな条件設定のもとで子どもたちの姿から新たな仮説生成をめざすために採った方法である。

3　子どもたちの姿から：活動の分析と考察

3.1　予備知識なしに糸に出会い、糸を探索する

　2人のFが長い糸の両端をもち、床に並んで座っている子どもたち（1クラス約30名）の前に立つ。糸を見せて、何の糸かな、と少し子どもたちとやり取りをした後、1列（5人）ずつ前に出て来て糸に触れてもらうことからスタートした。はじめて糸に出会った子どもたちは、まず「触覚と視覚を中心に糸を探索」（今川・長谷川 2012）しはじめた。子どもたちの代表的な姿の記録を、ひとつのクラスでの活動記録を中心に見てみよう。なお、以下の場面記述は、筆者が映像記録を見ながら作成した網羅的な記録から一部を抜粋し要約したものである。

【場面１】

> ［複数の子どもたちに並んで糸に触れてもらう］
> 　一列目の最初の女児１、糸の中央に立ち親指と人差し指でそっとはさむようにして隣の女児の顔を見る。もっと触っていいとＦに促されると、親指と人差し指と中指で糸を挟んで指を左右に手を動かしてこする。女児１、さらに立ち位置を変えて親指と人差し指と中指で糸を挟み持つ。糸と指の接点をしっかり見つめて、あまり指を動かさずに「かたい」という（①）。そのあと女児１は糸がまったくたわまない程度にあまり強くなくゆっくり指を左右に少し動かす（②）。そして「ざらざらしている」という（③）。女児２は親指と人差し指で糸に触る。目は糸と手の接点を見ており、保育者の顔を見ながら「かたい」という（④）。
> （中略）
> 　女児３は首をかしげながら、糸を握るような触り方をしている。目は糸と手の接点。すぐに手を離して、保育者と筆者に感想を聞かれると首をかしげながら「かたい」（⑤）。女児３、左手人差し指で下から軽くひっかけるように糸を持ち、すぐに糸を放す。これは偶発的な動きのように見えたが、糸を放すやいなや糸が振動する（⑥）。
> 　次に男児１は交代して糸の下を通るとき、左手を糸に伸ばして、その左手で糸につかまるような格好で糸に触れながらそこを支点にくぐって向き直り、すぐに両手を上から乗せるように糸に触れる。指を曲げて重みをかけてさわっているので、糸がすこし下にたわむ（⑦）。視線はずっと糸に向けて、さわっている両手の間の糸を見つめている。左手親指と人差し指で糸を挟むような形にして糸を左右にこする（⑧）。右手を糸から離す。指と糸の接点を凝視している。
> 　次の男児２、左右の親指人差し指を真ん中に寄せるように動かして、保育者と筆者の方を見て「かたい」。つづけて、「ぺたぺたしたかんじ」と言う（⑨）。２本指で強く掴むような触れ方からつまむようなもち方になる。一度も糸がたわむような力のかけ方、動かし方をせず、指先を糸から離さない。左右にうごかしたりつまんで指でたしかめるだけの仕草を繰り返した後（⑩）、まるで鉄棒を逆手で持って足から胸、頭と下をくぐるような動きで糸の下をくぐって（⑪）元の位置に戻って座る。
> 　つづいて男児３、糸をくぐると糸に向かって右手を出してすべての指を使って糸を掴む。目は糸と手の接点を見る。糸を自分の顔の方向にひきよせるように引っ張る。糸が男児の顔の方向にほぼ水平に少しだけたわむ。もう一回自分の顔の方に引き寄せながら、筆者に「幼稚園のロープみたい」という。

　子どもたちがはじめて糸に出会うこの段階では、効果的に触れるために指の腹を使ってつまんだり左右にこすったりする動きが全体としてみられる（下線①②⑦⑧⑨⑩）。下線①③④⑤⑨に見られるように、手と目を通して子どもたちが糸から受けた印象は「かたい」「ざらざら」「ぺたぺた」といった感想に代表されている。①②での子どもたちは、あまり力を入れることなく指に戻って来る感触を確認している。また、「かたい」糸が長く張られていることから、糸を長い棒のように扱う動き（⑪）も引き出されており、このときの男児は「かたい」モノに力を込めて向き合っている。

別のクラスの記録の中にも「糸をくぐる時に手摺に触るような動き方で両手で糸を掴んで糸の下を歩いてくぐる」（7月8日に実施したクラスの記録）といった例が見られ、こうした動きの傾向は他のクラスにも共通してみられることがわかる。下線部⑥で偶然に糸の揺れを目撃した子どもたちだが、糸の属性に注目していた子どもたちは揺れにあまり注目しない。次にはふたたび下線⑦⑧に見られるように、糸を硬いモノ、棒のようなモノとして扱うとか、重みをかけて押すような動きが出て来ており、身体を使って糸を動かすというよりは、糸を使って自分の身体を動かしている、という印象がつよい。子どもたちの動きは、糸の属性の情報を多く得るための動きであったり、自分の動きを助ける補助的なモノとしての扱いをする動きであったりすることは多かったが、能動的に身体で働きかけてモノ＝糸に変化をもたらそうとする動きはあまり見てとれないと言ってよいだろう。

3.2 音の出るモノとして糸を探求する

　この段階から子どもたちの動きに変化が見られはじめる。箏曲演奏家であるF2が、糸が楽器の弦であることを子どもたちに告げて、「音が出るもの」であるという認識を皆で共有したことがきっかけとなって、子どもたちの動きは明らかに変化することになる。箏を知っているという子どももいたが、子どもたちの間には同時にギターやバイオリンといった楽器もイメージされた。

　以下は、「楽器の弦なのに、今まで音が出なかった。どうすれば音が出るのだろうか」と、「音の出るモノ」としての糸を探求し始めた子どもたちの様子の記述からの抜粋である。

【場面2】

[子どもはひとりずつ糸のところにやってきて、音を出そうと糸に働きかけはじめる]
　男児4は糸の前に立つやいなや、すぐに右手の人差し指を糸にかけて、大きく下に引き下げてたわませ、即座に指を放す（⑫）。ほとんど一瞬の動きであった。指は糸が最も下がったところで止めることを一切せずに、一連の動きとしてスルーした感じである。目は糸がもともとあったところをずっと見据えており、指から放たれた糸がちょうど男児4の視線の先で大きく上下に揺れる。男児4と向き合う形で座っていたほかの子どもたちも、男児4とともに糸を見つめていた。このとき保育者は手を耳にあてて耳を糸の方に向けて音を聴くポーズをとってみせた。保育室内の他の子どもたちはほとんど動かず、じっと糸の方を見ている。筆者が男児4に「音きこえた？」とたずねると、室内の他の男児が「きこえた」と答えた。保育者と同じように手を耳にあてている女児の姿も見える（⑬）。
　続けて男児5も糸の前に立つなり人差し指を糸にかけて、糸を大きく押し下げて指を離す（⑭）。指をかけるまで目は糸を見るが、指が触れた後は筆者の方に顔を向ける。男児4と同じような動きで、糸が最も下になった時にそこで止めない。男児5はすかさずもう1回同じ動作をして糸を振るわせると、筆者の方を見る。筆者、驚いたような表情をつくって男児5にむけると男児5は笑顔を筆者に見せる（⑮）。よく見ると、男児5は目を筆者に向けることで同時に耳を糸に向けているようであった（⑯）。
　保育室内の女児がひとり立ちあがって、耳に手を当てて糸の方に向けている。室内の後方にいた子どもたちの中には、少し立ち上がりかけている子もいる。男児4は膝立ちになって

糸を凝視している（⑰）。　　　（中略）
　男児6、糸に人差し指をかけて糸を下げる。そしてお腹の前あたりで糸にかかった指をちょっと止めてから指を放す。目は揺れる糸を見つめている（⑱）。もう一度試すか筆者がたずねると、うなずいて、人差し指で糸を押し下げ、放つ。一連の動きというよりは、「1、2」くらいかぞえて一番下でためるような動きに見える。

写真1　糸を揺らした後、耳にあてて音を確かめる子ども。他の子どもたちも見て聴いている。

　【場面1】での子どもたちは、「硬い」「ロープのような」モノ、あるいは「棒のような」モノに対する感じ方、動き方をしていた。しかし【場面2】において「音の出るモノ」としての糸の探求になった途端に、いかに「糸を揺らす」＝「糸に変化をもたらす」か、そしていかに「揺れを確かめ、音を確かめるか」ということに心を向け始めたことが見てとれる（下線⑫⑭⑯⑱）。子どもたちの動きは、糸からの情報を得ようとする動き、あるいは糸を補助的に利用する動きから、揺らすという変化を糸＝モノにもたらすために自らの身体を効果的に動かす、というものに転換した。
　さらにもうひとつ注目すべきは、子どもたちが「耳」を中心的に使うようになったことである（下線⑯）（【写真1】）。目も引き続きよく使っており、とくに「糸の揺れ」を引き起こした自分の動きの成果は、耳だけでなく目も使ってじっくり確かめようとしていることがわかる。耳と目とを使ったフィードバックは、モノを介して音を出す子どもたちにとってきわめて重要であることがわかる。他クラスの記録を見ると、糸を揺らす前から足を前後に開いて斜めに構えて素早く糸に耳を近づけられるように工夫した男児の記録が見られる。これは、糸を大きく揺らすために脚を構えた結果であるかもしれず、脚と耳のどちらが因でどちらが果なのか読み取ることは難しい。だがこうした記録から、耳と目の使われ方は、モノとかかわりながらの動き方の変化と一体となっていることがわかる。この一体的な変化は子どもたちの手を使った動きとも密接に繋がっており、動くこと

と工夫すること、発想すること、そして見ること、聴くこと、触れることすべては、どれがどれに先んじているのかということは断言しにくく、すべてが有機的に相互に連動して変化していることがうかがわれる。

3.3 モデリングを見て探求を続ける

子どもたちは【場面2】において音を出そうとして糸を探求し、大きく糸を揺らすと音が出て来ることに気づいたものの、実は期待したほどに大きな音は出なかった。そこでＦ２が、糸を鋭くはじいてバシッという音を出してみせる。Ｆ２のモデリングは、糸を押し下げる幅はさほど大きくはないが、指をかぎ型にしっかり保持して、放つときに勢いがあることが見てとれた。子どもたちは全員がＦ２の手元を凝視し、鈍いバシッという音を聴いて「聴こえた」「すごい」と口々に言う。

【場面3】

> ［モデリングを見た後、子どもたち一人一人が糸で音を出すことを試みる］
>
> 男児７が腕を振って糸を見つめながらスタスタと出てきて、糸に向かって立つ。男児７、糸を見つめ、その見つめたところに指を当てる。つまむような仕草を一瞬したのち指で糸を押し下げると、<u>動きを止めることなく素早く糸を放つ</u>⑲。糸がブンという鈍い音を出す。もう一度同じようにやってブンという音を出す。
>
> 次に男児８は、ややためらいながら糸の前に立って左手を熊手のような格好で糸に近づける。Ｆ２が「ここでやるといいよ」と糸の張りの強い端を指さす。男児８は示された場所で<u>左手の人差し指をかぎ型に出して糸にひっかけ、糸を下げて放つ</u>⑳。ビンという音がする。人差し指の形はＦ２がさきほどモデリングで示したのと同じ形である。保育者が他の子どもたちの方を向いてうんうんとうなずく身振りと表情をする。
>
> 次に女児４が前に出てくる。<u>人差し指をかぎ型にして糸にかけるようにして、指と糸の接点のところを見つめると、指をかぎ型にしたまま手を真下におろすように動かして糸を放つ</u>㉑。指を離した途端に筆者と保育者を見る。
>
> 男児９はじっと糸を見つめて、<u>見つめたところに人差し指を当てて上から指をおろして糸を押し下げて（それほど大きくなく）比較的すぐに糸を放つ</u>㉒。あまり音が出なかったので、男児９は糸の張りの強い端に移動し、糸に近づいて立ち、糸を見つめて人差し指を糸にかけて小さく動かす。他の男児の声で「あ、きこえた」。さらに２回、小さく人差し指ではじく。
> （中略）
>
> 男児１０、さっと糸の下をくぐって糸を前に立つと、すぐに<u>人差し指をかぎ型にまげて</u>㉓糸にぶら下がるような感じで上から糸を触る。Ｆ１が最前列の別の男児１１に、糸の端に耳を当てて音を聴くように促す。男児１１が糸に耳を近づけているのを見ながら、男児１０はかるく１回、人差し指で糸をゆらす。<u>再び糸をしっかり見て指の形（かぎ型）の準備をし、上から糸をひっかけて押し下げて放す。やや弾みをつけるような感じの一連の速い動きで糸を揺らした</u>㉔後、<u>男児１０は男児１１を見つめている</u>㉕。糸を放した後、人差し指のかぎ型を保持して胸の前あたりですこし宙を泳ぐように動かしながら男児１１の表情を見る。

モデリングを見たことで、子どもたちの動きに変化が出て来たことがわかる。子どもたちはファシリテーターの動きを見ながら、複数のポイントを瞬時に把握したようである。まず子どもたちの指の形は、F2の示したカギの形をしっかり準備してつくるようになった（下線⑳㉑㉓㉔）。また、前場面にくらべると、糸を大きく揺らそうとするよりは、速く鋭くはじこうとする意識が強くなり、糸を放つときの勢いが増していることがわかる（下線⑲㉔）。糸を速く鋭くはじくためにはさまざまな動きのポイントがあると思われるが、どの子どもも、丁寧に構えたあと糸を放つときの動きには停滞が見られなかった。効果的な動きのイメージをもって構えたら、そのあとは滞りなく動いたという印象であった。糸に対する動きは、音を出すということに向けてより効率的なやり方に収斂する結果となったが、多様性はかえって失われたと見ることも出来る。

3.4　共鳴を得て容易に大きな音を出せるようにする

　モデリングによって糸から音を出せるようになったものの、イメージされる楽器の音からは遠い鈍い音であった。4つめの段階としてファシリテーターたちが、共鳴を与えることによって音が大きくなることを、保育室内の道具箱やロッカーを使って示した。子どもたちは今までとまったく違う大きな音が出たことに驚き、弦楽器の音の秘密の一端にも触れることになった。最後にファシリテーターが木箱を使って弦が共鳴するように糸を張り、子どもたち一人一人がその糸をならして音が大きく出ることを体験して、この活動は終わる。以下、紙幅の関係上、この場面での子どもたちの様子を要約して述べる。

　子どもたちはひとりずつ順番に、木箱に張られた糸をはじいた。木箱の制約を受けたために今までと違って大きな動きはできなくなったが、それはモノの大きさの制約だけによるものではなく、音が容易に出るようになったことで大きな動きをする必要がなくなったということでもあったと考えられる。箱の上で糸を揺らすだけの動作になるので、子どもたちは軽く糸をはじいて音が出ることを確かめる、という動きになっていったのである。【場面3】までは動きのイメージを準備して慎重に身体を構え指を出して糸をはじいた子どもたちだったが、音が容易に出ることがわかると、次第に無造作に指をだしてさっと糸をはじく、という動きになっていった。音が容易に出るようになったことで、動き方は力みのない自然なものになったものの、考えたり構えたりすることのない動作になっていったようにも見える。また、糸の揺れを見つめたり、耳を傾けたりしていた動作も、この段階ではだんだん消えていったように思われた。

4　総合的な考察

　本稿で取り上げた子どもたちの様子は、筆者たちが展開した実践の一部であり、ここから言えることは本研究が課題意識としてもつ問題への答えとしては、ごく部分的なことでしかないかもしれない。しかしながら、モノの提示のしかたを含めてどのように環境設定するかによって、子どもたちの「見かた」「聴きかた」「触れかた」「動きかた」は変化し、必然的に子どもたちが「見る」「聴く」「触れる」「動く」ことの意味も変化した。そしてそこから生まれる子どもたち自身の気づきや思考にも、大きな変化がもたらされる可能性が示唆された。

分析の結果をまとめてみたい。1）予備知識なしに糸に出会い、糸を探索する子どもたちは、これまでの経験に照らし合わせながら目と手で情報を集めた。子どもたちからは必然的に、目と手で精一杯感じるのに適した動きが生まれた。また、「硬くて長い」という認識は、子どもたちがこれまでに出会った「硬くて長いもの」に対する動き方をごく自然に想起させたようである。次に、2）糸が楽器の弦であることを知り、音の出るモノとして糸を探求することを始めると、糸というモノの意味が大きく変化し、子どもたちの感じ方も動きも大きく変わった。このとき、子どもたちにとって糸は最も「探求しがいのあるモノ」になったように思われ、子どもたちは目と耳と手を最大限使うと同時に、ひとりひとりが自分なりに工夫しながら動き、動きながら工夫する姿が見られた。糸からの情報を受け取ろうとする精神的には受け身の動きから、糸に対して積極的にはたらきかける動きへの転換、自分の身体を使って糸に変化をもたらそうという工夫された動きへの転換も見られた。このときの子どもたちの中では、感じることと動くことと考えることが一体として有機的に進行していたように見えた。3）モデリングを見て探求を続ける子どもたちは、効果的な動き方を見て学んだことによって、多様性は失われたものの、目指す動きを再現しようとする姿が見られた。考えて構えてから動き、動いてからその結果を目と耳で確認するという過程が、より明確に見られようになったとも解釈できるのではないか。最後に4）共鳴を得て容易に大きな音を出せるようにすると、子どもたちの動きから力みが消えたことは確かである。しかしその一方で、容易に音が出るということはむしろ子どもたちの動きを無造作にする傾向が見られ、自分の行為の結果をドキドキしながら目と耳でモニターする、というプロセスをも奪ったかのように思われる。

　子どもたちの主体的な探求が最も活発に見えた時（2つめの段階）、子どもたちは見て、聴いて、触れて、動いて、同時に想像し考え、そして自分の見方や聴き方、触れ方、動き方を変容させ、その変化をフィードバックしていたように思われる。このようなとき、糸と相互作用する子どもたちが新しい行為を獲得することと新しい思考枠組みを獲得することは、どちらが先であるとも言えない。一方で、モデリングを見て同じことを再現しようとする時には、考えて、動いて、フィードバックするという筋道だった行為が成立していたようにも思われる。そのどちらも、子どもたちが音をつくり、音を聴く営みの中では経験すべき過程であろう。我々がモノをどのように提示するか、どのような要因を環境の中に用意するかによって、子どもたちの感じ方、動き方は大きく変化し、子どもにとってのモノの意味も変わるであろうと考えられる。

　最後に、ここでは詳しく分析することが出来なかったが、「子ども―モノ」の2項間の相互作用だけでなく、「子ども―モノ―子ども」、「子ども―モノ―保育者」のかかわりあいの重要性もそれぞれの場面から読み取れる。他者の行為を見てその感じ方や思考プロセスや想像プロセスを共有しているのではないかと思われる姿（【場面2】下線⑬⑮⑰、【場面3】㉕など）は、子どもたちが創意工夫する過程を考える上で今後重要な検討課題となろう。

5　おわりに

　子どもたちの日常生活の中には、モノにかかわって音を出したり聴いたりする行為が無数に埋め込まれている。身体を介して起こるこのかかわり合いの中でも、身近なモノとの間に発生する、見たり聴いたり触れたりなどを通したかかわりあいから、子どもが主体的にモノを探索し、想像力や

思考力をはたらかせながら身体を操作することで創意工夫を実体化することの積み重ねは、子どもの心身の豊かな発達と同時に音楽的な発達を支えるといってよいだろう。乳幼児期においては、たとえばスプーンで机を叩くとき、積み木と積み木をあわせて音を出すとき、子どもたちは音に気づき、音を聴きながら、自分の内面をさまざまに変容させつつ動き方も変化させ、感じ方の変化も経験している。こうした子どもたちの様子の中には、音楽的な視点から見たときに、子どもたちが習得すべきあらゆる音楽的な技能の根幹にかかわるきわめて重要な課題が詰まっているのではないだろうか。本稿における分析は、子どもたちのそうした経験に迫るほんの入り口にすぎないかもしれない。指導されたり訓練されたりするという形ではなく、自ら主体的にモノと相互作用しながら変容していく過程をめぐっては、今後さらに多面的な取り組みがなされることが期待される。

附記：実践と研究にご協力くださったまどか幼稚園教職員の皆様，保護者の皆様，とりわけ子どもたちに心から感謝いたします。この実践にかかわるすべての発表はまどか幼稚園関係者の許可を得て行なっています。

注
1) ピアジェの発達理論も、ある意味で外界のモノと相互作用することによって知識の枠組みを構成していくというものである。相互作用しながら同化と調節を繰り返すことによって世界の仕組みの認識を深めるというピアジェの発達観について、佐伯（2007）は「どちらかというと、世界をいかにうまくコントロールできるかという『技術的知性』を中心に考えていたと解釈できる」(p.2)とし、〈子ども―世界〉のいわば主客関係の中での系統だった発達段階がそこにあることを示唆する。近年は人―モノの2項関係の中での認識の深化だけではなく、人とモノとの網の目の中での関係論的視点の必要性も説かれている。
2) 対象に触れて認識するときに自己もまた認識するという、我々が経験的にいわば知っていることは哲学が扱って来た問題ではあるものの、近年では科学的な目がこうした（対象を感じることと自己を感じることの）両義性についてとくに乳児の研究を中心に関心をもち始めているように思われる。小西（2003）は、乳児が自分の手で顔に触れたり手を口に入れたり右手と左手をあわせたり手を伸ばして脚をつかんだり舐めたりする仕草（自分で自分に触れることは胎生期から始まっている）を捉えて、「赤ちゃんは手や足を使って身体感覚を発達させ、自分の存在を確かめながら育っていきます」(p.13-p.14)として、まず身体的な自己の確立から始まることを指摘している。
3) 本稿は筆者と長谷川慎氏（静岡大学）との共同研究としてスタートしたものの一部である。実践の立案・計画・および実施の中心は筆者が担い、長谷川氏からは箏曲演奏家の立場で弦および当日の展開可能性について助言を受けた。本稿で取り上げる実践は筆者と長谷川氏が行った。この実践終了後、丸山慎氏（駒沢女子大）が発達心理学的な立場から映像分析に参加し、日本音楽教育学会第43回大会（2012年，於東京音楽大学）においては筆者と長谷川氏、丸山氏が共同で口頭発表を行なった。本稿は、長谷川氏と丸山氏の承諾のもとに、筆者が映像から記述したデータを分析・検討して執筆したものである。

引用文献
今川恭子・長谷川慎「糸で遊び，音で遊ぶ―箏の糸を用いた活動をめぐって」『日本保育学会第65回大会発表要旨集』p.351、2012年
小西　行郎『赤ちゃんと脳科学』集英社新書、2003年
佐伯　胖『共感―育ち合う保育のなかで?』ミネルヴァ書房、2007年

小林宗作による
＜Ｊ＝ダルクローズ教育思想の捉え方＞に関する一考察
―その身体運動に対する考え方も絡めて―

江 間 孝 子

A Study of Dalcroze Eurythmics by Sousaku Kobayasi: and a idea of movement

Takako EMA

はじめに

　音楽教育家として、日本に初めてエミール・ジャック＝ダルクローズ（1865-1950）のリトミック教育を教育現場に導入した小林宗作（1894-1963）は、その後現在に亘ってリトミックが全国的に普及し実践されるに至った礎を築いた。小林は小学校の音楽教師として働いていた大正12年当時、自身の音楽教育方法に行き詰まりを感じたことから職を辞し、新しい教育法を求めて同12年6月に渡欧した。このとき、Ｊ＝ダルクローズのリトミック教育に出会い、これに活路を見出したことが、その後リトミック教育に傾倒していったきっかけとなる。帰国後、小林は日本でリトミックを実施するが、そこでさらなる教育上の疑問につきあたる。これら疑問の解消と、日本におけるリトミック協会設立に関するＪ＝ダルクローズの許可取り付けを目指して、昭和5年3月に第二回目の渡欧をした。この二度目の渡欧の際には、Ｊ＝ダルクローズ周辺の、様々な教育方法論に刺激を受け、それらを自身のリトミック教育実践に取り入れ、日本に紹介していった。しかしその根本的な考え方は常にＪ＝ダルクローズの教育原理に則っていた。つまり「…紹介されたいずれ（の教育法）もが、すべてダルクローズから派生したものであることを強調し、リズムに関するダルクローズの根本原理、…を力説…」（佐野、1985、p.195）していたのである。こうした小林の実践は、やがて独自のリズム教育論『総合リズム教育概論』としてまとめられた（小林、1935）。小林の生涯と業績について書かれたものとしては、佐野による労作（佐野、1985）、小林の研究（小林、1978）などがあり、また総合リズム教育については、坂田が、感覚の翻訳という観点から検討を加えている（坂田、1999）。
　本研究の目的は、以上の流れを踏まえて、
・『総合リズム教育概論』で提唱された小林のリズム教育観が、その基礎であるＪ＝ダルクローズの教育思想とどのように関連しているのか、考察していくことと、それに付随して、
・小林がＪ＝ダルクローズを取り巻く様々な教育法を自身の実践に取り込んでいった様子を探る一つの試みとして、特に、彼が身体運動面で体操家ボーデ（1881-1970）の考え方に影響を受けた過程についてみていくこと、である。

1　J＝ダルクローズの教育思想

　筆者の、ダルクローズ・リトミック教育の理論に対する基本的な考え方とそれに基づく具体的な実践については、2003、2008 年に、それぞれ幼児～学齢期、大学生を対象とした内容で発表した（江間、2003、2008）。従って、本稿ではリトミック教育の概念について、J＝ダルクローズの教育思想という、より大きな視野から考えていきたい。ここでは教育思想という言葉を、教育全体に対する彼の考え方ととらえる。リトミックが単なる音感教育に留まらず、心身の調和的発達を目指した人間形成という観点に立った教育システムであることは広く知られている。そこでまず、人間形成の意味について J＝ダルクローズの著作から考えたい。『リトミック論文集、リズムと音楽と教育』の序文に記された「明日の教育」の意味するもの（J＝ダルクローズ、2003、p.xi）と、『リズム運動』の序文に記された自らの教育の理想像（J＝ダルクローズ、1970、pp.5-11）、これら二つの考えを、J＝ダルクローズの目指した人間形成ととらえると、それは次の 3 つの要素から成る。①自動性の獲得、②「命のリズム」の解放による心身の調和力、③他の人々の人生と調和出来る力。これらは、音楽活動を行う上で重要な諸能力とは、同時に、広く生活全般にわたっても必要な能力であるという J＝ダルクローズの考え方から生まれたものである。この点から、リトミックとは音楽の基礎教育であると同時に、人間の生活全般に関わる教育として、人間形成においても重要な役割を果たす教育法である、と言われる。以下、3 つの要素についてみていく。

1.1　自動性の獲得

　心と身体間の自動性を獲得する活動として、リトミック教育では即時反応活動が重視されている。即時反応活動に対する J＝ダルクローズの考え方は次のようである。「これらの練習は、……新しい反応活動を展開する…。そして、最小の努力で最大の効果を発揮する…。洗練された精神と強い意志力と、（身体の）順序正しく組織的な明確さを持つようになる。」（J＝ダルクローズ、1970、p.8）また、こうして心と身体の間に数多くの自動性を作ることは、「自己をよく知りコントロールできるように子供たちを導くことに効果がある。」（J＝ダルクローズ、1970、p.7）という。さらに「私たちの心的能力」について次のように述べている。「身体の束縛から解放され、そして知的偏見のより初期のものから解放されたとき、わたしたちは喜びを感じる。この喜びは精神的向上の新しい要素であり、意志力への一刺激となる。」（J＝ダルクローズ、1970、p.8）という。そして意志力はさらに創造性を発達させること、を指摘している。一方で、心と身体の連絡がスムーズでないと、次のような弊害が起こることにも言及している。「…精神的混乱を生じ、自力に対する自信を失い、…臆病に（なる）……この不安な状態は、集中力の欠乏を招くことになる。」（J＝ダルクローズ、1970、p.6）このように J＝ダルクローズは、

・精神的健康や心身の自由を確保して、意志力を目覚めさせる教育を行うためには、まず心と身体の間に自動性を作ることが重要である、と指摘している。

1.2　「命のリズム」の解放による心身の調和

　次に、「一人ひとりの命のリズムをあらゆる障害から解放する」（J＝ダルクローズ、2003、p.xi）

ことによって、心と身体の調和した健全な社会人として行動し、生活出来る力を付ける、という点について考える。まず「命のリズム」という言葉は、原語（フランス語）では「rythme de vie」で、仏和辞典（プチ・ロワイヤル仏和辞典［第4版］、2011）をみると、Vieには生命、活気、一生、人生、生活等の意味合いがある。前述のリトミック論文集の文脈からみると、命のリズムとは心であり、潜在意識であり、想像力を指している様子がうかがえる。つまり前項では心身の間に自動性を獲得することによって、意志力の育成を目指していることに対して、本項では心や感情という、人生や生活等における個性的な部分に焦点が当たっていることがわかる。このように心や感情といった内面的な作用を、外へ向かって表わす手段として、自動性がある。「命のリズムを解放するために」は、「洗練された意志力と（身体の）順序正しく組織的な明確さ」を育成することが必要なのである（J＝ダルクローズ、1970、p.8）。そして音楽は、これら全ての過程を促すエネルギーとして位置づけられている。J＝ダルクローズは以上のことを次のような言葉で説明している。「……訓練の全内容は音楽に基づいている。それは、音楽には興奮と抑制力があり、それらがわたしたちの活動にすべて影響し、感情的・精神的な活動の中心（となっていること）……。……このように音楽というものは、個人の人格をつくりあげるもの…。……そしてまた教育というものは、個性を開発するものである。」（J＝ダルクローズ、2003、pp.8-9）このように、

・音楽によって啓発される個人的な感情とか精神が、心身間の自動性という媒体を通じて自由に表現される状態を、心身のバランスが取れた調和的な状態、としている。

1.3 他の人々の人生との調和

最後に、「自分たちの人生を生きると同時に他の人々の人生と調和する手段」（J＝ダルクローズ、1970、p.xi）について考える。まず、リトミック教育とは「確固たる基礎を持って人間関係を統制するという使命を負っている。」（J＝ダルクローズ、1970、p.9）というJ＝ダルクローズの言葉は、このことを指すものと考える。ここで言う「確固たる基礎」とは、1.1、1.2で述べた、自動性の獲得による心身の調和した状態、と思われるが、ここからは、そういった力が基になって、人間は他の人と調和的に生活する術を身につけていくのだ、という考え方の図式がみえてくる。個人と他者の関連について、J＝ダルクローズは次のように述べている。「…強く感動したときには、…その印象を他の人に伝えたいという欲求が起こることである。…『受けること、そして与えること』これは、ヒューマニティーの大原則である。」（J＝ダルクローズ、1970、p.8）、「芸術的な教育は、…他の人が表現する感情を自己の中に感ずることのできるような、そういう一般人を教育するということ……」（J＝ダルクローズ、1970、p.9）、つまり感動すると、それを他者へ伝えたいという意志や欲求が生まれること、そのときに他者へ伝えることを可能にするのは、自動性に裏付けられた心身の調和力である。そしてこの力は、他者の感情を感じる土台ともなる。従って、

・自動性の獲得による心身の調和した状態こそが、社会全体とも調和的に人生を送っていくための基礎的な力となる、と言い変えられるだろう。

以上、三点をまとめると、J＝ダルクローズの目指した人間形成のための教育とは、①自己をよく知り、心身をコントロール出来る力である自動性を得ることによって、②音楽の作用によって啓発される、自分の命のリズム（心や感情といった、人生、生活における個性的な部分）を外側へ解

放するための回路を作ること、この回路によって、③.他者の命のリズムも理解可能となり、社会や人々と調和して生きるための礎が築かれていくこと、と言える。なお、①と②は別個のものではなく、リトミック教育の表裏一体をなすものである。つまり
・リトミック教育は、二面的性格を持つ。①の自動性に関しては、生徒の反応を見て確認出来る、という点で指導効果を確かめやすい。これに対して、②の感情表現のための回路作りは、個人の内面に関わる活動、という点で指導効果の確認が難しい。
いきおい、リトミック教育では①のみが前面に掲げられ、また目的とされる場合も生じる。しかし②を達成するための①という位置づけが、J＝ダルクローズの目指した教育の在り方である。

次章では、こうした感情表現の回路作りについて、日本にリトミックを紹介した導入期の実践者はどのようにとらえていたのか、小林宗作のやり方をみていく。

2　日本のリトミック導入期に貢献した小林宗作の考え方

2.1　小林宗作のリトミック教育観

大正12年と昭和5年に渡欧し、J＝ダルクローズに学んだ小林の教育観は、著書『幼な児の為のリズムと教育』（霜田静志幼児教育全集第7巻、1983）、『総合リズム教育概論』（総合リズム教育講座第一編、1935）に詳述されている。この他、大正14年から昭和12年にかけて教職を務めた成城学園の同人誌『教育問題研究』65号、『全人』25-27、29、31-34、60、73号（以上大正14-昭和7年刊行）などにもJ＝ダルクローズの論文の翻訳や紹介を著している。これら小林の著作は、自身の教育理念や、J＝ダルクローズの論文を訳した内容を綴ったものが中心であり、具体的な実践の記述は見当たらない。ここから、次のような小林のリトミック紹介法がうかがえよう。著作物ではJ＝ダルクローズの論文と、そこから導き出された小林自身の教育観、考え方、といった教育理論や原理に関するものを主体とし、そして、具体的な実践法に関しては、枠にはめた指導書の出版よりも、教壇や講習会といった現場に頼っていたのではないだろうか。しかしながら『リトミック指導の実際』（福井信美、1935）という、小林の弟子であった福井信美の著作を通じて、小林の行ったリトミック実践の実際を垣間見ることは出来るだろう。なお前掲の、小林の二冊の著作からは、J＝ダルクローズの意図したリトミック教育の考え方と、それを小林が消化、実践していった道筋がうかがえる。小林の功績は、J＝ダルクローズの難解な教育思想を独自の体験と研究によって理解し、わかりやすく紹介すると同時に、その実際的指導法を体系化していった点にある。その教育理論と指導方法は、J＝ダルクローズのシステムを日本の教育現場で実施するための、たゆまぬ研究によって完成された。すなわちダルクローズ・システムの三本柱であるリズム体操、ソルフェージュ、ピアノ即奏法の各々について、よりよい指導法を開拓する必要があることに言及している。例えばピアノについては、「ダルクローヅ氏のピアノ即奏法に於ては之等タッチに於けるテクニックの指導に就ては全く行はれていない。」（小林、1935、p.197）こと、そして「ダルクローヅ法に依るピアノ即奏法に於ては、其の表現に於て…タイプライターであるかと思ふ、物理的、機械的傾向がある。之に心理学的、夢幻的表現法を加へる事の必要」（小林、1935、p.198）を訴えている。ピアノ即奏法に対する心理学的、夢幻的表現という部分に、小林がリトミックを感情との、より深いつながりの中でとらえようとした姿勢がうかがえる。またリズム教育の概念に関しても、リズ

を広義に解釈することの必要性、リズム体操における身体運動訓練のさらなる研究、といった二つの新たな見解を持ち、その教育システムを完成させていった。しかしこのように様々な教育法について研究していった過程でも、その根本的な考え方は常にJ＝ダルクローズの教育原理にのっとっていた。つまり「いずれもが、すべてダルクローズから派生したものであることを強調し、リズムに関するダルクローズの根本原理、…を力説…」（佐野、1985、p.195）していたのである。小林が、なぜこうした見解を持つに至ったのか、次にその理由を彼の著作の中から探っていく。

2.2 リズム教育に対する広義の解釈

小林は、『総合リズム教育概論』の序文で次のように述べている。「充分発達した感覚の所有者にあっては、或る印象は或る他の感覚に、或は全身感覚に連絡交通の道が自由に開けていて、或る印象は詩に音楽に或は絵画に…といふ様に再現に不自由がなくなるだろう。」（小林、1935、p.126）。このように「或る一つを学ぶことが他の多くの諸問題に直接間接に役立つような指導法」（小林、1935、p.128）の媒体として、リズムを位置付けた。こうした教育観に基づき、実際の指導では概論、リズム体操、耳の訓練、ピアノ奏法、線のリズム、型のリズム、色のリズム、言葉のリズム、表現運動、教授法の10項目をもって、総合リズム教育と名付けた。幼児教育に関しては、「幼児の生活は未だ分科されない全体的活動の時代であるから、リズム訓練も所請リトミックの如く、分析されたリズムの姿で扱はれてはならない。」（小林、1938、p.256）といった配慮から、実践面では音楽、舞踊、体操、遊戯、ピアノ、手技の他、色彩のリズム、クレヨン・線のリズム、画文字・形のリズム、積み木等々、様々な指導法を提案している。以上のように小林のリズム教育観では、音楽リズム以外の造形や美術的リズムが、指導上大きな位置を占めている。こうした視覚的リズムに関しては、小林独自の研究の成果によるところが大きい。それは次の記述からうかがえる。「私は長い間、…（略）…色彩に関するリズム、或は色彩の取扱方法と云ふやうな事にも音楽リズムの研究方法を応用する事が出来ないだろうかと考えたことがあった。ちょうど昨年再渡欧に際し色彩に就いていささかの時と労力を費やした結果その可能性を確信することが出来」（小林、1935、p.176）と述べていること。また、ドイツの工芸美術家イッテンの、描くことと運動に関する記述がみられる（小林、1935、pp.272-273）ことから、小林が美術領域から多くを学んだ様子がうかがえる。J＝ダルクローズも、彫刻、建築、絵画作品などを、動きのリズムとして感じる教育の必要性について、論文集の中で述べているが（J＝ダルクローズ、2009、p.169）、その具体的な方法論についての言及はみられない。以上概観すると、リズムを媒体として、人間の感覚という内面と関わる教育を考えるには、狭義の音楽リズムのみではなく、人間のあらゆる感覚がとらえるリズムの感覚を目覚めさせる方向で考えていく必要性があるのではないか、といった、小林のリズム教育に対する見解がうかがえる。こうした立場から、小林はJ＝ダルクローズの目指した、命のリズムを解放し表現するという教育目的を達成するための、様々な教育法について研究した。次項では、小林のリズム体操に関する研究に焦点をあてる。

2.3 リズム体操に関する研究とボーデのリズム体操との出会い

前述のように、総合リズム教育においては、リズムが心と身体間の調和的発達のための媒体となる理由として、リズムの持つ生理的要因をあげている。すなわちリズムには「我々の心に休息を感

じ、終末の感じを印象せしめるところの生理的要因」（小林、1935、p.164）がある、という。そして音楽については音が、リズムの持つ「……引付けの法則、呼かけの法則に服従」（小林、1935、p.164）している、というリズムの持つ機能に従っている、ということを指摘している。物理的音響が心理的芸術となるのは、人間が生理的、心理的にリズムを感じる力を持っているからであり、その力は呼吸、心拍といった人間内部の人体のリズムに起因する。リトミックとは、こうした身体のリズムに関する感覚を基に、音楽リズムを感じ、理解させることを目指した教育法である。ここで小林は、特に身体の運動面について、リトミックで行うところのリズム体操に関して次のように述べている。「ダルクローヅ氏のリズム体操については、肉体運動に当たって筋肉の力の解といふことが完全に行はれていない」（小林、1935、p.195）。「（ダンスの持つ法悦境について）……一度社交ダンスを初めた（ママ）ものは殆ど一度は狂的法悦境をさまよはぬ者はない……。（小林自身の）此の経験こそは私のリズム研究に志す動機の最も大きな近因……。表情遊戯も律動遊戯も体育ダンスも少しは行ってみたのであるが、尚此の法悦境は味はれなかったのである。その結果がリトミックの研究となった。然しリトミックの中にも此の法悦境はなかった。」（小林、1935、p.196）そして、「（ところが）哲学者であり体育家であり音楽家であるところのドクトル・ボーデー氏の表現体操は一目見たとき、私の全興味がこれに集中された……即ち前記二つの問題（力の解放と運動による法悦境）は之に依って完全に解決されるであろうといふ期待を持つ事が出来た。」（小林、1935、p.196）そこで「直ちにボーデー氏の門をたたき、その門弟となった。」（小林、1935、p.196）と記している。こうして小林は、渡欧の際に見出した哲学家、体操家、音楽家であるルドルフ・ボーデ（1881-1971）の表現体操を、身体運動に関する優れた方法として学んだ。ボーデは、当初J＝ダルクローズの学校に学んだが、リズム教育に関する見解の違いから、後に彼と異なる独自の身体トレーニング法を考案した。小林はそのトレーニング法を、リトミック教育の原理を実践するための道具として利用したといえよう。後年、昭和24年には国立音楽学校（現大学）とその附属校へ奉職したが、現在国立音楽大学附属小学校で行われている彼の創案によるリズム体操は、ボーデの影響を受けたものである。そのリズム体操に関する小林の著作『リズム体操』（国立音楽大学リズム教育研究所、発行年不明、個人所蔵）の序言には、次のように記されている。最初の渡欧に際しては、リズムとは何か、という問題の追及が、生活、特に音楽と体操の教育上重要な鍵になると考えたため、リズム教育の研究が目的であった。そして、そこで初めて目にし、感動したのはリトミックではなく、ボーデの表現体操であった。しかし当時携わっていた初等教育の現場では、程度が高すぎる、との見解から、J＝ダルクローズのリトミックを先に選び、学んだ。彼はリトミックを、音楽を目に見せてくれる音楽教育として、大いなる驚きと喜びをもって学び、帰朝して指導にあたった。そして、その価値は認めつつも、リトミックでは、かつてダンスで経験した筋肉リズムの快感を味わえなかった。そこで昭和5年、再度ボーデのもとに走り、「……自然運動と表現運動とリズムとの調和ある技巧の完成」を目指し、「……リトミックで音楽リズムの理論的部面を、表現体操で表現技巧の部面を整える事によって」これを完成させようと考えたのであった（小林、『リズム体操』、pp.2-3）。このように小林は複数の著作の中で、ボーデの影響について述べている。身体運動において完全に力を解放し、筋肉リズムの快感を味わうための表現技巧を整える方法として、ボーデの教育法を優れたもの、とみなした様子がうかがえる。

2.4 ボーデとJ＝ダルクローズの考え方の違いについて

　本項では、身体の動きという点で小林に重要な示唆を与えたボーデの考え方について、みていく。J＝ダルクローズの活躍した２０世紀初頭は、体操界にとっても大きな変革の時期であった。すなわちJ＝ダルクローズの考え方は、音楽以外の分野にも次のような影響を及ぼした。「スイスのダルクローズ（J.Dalcroze 1866（ママ)-1950）の創案した、筋肉と音楽を結んだ律動体操の影響によって、古いドイツ式やスウェーデン式に対し、近代的な科学や思想を基礎にした多種多様の新体操、モダンダンス運動がドイツにも起こって盛況を見せ、世界史上、一時代を画した。」（石橋・佐藤、1966、p.154）そしてドイツで起こった様々な新体操は、動作の美しさ、特に女子に適した体操を強調する美的体操派と、広く新しい科学を基礎とする基本体操派の二つに大別された。大正12年には、東京女子体操学校教授白井規矩郎が、その著書『韻律体操と表情遊戯』から、J＝ダルクローズとその創案によるリトミックを、新体操の中の美的体操派の一つととらえていた様子がうかがえる（白井、1923、p.189）。こうした流れの中で、美的体操派の中でも特に、音楽と教育を出発点として発展した体操派として、当時のヨーロッパでJ＝ダルクローズと双璧をなしたのがルドルフ・ボーデである。前術のように、ボーデはJ＝ダルクローズの学校に学んだ後に、見解の違いから独自のリズム教育法を考案した。日本では昭和37年に、『リズム体操』（ボーデ、1962）として出版された。ボーデの教育論とJ＝ダルクローズのそれとの比較は『体育の本質と表現体操』に詳しい（二宮・今村・大石、1933）。以下、同書に従ってまとめると次のようである。リズムを媒体として、心と身体の自然な結びつきをはかり、心身の調和的発達に貢献する人間教育を目指した点はJ＝ダルクローズと共通するが、J＝ダルクローズがその訓練の過程で一つのまとまり、同じ方向性を持つものとしてとらえた人間の内面世界を、ボーデは、意志と感情というように、明確に二分してとらえた。ダルクローズ・システムは、音楽による感情表現を子供に理解させるためのものであるが、意志を、感情との対立という位置には置いていない。意志とは、感情を自由に表現出来る身体の動きの統率者であるから、両者は同じ方向性を持つものという関係にある。これに対してボーデは、意志と感情を対峙するものとして考えた。すなわち現代人は、意志作用の過度の負荷によって身体に不自然な緊張が起こり、これが感情を抑圧して結果的に内面的葛藤にあえいでいるという。従って、生命の自然な流れのリズムを取り戻すためには、自然な身体の動きのリズムを使って運動（人間の行動）を調整し、自然な身体感情を呼び起こすことによって、感情と身体、つまり心身の間に調和をもたらそうと考えたのである。その具体的な方法論においては、「正しく労働するように、あらゆる運動が自然に流動するやうに、又あらゆる運動が不自然な緊縛や誤れる歪曲から解放されるやうに身体を教育する。」（二宮他、1933、p.107）ことが必要であること、そして「生命的な統一ある感情から生ずる自然的運動を求めんとすれば、そこにはどうしても心の連続的な流れを破って作られた誤れるものを取り除くと云ふ解禁の原理を持ち出さなければならない。」（二宮他、1933、p.136）ことを指摘している。以上の考えから、全身体の自然な運動を求めて、肉体と重力、重心等の諸関係について研究した結果、解禁、振動、表現、緊張という四種の運動を体系化した。リズムに対する見解では、J＝ダルクローズは音楽を第一義的なものとみなし、教育方法においても、音楽と動きの媒体として音楽のリズムを利用した。音楽リズムを使って心身の間に自動性を確立することで、動きによる音楽の忠実な再現を行うこと、これがリトミックの目指した心身調和の形であった。これに対し、ボーデは人間の自然な動きのリズムを、リズム教育における

第一義的なもの、と考えた。つまり、「意志的緊張から解禁された運動は（自然と）律動的な性格を持っている。」（二宮他、1933、pp.136-137）と考えたのである。J＝ダルクローズが取りあげたのが、音楽のリズムであったのに対して、ボーデのいうリズムの概念とは、生命とか自然といった広義のリズムであった。こうしてJ＝ダルクローズの発見したリズム教育の意義を、ボーデは体育学的見地から見直し、体系づけたのである。さらに、J＝ダルクローズのいうような、自動性をもってしては、律動的感情が破壊される、といった批判もみられる。つまり、自動性に頼ったのでは、意志が中心的に支配、活動してしまい、感情は表出の隙間がないという。最もこうした点は、J＝ダルクローズの類まれな即興演奏の才能により、カバーされている、と同書では認めている。ただ、ボーデは音楽について、その重要性を認めつつも、「体操に対する音楽の意味は軍隊が行進するときに用ひる軍楽と全く同じ」（二宮他、1933、p.160）と、あくまで動きに対する伴奏的役割にしかみていない。このように、J＝ダルクローズもボーデも、内面的感情と身体の動きが一致するような回路を、教育によって身体に作ることを目指したが、方法論として、J＝ダルクローズは優れた即興演奏を使って、人間の内面的感情の、身体運動による表現を導き出そうとしたのに対し、ボーデは、自然な身体の動きのリズムを使って運動を調整し、自然な身体感情を呼び起こすことをねらったのであった。小林は、J＝ダルクローズの方法をよりよく実践出来る、表現技巧に富んだ柔軟な身体作りという観点から、新しい動きのテクニックを取り入れようとして、ボーデの方法を眺めたのではないだろうか。次項では、このボーデ独自の表現技巧とは具体的にどのようなものであったのか、またなぜ小林はそれを取り入れたのか、について考えていきたい。

2.5　小林がボーデのリズム体操から取り入れたもの

　前項では小林が、肉体運動における完全な力の解放、筋肉リズムの快感を味わうこと、を目指してボーデの教育法を取り入れた様子についてみたが、ボーデは、身体動作や運動における力の解放ということを重要視していた。運動を行うにあたり、筋肉の緊張と弛緩・脱力に関する訓練が大切であることは、J＝ダルクローズも述べている（J＝ダルクローズ、2009、p.98）が、その方法に関する記述は比較的少ない。ボーデの詳しい方法論は、著書『リズム体操』で述べられている（ボーデ、1962）。それによると、まず、あらゆる運動の前提として「完全な解禁（これをしまりのなさと混同してはならない！）ができるということ…」（ボーデ、1962、p.29）が必要であり、そして「——解禁はまったく種々さまざまの程度であらわれ…」る（ボーデ、1962、p.29）、という。ボーデのリズム体操について、前掲の著書『リズム体操』の日本語訳版の校閲者である江口は、啓発され、感じ入った言葉として〈胴体の振動〉と〈下にはずむ運動〉、という二つの概念を挙げている（ボーデ、1962、pp.10-11「校閲者のことば」江口隆哉）。つまり、〈胴体の振動〉〈下にはずむ〉というような言葉が日本になかったことは、そうした考え方もなかったことで、また実際の舞踊指導場面でもなかなか理解されない概念であった、しかしそういう運動はなかったわけではなく、いろいろな運動の中に、自然に現れてはいた（ボーデ、1962、pp.10-11「校閲者のことば」江口）。「ただ、そのことを取り出して克明に追求することがなされていなかった…」（ボーデ、1962、pp.10-11「校閲者のことば」江口）のであり、従ってこの二つの言葉と考え方を知ることは大変有意義で、日本の新しい体操界を開眼させうるもの、といった見解を述べている（ボーデ、1962、pp.10-11「校閲者のことば」江口）。これらの記述からは、ボーデが提唱し、体系化した特徴的動

きとしての、胴体の振動、下にはずむ運動は、当時の体操界で革新的な運動であったことがうかがえる。次に、それらの具体的な動きの一端について記す（ボーデ、1962、pp.10-11、p.28、pp.34-35）。〈胴体の振動〉を使った具体的な動きの例としては、胴体を振動させてそれにつられて腕が振り上げられる運動があるが、それはつまり、胴体という身体の中心部に端を発する力の源が、腕という物理的物体に波及して結果的に腕が動いて（揺れて）しまった状態の動きである。〈はずむ運動〉は、まず足裏をしっかり地につけ、身体の各部の関節を柔軟にしてバネのように使った運動である。こういった、独特の動きで構成された体操が、国立音楽大学附属小学校で、小林宗作創案のリズム体操として実際に行われていることは 2.3 項でも述べた。これがボーデの影響を受けて作られたものであることは、その外見から明白にみてとれる。解禁という独特の概念を中心として、多様に編み出されたボーデの体操は、小林のリトミック実践に、力の解放や筋肉リズムの快感をもたらす上で、様々な示唆を与えたと考える。

3　小林宗作によるJ＝ダルクローズの教育思想の捉え方

はじめに、1章で述べたJ＝ダルクローズの教育思想に基づくリトミックの概念について確認する。それは、①心身の間に自動性を獲得することによって、②音楽によって啓発される感情を表現する回路を作る教育であること、③こうして①②で得た力が、社会や人々と調和的に生きる礎となる、という3つの考え方からなる。①心身における自動性の確立と②感情を感じ表現することとは、リトミック指導において表裏一体をなす、つまりリトミックという一つの活動が内包する二つの面である。これを教育面から眺めると、内面的感情を自動的に表現出来る身体の育成、という教育目的がみえる。こうしたJ＝ダルクローズの考え方を実践するにあたり、小林は次のような方法をとった。まず①の、心身の自動性機能を高める方法としては以下に記したAの考えから、ボーデの研究を取り入れた。

A．リズム運動としてのJ＝ダルクローズのリズム体操に欠陥はないとみなしつつも、肉体の動きについては、より優れていると確信したボーデの教育法を取り入れた。それは、芸術的な感覚を身体で表現するには、筋肉の余分な緊張を取り除くこと（力の解放）、生き生きとしたリズムの感情を味わう（筋肉リズムの快感を味わう）ための体育的に特別にプログラムされた運動、この二つが必要であることに思い至ったためである。

次に②の、音楽によって啓発される感情を、表現する回路を持った身体作りの教育に関しては、その媒体となるリズムの範囲を、音楽リズムに限らず、すべての芸術のリズムに広げ、人間内面の様々な感覚を表現する教育を目指した。これが以下Bに記した小林の総合リズム教育の考え方であった。すなわち、

B．十分に発達した感覚の所有者は或る一つの印象をあらゆる回路で表現出来得る、また幼児期は未分化な状態なので音楽リズムに限定して教育することは不自然である、以上の見解から、人間の心理的内面に関わる教育の媒体としてのリズムは、狭義の音楽リズムのみではなく、広義のリズムにも目を向ける必要があること、そうした聴覚以外の視覚的、触覚的なリズム感も含めたリズムの教育によって、自己の内面を芸術的にとらえる基礎が出来ると考えた。そしてその美術的、造形的要素も取り入れた広義のリズム教育を、独自の方法で体系化したのが総合リズム教育の考え方であ

これに関連して佐野は、J＝ダルクローズの次のような見解に対する小林の心境について、示している（佐野、1985、pp.168-169）。つまりリトミックは、リズムの持つ特質により、音楽教育だけではなく、広く芸術全般から、人間生活の様々な方面に効果のある活動であることが明らかであるが、J＝ダルクローズはそのことを踏まえつつ、敢えて今は自身、音楽教育面の研究に専念する、という。これを知った小林は、過去数年の経験から、リトミックを音楽教育のみに実施する事は甚だ遺憾と感じていたことから、リトミックの原理によって児童芸術全ての指導原理を作ることを自分が試みようとした（佐野、1985、pp.168-169）、という。

　またJ＝ダルクローズはリトミック教育について、「…その教育が対象とするあらゆる国の子どもたちの気質や性格によって変わるべきである。」とも述べている（J＝ダルクローズ、2009、pp.293-306）が、佐野は、この点に関連した小林の見解として次のような言葉を挙げている。それは、ダルクローズの原理を理解したら、各々がその個性と体験によって特質ある教育法を無数に創案できるであろうこと、ダルクローズの方法を、そのまま受け継ぐ事は、リトミックの本旨に反する事、甚だしいと思うこと、ダルクローズ法よりも、よりよき方法が続出することこそリトミックの本領であるべきこと、そして自らも、リトミックの原理を学んでから、指導法に対する工夫に新しいものが湧き出てきてワクワクすること、などである。佐野は、以上から、「このダルクローズから始まって、ダルクローズから抜け出しなさい、という精神が、宗作先生の教育法をぐんぐんと高め、発展させていった最大の力だったのではないでしょうか。」（佐野。1985、pp.195-196）と指摘している。そして当時の小林の姿勢について、「…リトミックを日本の子供達に教えるのではなく、日本の子供達の教育の一手段としてリトミックの方法を利用した…」（佐野、1985、p.194）という言い方で述べている。

　まとめ

　第1章ではJ＝ダルクローズの教育思想から、リトミック教育の概念についてまとめた。リトミック教育を理解するには、その二面性への着目が重要であることを述べた。具体的にそれらは、①身体の自動性という目に見える面と、②内面的感情や感覚の表現という、目に見えない面、である。①②が相まって、③社会や他者と調和して生きる力の礎が出来る。第2章ではリトミック教育を日本に導入するにあたり、小林宗作はこうした二面的性格を持つ教育法をどのようにとらえて実践したのか、身体運動において影響を受けたボーデのリズム体操の考え方を取り上げ、これと関連させて考えた。小林が自身の方法に取り入れた教育研究は、ボーデの他にも様々あるが、特にJ＝ダルクローズとのリズム教育観の相違にも関わらず、これを取り入れた経過に興味を抱き、ボーデに焦点を当てた。ここからは、小林がリトミック教育における身体運動の、新しい表現テクニックの一つとして、ボーデのリズム体操に着目した様子がうかがえた。つまりボーデのリズム体操の考え方を加えることによって、①の心身の自動性のためのよりよい身体訓練を研究していったのだと考えられた。具体的には、ボーデの身体運動における、〈胴体の振動〉と〈はずむ運動〉といった、体操界においても新しい運動概念の教育法を、リトミック実践をよりよいものにするために取り入れたのである。②の人間の内面的感情や感覚表現の教育に関しては、リズムを、音楽リズムだけでは

なく、広義のリズム教育という視点から考えることにより、その指導法を工夫した。その実践は総合リズム教育として発表された。なお本稿ではふれなかったが、このリズム教育の背景として、小林は自然リズムから芸術リズムへ、というリズム指導の経路について述べているが、これは日本の子供のリズム観を基に考案した小林の研究による（佐野、1985、pp.193-194）。こうしてリトミック教育を、日本の教育現場、自分の生徒達に合うように研究し、実践した小林の努力は、日本でリトミック教育を全国的に普及させる大きな礎の一つとなった。

引用および参考文献、資料

石橋武彦・佐藤友久（1966）『日本体操百年の歩みと実技』不昧堂
江間孝子（1991）「体操リトミック・ニッポン上陸」『音楽基礎研究文献集（江崎公子編）・別巻』大空社
江間孝子他（1998）「ダルクローズ・リトミック教育の実践現場からみた諸問題」『ダルクローズ音楽教育研究』第22号
江間孝子他（2003）「国立音楽大学音楽教室リトミック科の教育システムについて──その考え方と3歳から小学校6年生に至る指導の実際──」『ダルクローズ音楽教育研究』第28号
江間孝子（2008）「『保育内容の研究・表現（音楽リズム）』の授業内容について──リトミック教育の視点から、半年間15回で何をどう伝えるか──」『リトミック実践の現在』開成出版
エミール・ジャック＝ダルクローズ著／板野平訳（1970）『リズム運動』全音楽譜出版社
エミール・ジャック＝ダルクローズ著／河口道朗編／河口眞朱美訳（2009）『定本オリジナル版　リズム・音楽・教育』開成出版
倉方秀憲他編（2011）『プチ・ロワイヤル仏和辞典［第4版］』株式会社　旺文社
小林恵子（1978）「リトミックを導入した草創期の成城幼稚園―小林宗作の幼児教育を中心に」『国立音楽大学研究紀要』第13集
小林宗作（1935）「総合リズム教育概論」（復刻版）岡田正章監修（1978）『大正・昭和保育文献集』第4巻、日本らいぶらり
小林宗作（1938）「幼な児の為のリズムと教育」『霜田静志編　幼児教育全集』第7巻、力江書院
小林宗作（発行年不明）『リズム体操』国立音楽大学リズム教育研究所
坂田薫子（1999）「小林宗作の〈総合リズム教育〉―理論上の成果と課題」『音楽教育の研究―理論と実践の統一をめざして―』音楽之友社
佐野和彦（1985）『小林宗作抄伝』話の詩集
白井規矩郎（1923）『韻律体操と表情遊戯』敬文館
二宮文衛門・今村嘉雄・大石峯雄（1933）『体育の本質と表現体操』目黒書店
福井信美（1935）『リトミック指導の実際』厚生閣
ルードルフ・ボーデ著／江口隆哉校閲／万沢遼訳（1962）『リズム体操』ベースボールマガジン社

保育学生の「リズム理解力」と「リズム身体表現力」を高めるリトミック教育の効果

大 谷 純 一

Eurhythmics for Learning and Performing "Rhythm Ability" of Students Majoring in Early Childhood Education

Junichi OHTANI

1　はじめに

　音楽のリズムについては諸説あるが、例えば、國安（1989）は、「音高の側面と2大別される音楽の一分野で、時間に属するすべての要素を包含し、周期的な時間の体制化を意味する」（p.13）と言い、堀場（1990）は、「時間芸術である音楽に統一的な秩序と、時間的な支配をする要素を与える」（p.17）と言う。またラドシーら（1989）は、「すべての音楽の本質的な構成要素である」（p.68）と言う。これらを踏まえ、本稿で用いる音楽のリズム（以下、「リズム」と記す）は、時間に属するすべての要素を含むものであり、音楽に統一的な秩序をもたらす、音楽構成における重要なものであるとする。

　子どもの音楽表現活動においては、拍や拍子を叩きながら歌ったり、音楽に合わせて模倣表現したり走ったり、スキップしたりするといった活動が見られる。ここにはリズムが存在しており、これは子どもの音楽表現活動に不可欠なものであると言える。こうしたことを踏まえると、保育者養成校（幼稚園教諭や保育士を養成する教育機関）に学ぶ保育学生（以下、「学生」と記す）は、次のようなリズムに関する力を身につける必要があると考える。それは、リズムを構成する諸要素の理論的事項と性格（それぞれがもつ傾向）について理解する力（以下、「リズム理解力」と記す）と、これを身体で的確に表現できる力（以下、「リズム身体表現力」と記す）である。なぜならば、服部（2007）が言うように、「言葉でまだ上手く表現できない子どもにとって、保育者のからだの表現やメッセージ性は、気づきや出会いの原点であり、学ぶべきすべてである」（p.228）と考えられるからである。

　筆者は、前述のリズムに関する力を高めるための手段として、エミール・ジャック＝ダルクローズ（1865-1950　以下、「ジャック＝ダルクローズ」と記す）が考案したリトミックを活用した音楽教育（以下、「リトミック教育」と記す）が有効ではないかと考えている。なぜならば、リトミックを構成する3部門（リズム運動、ソルフェージュ、即興演奏）の中のリズム運動は、身体の動きを通してリズムを学習するという部門であることから、本部門には「リズム理解力」と「リズム身

体表現力」を同時に高める効果があると考えられるからである。こうした考えを踏まえ、筆者が勤務する保育者養成校（A短期大学）ではリズム運動を中心とするリトミックの授業（以下、「授業」と記す）を実施してきた。しかし、その効果については、授業で見る学生の様子や試験結果を手がかりとする読み取りに止まっており、これを検証する作業を行ってはいない。授業科目ごとの点検・評価とその結果をもとにした授業改善への取り組みが求められている中、本授業の効果の検証は不可欠であると考える。況してや大学全入時代と言われる中で、授業内容の理解に多くの時間を要する学生が増えている現状下、この作業の重要性は益々高まっていると言えよう。

そこで本研究では、授業改善に向けて、本授業の効果すなわち、子どもの音楽表現活動の援助者となる学生の「リズム理解力」と「リズム身体表現力」を高めるリトミック教育の効果を検証することとした。なお、本研究では、そのためのデータを収集するために、以下の質問紙調査を実施した。

2　調査の概要

2.1　調査対象者

A短期大学の2010年度リトミック受講生83名のうち、2回実施した質問紙調査の両方に回答した71名（85.5％）である。調査対象者の性別はすべて女性で、91.5％が高校卒業後すぐに入学した現役生である。また、調査対象者の入学前のリトミック経験については表1・表2に示し、調査対象者が受講した授業については、その概要を表3に示した。

2.2　調査日

1回目は、2010年4月16日・23日で、両日ともに授業の1回目である。2回目は、2011年1月11日で、この日は授業終了後の後期定期試験日である。

2.3　調査方法

1回目の調査においては、その準備として計画した表4に示す内容を組み入れた授業を実施した後、質問紙を配布・実施及び回収した。回答方法は、1回目、2回目ともに、次に述べる各調査項目について「1　全くそう思わない」「2　あまりそう思わない」「3　ややそう思う」「4　とてもそう思う」のいずれかの番号を選択させた。

表1　入学前のリトミック経験の有無　n＝71

経験の有無	人数（％）
ある	6（8.5）
ない	65（91.5）

表2　リトミック経験者の経験時期　n＝6

経験時期	人数（％）
幼児期	1（16.7）
高校時代	5（83.3）

表3　A短期大学における2010年度のリトミックの授業概要

授業の位置づけ	リトミックの授業は、幼稚園教諭二種免許状及び保育士資格取得のための必修科目「音楽Ⅰ」（単位数：2単位／授業形態：演習／履修年次：1年次）の一授業である。「音楽Ⅰ」では本授業のほか、ピアノと弾き歌いの授業を開講している。
授業期間及び時間と回数	授業期間：2010年4月9日*-2011年1月7日 　　　　　※「音楽Ⅰ」のオリエンテーション日 時間と回数：前期は隔週1回90分ずつ計8回 　　　　　　後期は毎週1回45分ずつ計14回
1クラスの人数	約20名
授業担当者	専任教員1名（筆者）と兼任教員2名が担当し、各クラスを専任教員と兼任教員の2名で指導した。
授業目的	・リズムと音高に関する諸要素の理解を図る。 ・リズムに関する諸要素を的確に身体表現できる力を養う。 ・音楽創作の基礎力を養う。
指導項目	1．リズムと音高に関する指導項目 　　①リズムに関する指導項目 　　　　拍とテンポ　音符　休符　拍子　リズムパターン　フレーズ　など 　　②音高に関する指導項目 　　　　譜表と音名　音程　調性　など 2．音楽創作に関する指導項目 　　音符やリズムパターンなどを素材にした音楽創作の方法と実際

表4　1回目の調査前に実施したリトミック内容

1．種々の音符とスキップ・リズム（付点8分音符＋16分音符）の体験
　①教員がピアノで示す3つの音符とスキップ・リズムを聴き分け、以下の活動をする。
　　　4分音符：1人で歩く。
　　　全音符：2人で両手を繋ぎスイングする。
　　　16分音符：2人向かい合い、16分音符4つ分を手で叩いて、交互に受け渡す。
　　　スキップ・リズム：2人で手を繋ぎ、ステップする。
　②ホワイトボード上で、①で体験した音符とスキップ・リズムを確認した後、それを
　　手で叩いたり、ステップする。
2．異なる音符の同時的体験
　①足と手を同時に使い、以下の音符の組み合わせを体験する。
　　　4分音符と全音符　　　4分音符と16分音符

　なお、1回目の調査の際には、調査目的とともに、調査と成績評価には関係がなく、学生に不利益が生じないことを伝えた。また、回答の取り扱いに際しては、個人情報を守ることを言い添え、口頭で調査協力の承諾を得、実施した。

2.4　調査項目

　本研究における調査項目は、次の2つに分類される、表5に示す7項目である。
　1つ目は、「リズム理解力」を高めるリトミック教育の効果を検証するために設定した2項目である。それは、リズムを構成する基礎的な要素と捉える種々の音符（以下、「基礎的なリズム」と

表5　調査項目

①いろいろなリズム（♩や♪など）の音の長さがわかる
②いろいろなリズム（♩や♪など）の性格がわかる
③普通に歩けるリズムを手で叩いたり、ステップできる
④ゆっくりしたリズムを手で叩いたり、ステップできる
⑤速いリズムを手で叩いたり、ステップできる
⑥スキップのリズムを手で叩いたり、ステップできる
⑦手と足それぞれ別々の動きを同時に行うことができる

記す）の「音価（音の長さ）」と「性格」の理解に及ぼすリトミック教育の効果を探るための2項目（表5の①②）である。

2つ目は、「リズム身体表現力」を高めるリトミック教育の効果を検証するために設定した5項目である。それは、基礎的なリズムを身体で表現できる力（以下、「基礎的なリズム身体表現力」と記す）に及ぼすリトミック教育の効果を探るための3項目（表5の③④⑤）と、子どもの音楽表現活動において使用頻度が高いスキップ・リズム（本リズムの構成は表4に記した通りである）を身体で表現できる力（以下、「スキップ・リズム身体表現力」と記す）に及ぼすリトミック教育の効果を探るための1項目（表5の⑥）及び、リトミック教育の重要な学習手段である身体を自由に操作できる力（以下、「身体操作力」と記す）に及ぼすリトミック教育の効果を探るための1項目（表5の⑦）である。

なお、以上の調査項目を作成するに際しては、1回目の調査を初回の授業で実施することから、学生の入学前の音楽学習経験差を考慮し、できる限り音楽の専門用語を使用しないようにした。

2.5　分析方法

調査7項目の回答を、「全くそう思わない」「あまりそう思わない」「ややそう思う」「とてもそう思う」の順に1点・2点・3点・4点と得点化した。そして、各調査項目の1回目と2回目の平均値を算出した。この値をもとに両者の差を算出し、各調査項目に及ぼすリトミック教育の効果を検証した。なお、各調査項目の1回目と2回目の平均値については、差の検定（t検定）を行った。

3　結果と考察

各調査項目の1回目と2回目の平均値と差の検定結果については図1に示し、各調査項目の1回目と2回目の平均値の差については表6に示した。なお、「普通に歩けるリズムを手で叩いたり、ステップできる」を除く各調査項目の1回目と2回目の平均値の差には、有意差が見られた。以下、「リズム理解力」と「リズム身体表現力」に分け、これらの力を高めるリトミック教育の効果を検証する。

3.1　「リズム理解力」を高めるリトミック教育の効果

3.1.1　「基礎的なリズムの音価」の理解に及ぼすリトミック教育の効果

「いろいろなリズム（♩や♪など）の音の長さがわかる（以下、「基礎的なリズムの音価がわか

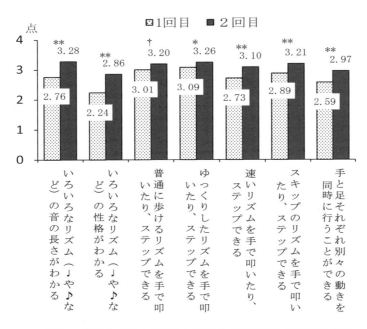

図1　各調査項目の1回目と2回目の平均値と差の検定結果
†;p＜.10　*;p＜.05　**;p＜.01

表6　各調査項目の1回目と2回目の平均値の差

調査項目	差（点）
①いろいろなリズム（♩や♪など）の音の長さがわかる	0.52
②いろいろなリズム（♩や♪など）の性格がわかる	0.62
③普通に歩けるリズムを手で叩いたり、ステップできる	0.19
④ゆっくりしたリズムを手で叩いたり、ステップできる	0.17
⑤速いリズムを手で叩いたり、ステップできる	0.37
⑥スキップのリズムを手で叩いたり、ステップできる	0.32
⑦手と足それぞれ別々の動きを同時に行うことができる	0.38

る」と記す）」の1回目と2回目の平均値の差は、0.52点であった。本調査結果には、「基礎的なリズムの音価」の理解に及ぼすリトミック教育の効果を確認することができた。

　ラドシーら（1989）は、「旋律的リズムは、拍の下位区分を用いることもあるし、多くの拍にわたって拡がるような持続の量をもつこともある」（p.75）と言う。つまり、旋律的リズムは、音楽の時間的継起における基本単位（標準音楽辞典第1版）である拍の上に、「音価」の異なる基礎的なリズムや休符が繋がって形作られたものであると言える。これを踏まえると、旋律的リズムの理解には、「基礎的なリズムの音価」の理解が不可欠であると考えられることから、筆者は授業開始当初より、「基礎的なリズムの音価」について指導している。前述の結果には、この指導、すなわち知的理解を導く前に、身体の動きを通して実感させることを優先するリトミック教育の方法を用

いた指導が、「基礎的なリズムの音価」の理解を促したことがうかがえた。これについては、フィンドレィ（1984）の「身体で、時間を科学的に測ることはできないが、身体で強く感じたリズム体験は、耳や目だけで感じたものよりも、もっと、信頼できる道案内となるのである」（p.26）という言葉が裏打ちしてくれるものと思われる。

3.1.2 「基礎的なリズムの性格」の理解に及ぼすリトミック教育の効果

「いろいろなリズム（♩や♪など）の性格がわかる（以下、「基礎的なリズムの性格がわかる」と記す）」の1回目と2回目の平均値の差は0.62点で、この差は、前述の「基礎的なリズムの音価がわかる」の差よりも大きいことがわかった。この結果には、「基礎的なリズムの性格」の理解に及ぼすリトミック教育の効果の高さを確認することができた。

ラドシーら（1989）は、「リズムは音楽に生命を与える」（p.69）と言い、國安（1989）は、「リズムは旋律に生気を与え、テンポは旋律の性格を決める」（p.11）と言う。辞書によると、ここに記されている、生命とは「生物の活動をささえる、根源の力」（新明解国語辞典第三版）、生気とは「いきいきした・気力（様子）」（同）とされる。これを踏まえると、リズムを構成する一要素である基礎的なリズムには、音楽を支え、いきいきさせる役割が課せられていると言えよう。また、ジェル（1985）は、こうした役割を担う基礎的なリズムは、その音の長さによって一定の性格をもっているとし、「たとえば、4分音符には『尊大さ』、2分音符には『釣合い』が、8分音符には『陽気さ』が、16分音符には『忙しさ』があるなどと言ってもよい」（p.95）と言う。こうしたことを踏まえて言えば、「基礎的なリズムの性格」を理解することは、音楽に生命や生気を与えるリズム表現を実現するうえで、重要なことであると言えよう。なお、ここでは「基礎的なリズムの性格」を理解する重要性についてのみ述べたが、前述のようなリズム表現を実現するためには、拍子やリズムパターンなどの「性格」についても理解することが肝要であることは言うまでもない。

3.1.3 「リズム理解力」を高めるリトミック教育の効果についての総合的考察

本調査を通しては、「リズム理解力」を高めるリトミック教育の効果を検証するために設定した、「基礎的なリズムの音価」と「基礎的なリズムの性格」の理解に及ぼすリトミック教育の効果を確認することができた。またここでは、「基礎的なリズムの性格がわかる」の1回目と2回目の平均値の差が、「基礎的なリズムの音価がわかる」のその差よりも大きいことを知った。しかし、この要因を特定することは簡単ではない。なぜならば、基礎的なリズムの理解とは、その「音価」と「性格」の両方を理解することであると捉える筆者は、この2つを合わせて指導したからである。

この要因を敢えて探すならば、ここでは、学生個々が感じ取った「基礎的なリズムの性格」を言語化させるなどの方法によって、その「性格」に注目させる指導を重視したことを挙げておく。この指導は、学生の入学前の音楽教育における基礎的なリズムの学習が、「音価」の理解に重きを置くものであったのではないかという筆者の判断に基づくものである。この判断は、授業開始当初の学生の反応を見てのものであるが、これについては、図1に示す「基礎的なリズムの性格がわかる」の1回目の平均値が、「基礎的なリズムの音価がわかる」のそれよりも0.52点低いことにもうかがうことができよう。こうした学生達にとって、前述のような「基礎的なリズムの性格」の理解を促すための指導は、「音価」の理解に重きを置く指導では得られなかった新たな学びをもたらすもの

であったと思われる。こうしたことから、「基礎的なリズムの性格」の理解に及ぼすリトミック教育の効果が高かった要因には、その「性格」に注目させる指導の重視を挙げることができるのではないかと考えた。このような指導が功を奏したと思われる反面、「基礎的なリズムの性格がわかる」の2回目の平均値は2.86点で、「基礎的なリズムの音価がわかる」のそれよりも0.42点低いことを確認した。

ここに述べた「基礎的なリズムの性格がわかる」の2回目の平均値の低さや、基礎的なリズムを含む様々なリズム学習場面における学生の反応を鑑みると、彼らにリズムを構成する諸要素の「性格」についての理解を深めさせることは、簡単なことではないと捉える。しかし本稿の冒頭で述べた通り、子どもの音楽表現活動を援助する立場に立つ学生はリズムを構成する諸要素の理論的事項とともに、「性格」についても理解する必要があると言えることから、その理解を促す方法については再検討する必要があると考える。

3.2 「リズム身体表現力」を高めるリトミック教育の効果
3.2.1 「基礎的なリズム身体表現力」に及ぼすリトミック教育の効果

「基礎的なリズム身体表現力」に及ぼすリトミック教育の効果を探るための調査3項目の1回目と2回目の平均値の差は、次の通りである。「普通に歩けるリズムを手で叩いたり、ステップできる（以下、「中庸なリズムを身体表現できる」と記す）」は0.19点、「ゆっくりしたリズムを手で叩いたり、ステップできる（以下、「ゆっくりしたリズムを身体表現できる」と記す）」は0.17点、「速いリズムを手で叩いたり、ステップできる（以下、「速いリズムを身体表現できる」と記す）」は0.37点である。これを見ると本調査3項目の差は二分でき、前者2項目の差は、後者の「速いリズムを身体表現できる」の差と比べ、小さいことがわかった。また、1回目と2回目の平均値の差が大きかった「速いリズムを身体表現できる」の2回目の平均値は、図1に示す通り、本調査3項目の中で最も低いことがわかった。これらの結果には、「基礎的なリズム身体表現力」に及ぼすリトミック教育の効果がうかがえるものの、本調査3項目の効果には違いが認められるため、これを過大評価することは控えたい。

筆者は、前述の通り、基礎的なリズムの理解とは、その「音価」と「性格」の両方を理解することであると捉えている。これを「基礎的なリズム身体表現力」に適用するならば、この力は、「基礎的なリズムの音価」と「基礎的なリズムの性格」の両方を一体化させて身体表現できる力であると言える。こうしたことを踏まえ、基礎的なリズムの指導では、これら2つを合わせて身体表現するよう求めた。しかし、表1・表2に示した学生の入学前のリトミック経験や、前述の彼らの入学前の音楽教育における基礎的なリズムの学習内容を考え合わせると、その「音価」と「性格」を合わせて身体表現することに不慣れな学生が少数ではなかったと思われる。これについては、初回の授業で実施したリトミック（表4参照）において、全音符をスイングしたり手で叩いて表現する際に「1・2・3・4」と唱えたり、身体で4分音符を刻むといった「音価」のみを表現しようとする学生が多かったことにもうかがうことができる。こうした学生達にとって、「基礎的なリズムの音価」と「基礎的なリズムの性格」を合わせて身体表現するという筆者の要求は、簡単なものではなかったと推察する。前述の調査結果には、こうした筆者の要求が多少なりとも影響しているのではないかと考えられる。

3.2.2 「スキップ・リズム身体表現力」に及ぼすリトミック教育の効果

「スキップのリズムを手で叩いたり、ステップできる（以下、「スキップ・リズムを身体表現できる」と記す）」の1回目と2回目の平均値の差は、0.32点であった。この結果には、「スキップ・リズム身体表現力」に及ぼすリトミック教育の効果を確認することができた。

スキップ・リズムは、表4に記した通り、「音価」の異なる2つの基礎的なリズムが組み合わさったリズムである。それゆえ、スキップ・リズムの身体表現では、2つの基礎的なリズムが交互に現れるタイミングを計った動きが要求される。しかし授業開始当初は、このタイミングを計れないために、2つの「音価」が不明確な学生を多く見受けた。基礎的なリズムはそれぞれ一定の性格をもっているとするジェル（1985）は、「これらはすべて、身体で表現できる性格であり、同時に、時間的長さをはっきりと印象づけることのできる性格である」（同）と言う。この考えに従うならば、前述のようなスキップ・リズムの身体表現に関する学生の問題解決に向けては、本リズムの「性格」を身体で感じ取る体験が有効ではないかと考えられる。こうした考えを踏まえ筆者は、学生がスキップ・リズムの「性格（いきいきとした弾み）」を身体の動きを通して感じ取れるようないろいろな活動を提示、指導した。こうした取り組みを続ける中で、学生の「スキップ・リズム身体表現力」には「いきいきとした弾み」が見られるようになったとともに、2つの基礎的なリズムが現れるタイミングを見計らって表現できる学生が増えたという手ごたえを感じ取ることができた。本調査結果には、ここに述べた指導の有効性がうかがえた。

3.2.3 「身体操作力」に及ぼすリトミック教育の効果

「手と足それぞれ別々の動きを同時に行うことができる（以下、「四肢を自由に使える」と記す）」の1回目と2回目の平均値の差は、0.38点であった。また、この差は表6に示す通り、「リズム身体表現力」を高めるリトミック教育の効果を検証するために設定した5項目（表6の③〜⑦）の中で、最も大きいことがわかった。本調査結果には、「身体操作力」に及ぼすリトミック教育の効果とともに、その高さを確認することができた。

リトミック教育の秀でた特徴は、身体の動きを通してリズムを構成する諸要素の深い理解を促す点にある。こうした音楽教育法を考案したジャック＝ダルクローズ（2003）は、「リズムに優れた人であるには、四肢が絶対的な独立性をもっていることが不可欠の要件である」（p.53）とし、四肢の独立性を高めることを重要なこととした。こうしたジャック＝ダルクローズの考えを踏まえ、授業では、4拍子の拍をステップしながらリズムパターンを手で叩いて表現している最中に出される不意の合図に従い、即座に足と手の動作を入れ替えるといった類の活動を多く取り入れた。本調査結果には、こうした取り組みが「身体操作力」の向上に貢献するものであることがうかがえた。一方、図1からは、本調査項目の2回目の平均値が「リズム身体表現力」を高めるリトミック教育の効果を検証するために設定した5項目の中で、最も低いことがわかった。この結果には、リトミック教育において「身体操作力」を高める難しさを確認した。

3.2.4 「リズム身体表現力」を高めるリトミック教育の効果についての総合的考察

以上に述べた「基礎的なリズム身体表現力」、「スキップ・リズム身体表現力」、「身体操作力」に

及ぼすリトミック教育の効果についての考えを、さらに深めることとする。

　「基礎的なリズム身体表現力」に及ぼすリトミック教育の効果についての考察を通しては、「基礎的なリズムの音価」と「基礎的なリズムの性格」を合わせた身体表現が、学生には簡単なことではないことを知った。しかしリトミック教育では、これを乗り越えられるようにする必要がある。なぜならば、「基礎的なリズムの性格」を欠いた身体表現はその「音価」のみを表す機械的なものとなり、それは生気が感じられない表現になると考えられるからである。また、「スキップ・リズム身体表現力」に及ぼすリトミック教育の効果についての考察を通しては、その「性格」を身体の動きを通して感じ取らせる指導が、学生の「スキップ・リズム身体表現力」を高めることに寄与したことを知った。こうしたことから、学生の「リズム身体表現力」を高める指導においては、それらの理論的事項と「性格」を一体化させた身体表現を理想に、その「性格」を感じ取らせながら、これについての理解を深めさせる指導を重視する必要があると考える。

　「身体操作力」に及ぼすリトミック教育の効果については、その効果を知ると同時に、リトミック教育の中でこれを育成する難しさを確認した。しかし、「身体操作力」は、「リズム身体表現力」のみならず、この力を支える「リズム理解力」を深めさせるためにも必要な力であると言える。なぜならば、身体の動きを重要な学習手段とするリトミック教育では、学習者個々が有する「身体操作力」の程度が、「リズム理解力」と「リズム身体表現力」の向上に少なからない影響を及ぼすと考えられるからである。こうしたことから、「身体操作力」の育成は、「リズム理解力」と「リズム身体表現力」の両方を高めるうえで、きわめて重要であると言えよう。

　以上に述べたことは、次の2点に整理できる。1つ目は、学生の「リズム身体表現力」を高めるうえで、その「性格」についての理解を促す指導を重視する必要性である。2つ目は、学生の「リズム理解力」と「リズム身体表現力」の両方を高めるうえで、「身体操作力」の育成に力を入れる必要性である。これらは、いずれもリトミック教育における重要な教育課題であると言えよう。

4　まとめと今後の課題

　本研究の目的は、授業改善に向けて、子どもの音楽表現活動の援助者となる学生の「リズム理解力」と「リズム身体表現力」を高めるリトミック教育の効果を検証することにあった。そのデータ収集のために実施した質問紙調査においては、そこに設定した調査項目ごとによる効果の差は見られたが、総じて言えば、リトミック教育には、彼らの「リズム理解力」と「リズム身体表現力」を高める効果があると結論づけることができるであろう。

　一方、授業終了時点に実施した2回目の調査結果を見ると、各調査項目の平均値には違いがあり、すべてが高い値ではなかった。このような結果を見据え、より良い授業の構築に努めることが授業担当者である筆者の責務である。本研究を通しては、これに向けた今後の課題を見出すことができた。1つ目は、リズムを構成する諸要素の「性格」についての理解を、身体的経験を通して深めさせる指導方法を再検討することである。これによって「リズム理解力」と「リズム身体表現力」の両方の高まりが期待できると考える。2つ目は、「リズム理解力」と「リズム身体表現力」の両方を高めるうえで不可欠な力であると言える、「身体操作力」を育成するための指導方法を再検討することである。これは、「身体操作力」の低下が懸念される昨今の学生にとって、特に必要なこと

ではないかと考える。また、これらの課題はいずれも、学生が身体表現する中で解決していくべき課題であると言えよう。

　筆者は別稿（2013）において、学生が身体表現力を高めていくための要件を見出した。それは、先ず身体表現に対して抱く「恥ずかしい」という気持ちを軽減させることであり、次いで身体表現に対する積極性を引き出すために必要な「楽しい」という気持ちをもたせることである。これを踏まえると、先に挙げた課題の解決に向けては、ここに述べた要件を満たす指導方法や学習環境（雰囲気）づくりの方法についても再検討する必要があると考える。

　以上の諸課題に取り組みながら、子どもの音楽表現活動の援助者となる学生の「リズム理解力」と「リズム身体表現力」を高めるリトミック教育の充実を図っていきたい。

文献
大谷純一（2013）「保育者としての『表現できる「からだ」』の養成におけるリトミック教育の可能性─保育学生の気づきと学びを手がかりに─」『聖セシリア女子短期大学紀要』第38号，pp.1-10.
國安愛子（1989）『事典形式音楽概論』，音楽之友社.
ジェル，ヒーザー（1985）『こどものための音楽と動き』板野平・鈴木敏朗訳，全音楽譜出版社.
ジャック＝ダルクローズ，エミール（2003）『リズムと音楽と教育』山本昌男訳，全音楽譜出版社.
服部明子（2007）「保育者の身体性に影響を及ぼす要因の検討─コミュニケーション・ワークの受容から─」『全国保育士養成協議会第46回研究大会発表論文集』，pp.228-229.
フィンドレィ，エルザ（1983）『リズムと動き』小野進訳，全音楽譜出版社.
堀場宗泰（1990）「幼児期の音楽におけるリズムについての考察」『常葉学園短期大学紀要』第21号，pp.17-29.
ラドシー，ルードルフ・E．＆ボイル，J．デーヴィッド（1989）『音楽行動の心理学』徳丸吉彦・藤田芙美子・北川純子訳，音楽之友社.

小学校音楽科におけるリトミック指導の可能性
―― 「体を動かす活動」による〔共通事項〕の
知覚・感受の場面の分析を通して ――

金　田　美奈子

A study on the application of Dalcroze Eurhythmics in the possibility of
Eurhythmics study for Music Education in the elementariy school:
Through Analyze the seen of common Items for activity Perceiving and
feeling the Quality by Body Movements

Minako KANEDA

1　研究の目的

　現行の小学校学習指導要領では、音楽科の内容に以前から設定されていた「A表現」「B鑑賞」に加えて、それらの全ての活動において共通に必要な指導内容として〔共通事項〕[1]が新設され、児童が知覚・感受[2]する〔共通事項〕を明確にした題材構成が求められるようになった。また、指導計画の作成と内容の取扱いの項目では、「音楽との一体感を味わい、想像力を働かせて音楽とかかわることができるよう、指導のねらいに即して体を動かす活動を取り入れること。」[3]とし、「体を動かす活動」を、表現や鑑賞の学習の中で取り入れるように明記している。また、「児童が音楽を全体にわたって感じ取っていくためには、体のあらゆる感覚を使って音楽をとらえていくことが必要となる。児童が体全体で音楽を感じ取ることを通して、音楽学習の基礎となる想像力がはぐくまれていくのである。このように、児童が音楽との一体感を味わうことができるようにするためには、音楽に合わせて歩いたり、動作をしたりするなどの体を動かす活動を取り入れることが大切である。」[4]とし、音楽全体を感じ取る場面等において、「体を動かす活動」を効果的に活用するように提言している。さらに、「指導に当たっては、体を動かすこと自体をねらいとするのではなく、音楽を感じ取る趣旨を踏まえた体験活動であることに留意する必要がある。」[5]とし、身体表現をすることそのものが目的ではないということが確認されている。

　音楽学習において、〔共通事項〕を知覚するとともに、一人一人が自分の感じ方で音楽のかもし出す雰囲気や特質、よさを感受した経験は、全ての音楽学習の支えとなるものである。特に、各題材の導入時におけるリトミックの手法を活用した動きの経験は、〔共通事項〕の知覚・感受に非常に有効であると考える。このようなリトミックの手法を活用した「体を動かす活動」による知覚・感受の経験が、音楽学習の中で適切に設定されることによって、児童は聴取したことを音楽経験として自分の内的な世界に蓄積するとともに、それらを「音楽表現」「動き」「言葉」などに隠喩し、

外的な世界へ表すことによって、自分の思いや意図を友達と共有し、音楽表現の質を深めることができると考える。

本論文では、ダルクローズの論文から示唆を得た小学校音楽科におけるリトミック指導を取り入れた実践事例を分析し、小学校音楽科におけるリトミック指導の可能性について考察することを目的とする。

2　エミール・ジャック＝ダルクローズの業績

ダルクローズは自身の論文において「完全に音楽的になるために、こどもは、身体的に・精神的な資質や能力すべてを獲得しなければならない。全身体（骨、筋肉、神経組織）と、身体的リズムの認識によって構成される。」[6]とし、リズムの知覚については「全身体の動きによって、我々は、リズムを実感したり知覚できるようになる。リズムの意識は、速度や強さのすべての変化の中で、時間の断片のすべての連続や結合をとることができる能力である。この意識が、強さや速度のあらゆる度合での筋肉の収縮や弛緩によって習得される。」[7]とし、自分の考えを次のようにまとめている。[8]

①リズムは動きである。
②リズムは、基本的には身体的なものである。
③すべての動きは、時間と空間を伴なう。
④音楽的な意識は、身体的な経験の結果である。
⑤身体的な資質の完全さは、知覚の明瞭さに帰結する。
⑥時間についての動きの完全さは、音楽的リズムの意識を確実にする。
⑦空間についての動きの完全さは、造形的リズムの意識を確実にする。
⑧時間と空間についての動きの完全さは、リズム的な動きについての練習によってのみ完成されうる。

ダルクローズはこのように、楽器の演奏に入る前に全身でリズムを感じる活動を行うことを提唱したのである。

ダルクローズは聴取の重要性についても、多くの論文に記述している。「音楽教育におけるリズム」という論文で、ダルクローズは耳の役割として「ひとつはリズムを個別に聴きそして関連づけること。もうひとつは音（サウンド）をひとつひとつ聴きそして結合することである。」[9]とし、そのような行為が起こっているときの具体的な身体の現象として「声は音を模倣り始める。すると、音の動きの記憶は精神に働きかけ、心的な聴取を喚起させる。耳は外からの音に聴き入り、脳は内的な音を創り、そこに創造的な感覚（即興と作曲）が湧いてくる。」[10]とした。その上で教師の指導方法について「子供がリズムと音の継続を聴き、再現し、読めるようになったなら、記譜法を教え始めてもよい。そこで感受と表現との必要な資質を得たなら、即ち音と動きとを認識しリズムと音を記譜によって表現できるなら、楽器の勉強をする準備はできている。教師はそこでは音と音のイメージをタッチによって弦や鍵盤に置き変えることを教えるだけでよい。」[11]と、ダルクローズが提唱したリトミック教育のアプローチを支える考え方を述べている。

さらにダルクローズは、リトミックの特徴的な性格として「心的なイメージを創り出す感覚を呼

び起こすこと」[12]とし、身体と精神を知性によってコントロールすることによって、音や音楽のもつ動きを知覚し、それを身体の動きとして経験することで、芸術と生命の中に「心の美・造形の美・技巧の美」[13]が生まれるとしている。

　ダルクローズはリトミックの目的について「かれらの課程の修了時に、『私は知っている』ではなくて『私は経験した』と、生徒が言えるようにし、自分自身を表現したいという欲求を心に育むことである。なぜなら、深い感銘は、力の及ぶ限り他の人のそれを伝えたいという希望を振い立たせるからである。」[14]としている。ダルクローズのリトミック教育では、全ての感覚器官や筋肉感覚で知覚した音楽を特徴付ける様々な要素や音楽全体を、身体で反応する活動を通して音楽経験として脳に蓄積していくのである。このような身体表現を通した音楽理解によって、音楽的な成長が促されると考える。

　ダルクローズが開発したメソッドの練習方法について、ダルクローズは「リトミックのあらゆる練習方法は、集中力を高め、身体を高度の範囲で秩序づけるのを待機しながら、いわばエネルギーに満ちた状態に保つようにして、無意識のうちに意識させ、特有の教養をもたらす無意識の能力を高め、結果的にその能力を大切にすることを目的としている。」[15]とし、無意識の状態であってもエネルギーに満ちた身体を準備して学習に臨むことができるようになっておくことが音楽学習の中で必要であるということを提言している。

　これらのダルクローズの論から、リトミックが小学校音楽科における表現と鑑賞の指導において、「体を動かす活動」を取り入れるとした現行の小学校学習指導要領の具体的な指導法として多くの示唆を得ることができる指導法であると考える。

3　音楽学習時における児童の動き

　まず、小学校の音楽学習において起こる動きを日々の実践の中から整理したい。

　音と音のつながりを音楽として知覚していく過程では、音と音のつながりを見付けるために様々な動きが起こる。例えば「足で拍をとる」「指先で旋律を刻む」「机の上に指でラインを描く」「ハンドサインをする」「曲想に合う揺れ方をする」「ひじを曲げて上下に振る」等の行為が自然に起こってくる。ここで起こる動きは、鳴り響く音そのものから〔共通事項〕を知覚・感受する行為である。また、音楽学習の導入部分で教師が楽譜を見て音楽を聴取する活動を意図的に設定することにより、聴覚だけでなく、視覚によって楽譜や歌詞を見るという行為や、触覚によって曲に合わせて音符に触れる行為、指先で音符のリズムを追うという行為等が同時進行で起こる。このように、音に感覚的に反応する場面では、聴覚だけでなく身体の様々な感覚を使って音楽を知覚・感受しているのである。さらに、題材のねらいに合わせて「拍子」「強弱」「速度」「楽器の音色」等の〔共通事項〕を知覚・感受する場面になると、曲想に合った動きをしながら聴く活動を設定することにより、より音楽を特徴付ける要素について分析的に聴き、思考することができるようになる。このように、導入や展開時における「体を動かす活動」による〔共通事項〕の知覚・感受は、この後に続く表現活動や鑑賞活動の支えとなる効果的な活動であると考えられる。

4 表現活動における児童の動き

次に表現活動における児童の動きについて、領域別に考えてみる。

「歌唱」では、拍の流れや音楽を支えているリズムにのるために、体を縦や横に揺らす動きや足で拍をとる動きが自然に出現する。これは、児童が音楽の中に存在する拍やリズムパターン等と自分の身体感覚とのズレを動きによって揃えるための動きである。教師の指示で行う動きとしては、旋律のまとまりを弧線を描くような手の動きで表したり、旋律の動きをハンドサインで表したり、音楽全体の雰囲気や強弱の変化などを指揮あるいはそれに類する表現で表したりする動きが考えられる。

「器楽」では、楽器の構造や奏法によって、同じ曲を演奏するときでも表現する際に使う動きが異なっている。たとえばリコーダーなら、指で穴を閉じたり開けたりしながら、息を楽器に吹き込む動き、アコーディオンなどの鍵盤楽器なら、指で鍵盤を押すという動き、打楽器なら、演奏の前や後にその音を出すための予備の動きがある。また、全員で合わせる、二人で合わせる活動を設定すれば、呼吸を合わせるための全身を使った動きが必要となる。これには一緒に呼吸をする、指揮で合わせる等の方法が考えられる。この他にも、「歌唱」と同様に、指導内容を確認するための動きや、音を出さずに内的聴覚と動きとで、旋律の流れや楽譜にある音符の位置、奏法等を確認するというような動きが考えられる。

「音楽づくり」では、自分の表現したい思いや意図と、実際に鳴り響く音や音楽との応答が起こる。ここでは、自分のイメージを音や音楽で表すために創意・工夫を試みる過程において、表現意図を表すために何らかの動きが起こることが予想される。即興的な音楽づくりでは、「風」を表現しようとした児童が木琴でグリッサンドを演奏したときには、その動きが始まる「予備」と構成している瞬間、そして「終わり」において表現意図と鳴り響く音とをつなぐ動きが存在していると考える。また、音を音楽へと構成していく活動では、音と音のつながりや旋律の動き、反復・変化のさせ方等、頭の中に構想したものを外に出す前の段階としてまとまりを確認する作業において、まず動きで表されることが多い。それが木琴等での音楽づくりであれば、頭の中に浮かんだモチーフを試し弾きする前に音をマレットの動きで確認する行為が行われる。これらの経験を踏まえて、さらに自分の中に生まれた表現を誰かに伝えたいと思ったときに、他の表現活動と同様に友達とのコミュニケーションが起こる。その際、言葉にならないニュアンスを伝えるための手段として動きは非常に重要な役割を果たすと考えられる。

このように表現活動では、導入における聴取活動によって知覚・感受した〔共通事項〕を基盤として、自分と音楽とが応答するための動き、表現を高めるための隠喩としての動き、表現している自分自身の状況を確かめるための動き等が存在している。さらに、友達と表現を共有するために身体によるコミュニケーションという動きも存在していると考える。

5 鑑賞活動における児童の動き

鑑賞の学習場面を考えてみる。現行の小学校学習指導要領（音楽）によれば、「B鑑賞」の項目

は、「曲想を感じ取って聴くこと、音楽を形づくっている要素のかかわり合いを感じ取って聴くこと、楽曲の特徴や演奏のよさを理解することを通して、基礎的な鑑賞の能力を身に付けるようにすること」[16]としている。これらの指導内容を学ぶ場面における動きの可能性について挙げてみる。例えば「はずんだ感じとなめらかな感じ」の知覚・感受するために、「一人で」「友達と」「道具を使って」動く活動が想定される。一人で動く場面では、音楽と自分の身体との応答が起こる。このように、音楽と身体とが直結するかたちで応答が行われることにより、児童は音楽を能動的に聴くことができる。また、友達と動く場面では、互いに感受した音楽から生み出される雰囲気やイメージを身体のかかわりを通して共有することができる。動きを伴った聴取の活動は、言葉がなくとも共有出来るという意味で、音楽と直結した活動であると考える。さらに、道具を使って動く場面では、音楽を形づくっている要素と「スカーフ」「ボール」「マレット」等の道具がもつ動きの特性と自分の動きとが結び付いたときに、音楽的な感受をより深めることができると考える。

6 リトミックの手法を取り入れた題材「組曲をつくろう」（第5学年）の事例

次に実際の授業の中から、導入時における動きで音楽を知覚・感受する場面を取り上げ、児童の動きの実際と児童の記述及びコメントから分析・考察する。

（1）題材名　　　　「組曲をつくろう」（第5学年の実践）
（2）教材名　　　　「組曲『道化師』」（カバレフスキー作曲）
（3）題材の目標　　旋律のリズムや旋律の反復・変化を知覚・感受し、音楽を形づくっている要素の関わり合いによってつくられる楽曲の構造を理解して音楽をつくったり聴いたりする。
（4）評価規準

音楽への関心・意欲・態度
　旋律のリズムや旋律の反復・変化を生かして音楽をつくる学習や、それらによってつくられる楽曲の構造を理解して聴く学習に主体的に取り組もうとする。

音楽表現の創意工夫
　旋律のリズムや旋律の反復・変化を聴き取り、それらの働きが生み出すよさや面白さなどを感じ取りながら、音楽を形づくっている要素を生かし、音を音楽に構成するための試行錯誤をし、つくる音楽やその方法などについて自分の考えや意図をもっている。

音楽表現の技能
　旋律のリズムや旋律の反復・変化を生かし、見通しをもって音を音楽に構成している。

鑑賞の能力
　旋律のリズムや旋律の反復・変化を聴き取り、それらの働きが生み出すよさや面白さなどを感じ取りながら、楽曲の構造を理解して聴いている。

（5）指導計画（6時間扱い）

時	☆指　導　内　容　　　　　○学　習　活　動
1 2	☆旋律のリズムや旋律の反復・変化の知覚・感受 ○「組曲『道化師』」を体を動かしながら聴取する。 ○知覚・感受したことを学習カードに記入する。
3 4	☆旋律のリズムや旋律の反復・変化による創作 ○「組曲『道化師』」全曲の動機を確認し、楽器で演奏する。 ○選んだ曲の旋律のリズムや反復・変化を使った創作をする。 ○旋律とリズムを組み合わせ、形式を工夫した作品をつくる。
5 6	☆音楽の構造の理解 ○創作した作品を発表する。 ○作品の基になっている動機を確認する。 ○もう一度「組曲『道化師』」を聴取し、作品全体の構造について自分の考えをまとめる。

7　観察対象児童の学習過程の分析

次に、観察対象児童の各曲における動きを詳しく分析するとともに、最初に聴取したときの記述をまとめた。

上段：初発に表れた主な動き 下段：初発の感想

(1)　A児

プロローグ	ギャロップ	行　進　曲	ワ　ル　ツ	パントマイム
最初の動機の2回目のときに上に伸び上がるような動きをした。	旋律Aは、縦揺れで拍を取ってから、手で旋律を取る。強弱は表していない。	おだやかな動機は重みのある動きになり、変化がある部分は放り投げるような動きだった。	膝を柔らかくして重心を移動させながら、両手で細かくメロディーのリズムをとっている。最後の部分は違う動きを組み合わせていた。	顔を前に突き出すような動きをした後、小太鼓のロールに応答した動き。真ん中の部分は拍を左右に大きく揺れることで表していた。
はねる感じ。	はげしい感じ。	はげしいようでなめらかな感じ。	はじける感じ。	暗い感じ。

間　奏　曲	短い叙情的な場面	ガボット	スケルツォ	エピローグ
細かく手を動かしながら動いていた。身体のコントロールができず、旋律の速度についていけないという感じだった。	左右に腕を大きく揺らす動きをしていた。曲想にはあまり合わないような大きな動きだった。	最初は、左右に大きく腕を振っていたが、旋律Bの部分でやや弱い感じの動きになり、筋肉もややゆるんでいた。	左右に揺れる動きのニュアンスの変化だけで動きをつくっていた。弱い音への反応がやや少なかった。	ケンケンで右右左左と拍を強く取りながら手で旋律を動いていた。全体にはねる動きをしていた。徐々に指揮に近い動きになった。
パーティーをやっている感じ。	森に入っている感じ。	未記入。	逃げる感じ。	はねる感じ＋はげしい感じ。

この児童は旋律やリズムパターンの知覚が他の児童よりも速く、動きのボキャブラリーを多くもっている。
　この児童は、全身を使ってダイナミックに動きをつくっていた。旋律が知覚しやすい曲では旋律を動き、やや複雑な曲では拍の流れを左右に揺れる動きで表していた。コメントでは「メロディを動いた」と回答している。手だけで動く活動を設定した時には、主に旋律を動いていた。常に拍の流れが膝を使って取られているのも特徴的だった。

(2) B児
　この児童は、体験を通して音楽の知識を得ることを好む。動きのボキャブラリーはあまり多くないが、歌唱や器楽の導入では常に楽譜を見ながらハンドサインをして旋律の高低を確認しながら聴取している。
　今回は、重心を低くとって動く様子が見られたが、A児のように音楽にひたりながら動くというよりも、考えながら動いていた。最終時の記述において形式感についての感想が多かったことから、曲の構成に知覚・感受の対象をおいていたからであると考える。

プロローグ	ギャロップ	行　進　曲	ワルツ	パントマイム
比較的浅い上下動や左右の揺れの中で、旋律を手で表す動きをした。	手は細かいリズムを刻みながら旋律の上行と下行を肩から動く動きで表した。	手で旋律を取り、大きく変化する旋律Aの動機BではBを漕ぐような動きをした。	高さを変えて両手で空間を叩く動き。A児と同じ感じの動きが多かった。	深く拍を刻む動き。小太鼓によく反応する。クレッシェンドの後の部分は放り投げるような動きをした。
最初ははずんで最後は暗い。	走っているような感じ。	なにかがのびたりはねたりしている感じ。	はやい物が動いている感じ。	暗くて悲しい感じ。
間　奏　曲	短い叙情的な場面	ガボット	スケルツォ	エピローグ
手を使った細かく動かす動きをしていた。	両手を使って左右にゆっくりと揺れる動きをしていた。A児を参考にしているのが目線から分かった。	手を使った動きが中心になっていた。	手を使った動きが中心になっていた。曲想の変化によって筋肉の緊張感が変わった。	手を左右に振る動きと小刻みに跳ねる動きで動いていた。
小さい物が走っている感じ。	なめらかな感じがする。	はげしいようなのびる感じ。	走ったりおどったりしている感じがする。	パーティーをやっている感じがする。

(3) C児
　この児童は日頃から歌唱、器楽、身体表現等いずれの表現活動でも、拍の流れや曲の感じに合わせて身体を柔らかく使いながら表現している。動きのボキャブラリーはさほど豊富ではないが、空間に描いているときの筋肉感覚から、知覚・感受していることをそのまま動きで表すことができると考えることができる。記述はあまり得意ではなく、やや時間がかかる。

今回は、知覚したことを指先で確認するように、手を使って空間に拍やリズム、旋律を描く動きを使っていることが多かった。

プロローグ	ギャロップ	行進曲	ワルツ	パントマイム
両手を揃えて拍を取ったり、左手が旋律の上下を表し右手が拍を取ったりしていた。	最初の部分は拍を走るような手の動きで表し、後半の動機は手で旋律を表していた。	両手の指先を付けて旋律のリズムを表していた。	指先、手先を使った動き。のびるときと切れるときに筋肉の使い方が異なっていた。	両手を広げたりそのまま振り下ろしたりしながら左右に揺れていた。全体に筋肉が緊張した動きだった。
最初は明るくてリズムが速かったけど、最後は暗くてリズムがおそかった。	はやく、だけどリズムが大きかった。	強弱が、はげしかった。	ゆったりしたけどリズムがはやかった。	こわい感じだったけどリズムがはげしかったです。
間　奏　曲	短い叙情的な場面	ガボット	スケルツォ	エピローグ
手を腰より低い部分で左右順番に振り、旋律のリズムを表した。最後の部分では、筋肉を使って、エネルギーをコントロールしていた。	肩を使った動きをしていた。エネルギーのコントロールが難しそうな様子が見られた。	手で旋律のリズムを表していた。旋律Bの部分では筋肉を緊張させた動きでゆったりと動いていた。	手を使って旋律の動きと拍とを表していた。特に動機Bの表現において筋肉の緊張した状態で右側から左側で腕が流れる動きがあった。	手を使って重心を少し移動させながら動いていた。
最初は、はげしかった。	なめらかな感じがした。	なめらかで、ゆったりしている感じ。山に行ってだれかに付いてこられている感じ。	最後が悲しい感じ。でも最初はさわがしかった。	さわがしいけど楽しそうな感じ。

(4) D児
　この児童は動きのボキャブラリーが豊富で、今回の動きの活動でも他の児童とは離れて一人で独自の世界をつくっていた。今回の動きは自分の周りの空間に音楽の造形をするような動き方だった。音楽の曲想と動きのニュアンスとがかなりの部分で照合していたと考えられる。

プロローグ	ギャロップ	行進曲	ワルツ	パントマイム
ひじが上に上がった状態に体を準備して、動いていた。曲想が変化したときに動きが止まって少し考えている様子が見られた。	自分の体の回り（特に腰のあたり）の空間に手と肩や頭の動きで表現した。	自分の体の周りに風船があるような動き。他の児童が旋律Aの動機Bを下に下がる動きや放り投げる動きをする中、風船を上にふわっと投げるような動きをしていた。	細かい動きには反応せず、自分の中で細かい動きを感じつつも外に出る動きは一本の線のようになっているという動きをしていた。	大きな音だから大きく動くということはなく、音楽の中に自分の身体を入れてその中で動いているような動きをしていた。風船の空間がこの曲のときにはやや狭くなった。
重く、はねている感じ。	何かを手でちぢめている感じ。	未記入。	まほうつかいがまほうをかけている感じ。	オオカミが歩いている感じ。何かがせまってくる感じ。

間奏曲	短い叙情的な場面	ガボット	スケルツォ	エピローグ
大きな動きはなく大きな流れの中で曲想を感じているような動きだった。	手の動きよりも肩から動きが出ているようだった。	時折笑顔を見せながら活動そのものを楽しんでいた。旋律の終わりの部分で腰から左右を見る動きをした。	音楽の中に入り込んで、同じような動きを続けている。最初の頃よりも動きが音楽より後から出てくるようになった。	激しく動くことはなく、大きくゆったりと動きながら曲想などについて考えていたことが、学習カードから分かった。
うさぎがとびはねている感じ。	雲の上にのっているような感じ。	おしろでけらいたちが女王を連れてきている感じ。	ねこがねずみを追いかけている感じ。	誰かにおいかけられて逃げていく感じ。

8 考察

　ここまで、ダルクローズの論文から示唆を得た実践事例における児童の動きや記述を分析した。その結果、児童の動きから、楽曲によって適切な動きがあるということが明らかになった。例えば、全身を使った動きは、「プロローグ」「エピローグ」「ギャロップ」「パントマイム」のように、音楽全体の構成や速度・強弱の対比や変化など音楽そのものを全体的につかむ知覚・感受に適しており、楽曲の構成が単純な作品や旋律に集中して聴く楽曲には手で空間に図形を描く活動が適している。また、「行進曲」のように、楽曲の構成が単純であっても、「強弱」や音の高さ等の〔共通事項〕の変化が激しい楽曲については、全身を使った体の重心が移動するような動きが適切である。また、児童の音楽を捉える筋肉感覚の状況によっては、音楽を拍の流れで取るのではなく、音楽のまとまりの中に身体を委ねるような動きが出る場合もあるということが、個別の分析から明らかになった。

9 おわりに

　「体を動かす活動」による〔共通事項〕の知覚・感受は、音楽学習における表現や鑑賞の活動の基盤となるものであり、音楽全体を音楽と直結した身体で直観的につかむことができるという意味

で非常に有効であると考える。学習の過程においても、「体を動かす活動」による音楽の知覚・感受を基盤とした音楽学習を積み重ねることにより、音楽を全体像として知覚・感受するとともに、その音楽を形づくっている要素を身体で知覚・感受し、記憶することができるようになる。このような記憶は音楽経験として児童の脳に蓄積され、次の音楽学習が円滑に進む支えとなるのである。
　リトミックの指導法は、「リズム運動」「ソルフェージュ」「即興」で構成されている。今後は、小学校学習指導要領にある「A表現　(3)音楽づくり」と「B鑑賞」とリトミックの指導法との関連を図った題材を開発し、小学校におけるリトミック指導の活用の可能性について探っていきたい。

注
1) 現行の「小学校学習指導要領解説 音楽編」では、〔共通事項〕の項目について「表現及び鑑賞のすべての活動において、共通に指導する内容を示している。したがって、〔共通事項〕は、表現及び鑑賞の各活動を通して指導するものである。」としている。
2) 本論文では、音楽学習における「知覚・感受」を、「児童が音楽的な感受を深めていく為の過程として、音楽を特徴付けている要素や音楽の仕組みを聴き取り（知覚し）、その働きが生み出すよさ等を感じ取る（感受する）行為」とする。
3) 文部科学省「小学校学習指導要領解説　音楽編」教育芸術社　東京　2009 年 8 月　p.71
4) 前掲書　p.71
5) 前掲書　p.71
6) E・J＝ダルクローズ（板野 平訳）「リズムと音楽と教育」東京　全音楽譜出版社　1975 年　p.38
7) 前掲書　p.39
8) 前掲書　p.41
9) E・J＝ダルクローズ（板野 平訳）「リトミック芸術と教育」東京　全音楽譜出版社　1986 年 p.91
10) 前掲書　p.91
11) 前掲書　p.91
12) 前掲書　p.92
13) 前掲書　p.92
14) E・J＝ダルクローズ（板野 平訳）「リズムと音楽と教育」東京　全音楽譜出版社　1975 年 p.66
15) E・J＝ダルクローズ（河口眞朱美訳）「リズム・音楽・教育」東京　開成出版 2003 年 1 月 30 日 p.49
16) 文部科学省「小学校学習指導要領解説　音楽編」教育芸術社　東京　2009 年 8 月　p.17

参考文献
吉見　美奈子　「『動き』による音楽の知覚・感受が音楽学習に果たす役割」　2007 年 1 月　東京都教員研究生研究報告書

リトミックにおけるプラスティック・アニメに関する研究
―音楽と身体の動きの関係に見る古典バレエとの比較を中心に―

佐々木　由喜子

A study of plastique animée in Dalcroze-Euthythmics:
Mainly about the difference with Classsical Ballet based on relation between music and physical movement

Yukiko SASAKI

はじめに

　スイスの作曲家エミール・ジャック＝ダルクローズ（Dalcroze, Emile Jaques 1865-1950）は、19世紀後半から20世紀前半にかけて、身体の動きを取り入れた音楽教育法リトミックを創案した。
　したがって、このリトミックは「身体は第一の楽器である」という理念の下、重視されるのは、音楽を心で感受しイメージする「内的聴取力（inner ear）」を培うということである[1]。リトミック教育は、〈音楽の動きと身体の動きを一致させる〉という「plastique animée」の概念に基づいて、音楽を心の内面でより深く認識させ、自己の表現を創造させるという音楽教授法である。その革新的な試みは、音楽教育のみならず、障がい者の教育、モダン・ダンスの発展に大きな影響を与えている[2]。
　J＝ダルクローズは、リトミックを提唱する一方で、音楽が動きの伴奏としてのみ機能している古典バレエを鋭く批判した[3]。J＝ダルクローズが、当時の古典バレエのどのような点に問題を感じていたのかを知ることは、リトミック教育の目指す理念を明らかにする為の一助となると考えられる。
　本研究では、「音楽と身体の動き」の関係に見る古典バレエとの相違を分析しながら、プラスティック・アニメの基本的な考え方を明らかにしていく。尚、本研究で取り上げる「plastique animée」は、複数の翻訳本において「動的造型」「身体造形」「生きた造形術」等と訳されているが、以下、本稿では「プラスティック・アニメ」という用語を用いて論述していく。

1　研究の目的と方法

1.1　研究の目的

　J＝ダルクローズは、『リズムと音楽と教育』内の論文「リトミックとプラスティック・アニメ」において「音楽とプラスティック・アニメの共通要素」[4]を提示し、リトミック教育の基礎をなす

概念、音楽と身体の動きを一致させるというプラスティック・アニメの基本的な考え方を明示している。本研究では、この考え方に基づいて、古典バレエとプラスティック・アニメに見られる「音楽と身体の動き」の相違を分析する。それにより、J＝ダルクローズのイメージしていた方法論と、古典バレエに認められるものとの違いを明確にし、それぞれがどのような発想と目的をもっていたのかを検討する。

1.2 研究の方法

研究対象とする文献として、古典バレエの教授法をまとめた 1934 年初版の *Fundamentals of Classic Dance*（以下　邦題『ワガノワのバレエ・レッスン』）[5] を取り上げる。選定理由としては、第一に、執筆者のアグリッピナ・ヤーコヴレヴナ・ワガノワ（Vaganova, Agrippina Yakovlevna 1879-1951）の、バレリーナ及び指導者として活動した時代が、J＝ダルクローズがリトミックを開発した時代に重なっており、同書が当時の「バレエ」の内容を示すものであると考えられること、第二に古典バレエの指導書として関係文献の中でも非常に重要なものであり、現在にもその影響が強く見られること、第三に J＝ダルクローズの定義する「音楽とプラスティック・アニメの共通要素」を含む論文と同書の執筆年代が近く、更に 20 世紀前半までに執筆されたバレエ教則本は同書以外に見当たらないという[6] という理由による。

J＝ダルクローズは、その論文『リズム・音楽・教育』において、音楽とプラスティック・アニメに関連する指針として、「音楽と現代バレエの共通要素は、唯一『拍子』であり、付け加えて、近似的には、『リズム』である。」[7] と述べ、共通要素として次の項目を挙げている。（表 1 参照）

表 1 に示された共通要素に基づき、『ワガノワのバレエ・レッスン』内の記述内容について、検討してみたい。分析方法は次の通りである。

・音楽との関係性が認められるキーワードを全て抽出する。

表 1　音楽とプラスティック・アニメの共通要素

音楽	プラスティック・アニメ
音の高低	空間における身振りの位置と方向
音の強弱	筋肉の強弱性
音質	（両性の）身体のフォルムの多様性
時価	持続時間
拍子	拍子
リズム性	リズム性
休止	静止
メロディー	個別の動きの次から次への発生
対位法	動きの対位
和音	連動している身振り（またはグループの身振り）の固定
和声進行	連動している身振り（またはグループの身振り）の次から次の発生
フレージング	レージング
構成（形式）	空間と時間の中での動きの配分
オーケストレーション	（両性の）さまざまな身体のフォルムの対位（音質を参照）とコンビネーション

E.J＝ダルクローズ、板野平監修、山本昌男訳『リズムと音楽と教育』全音楽譜出版社（2003）pp.185-186

・キーワードに基づいたリズムや音楽と、要求される動きの種類やリズム、空間の方向などを照らし合わせて分析し、記述内容の分類を試みる。

2 リトミックにおけるプラスティック・アニメ

2.1 リトミックの概要

　J＝ダルクローズは、ジュネーブ音楽院のソルフェージュの教授時代に、音楽教育における演奏技術の偏重や、音楽理論やソルフェージュ、演奏技法が全く個別に教授され関連性を持っていないことにより、音楽的な聴取能力の未発達と、音楽に対する感受と表現力が非常にバランスを欠いた状態であることに強い危惧を抱いた。そして、それらの融合こそが真の音楽教育に必要なものだと考えた。特に、「音を出すこと」以前に「音を聴くこと」「音楽を心の内に感受」することが重要であるとし、音楽的、生理学的、そして心理学的な教育実践を繰り返しながら、音楽教育法リトミックを確立していった。

　リトミックは、その教育内容として「リズム運動」「ソルフェージュ」「即興演奏」の3領域を持つ。この3つの領域は相互に関連し、音楽と身体の動きの融合を通して感覚統合を行いながら、音楽的知覚や表現能力を高め、自動的作用の獲得、自発的意思の向上により、精神と身体の調和・一致を目指すものである。また、「理論は訓練の後に来るべき」という一貫した経験主義の思想に立ち、練習課題の全内容は音楽と身体的な活動に基づいており、「学んだ後、生徒たちが『私は知っています』ではなく、『私は経験しました』といえるようにさせ、さらに、生徒自身が表現したいという欲求を自分の内に生み出す」[9]ことが重要であるとして、数多くの練習課題を提示した。

　関口（2012）によれば、今日では「リトミック」と言えば、J＝ダルクローズのリトミックを意味するが、もともとは「リズム法」を意味する言葉であり、その起源は古代ギリシャまで遡る。ギリシャ時代のリズムは、言語、音、身体運動を包括する法則で、そこに認められる秩序を探究するのがリズム法と拍節法であった。時代が進むにつれ、リズムは単に音楽の時間構成を意味するものとの捉え方が一般的になったが、19世紀、ペスタロッチ主義の音楽教育家であるネーゲリ（Nägeli, Hans Georg 1773-1836）が、リズムと身体運動との関連を指摘した。音楽は運動器官と感覚を発達させるというネーゲリの考え方は、19世紀の音楽教育の中では殆ど顧みられなかったが、J＝ダルクローズのリトミックによって受け継がれ、再び脚光を浴びることになる[10]。

　J＝ダルクローズは、音楽理論上の「リズム」の見解の多くをマティス・リュシィ（Lussy, Mathis 1828-1910）に、更に板野・福嶋（2012）によれば、カール・ビューヒャー（Bücher, karl 1847-1930）の日常の労働におけるリズム思想を背景に持ちながら、リトミックを創案していったと考えられる[11]。

　J＝ダルクローズは、「リズムは、生命、学問、芸術のあらゆる発現の根底にあるもの」[12]であるとし、リズムの意識の獲得の重要性を訴えた。あらゆる随意筋の共働で身体全体を目覚めさせ、感覚機能を高める教育が必要であり、音楽的聴覚のなかでも特に「楽器の助けなしに、思考・記譜・読譜などによって、音楽の感動や印象を呼び起こす能力」[13]である内的聴取力（inner ear）の発達は非常に重要で、音楽の芸術的な表現に欠かせないものとした。

　リズムの法則に基づいた身体全体の神経組織と筋肉組織の教育は、〈動き―感覚―知覚〉の連携

で諸能力の獲得をより強化し、心身の調整能力・精神的集中力・反応能力・反射性・自動性・直観力・記憶力などの諸感覚機能が磨かれていくとした。こうした感覚機能を充分に活用した豊かな音楽的経験が、芸術的な想像力や創造性を高め、ひいては人間形成に資することを目的としていったのである。

また、本質的には個人の経験として体験されるリトミックであるが、集団としてのプラスティック・アニメの表現の手法を介し「オーケストラ化」[14]することによって、社会性や協調性を育みながら個性を伸ばしていくことの意義を訴えた。

2.1 プラスティック・アニメの発想の経緯と定義

20世紀初頭、動きの芸術において「プラスティック」いう概念は珍しいものではなかった。「プラスティック」とは、空間、時間、ダイナミックスに関する研究が最も高度に表面化されたものであり、内的なプラスティックの感受まで高められてこそ、自発的な表現が深まっていくものと考えられていた。当時「プラスティック・ダンス」は、古典舞踊ではなく新しいダンスの概念として扱われ、フランソワ・デルサルト（Delsarte, Francois 1811-1871）の伝統の上に、造形的なプラスティックを運動芸術の手本としてフィギアやポーズで精神の状態を表現しようと試みた[15]。

J＝ダルクローズも自身の教育法を発展させる上で、デルサルトに大きな示唆を受けたものと考えられる。デルサルト法の「身振り表現術」では、各々の身体部分の訓練内容が細かく記され、一つひとつの身振りに意味や感情を投入し、より豊かな表現力を伴うことの重要性を説いている。多賀（1996）は、デルサルト法では「しぐさは『こころの動き、心のムーヴメント』によって生まれてくるものである」ということに着眼し、それを音楽教育に取り入れたリトミックとの本質的な共通点について、「感覚器官としての機能のみではなく、様式、意味、しぐさ、表情を感じ取ることのできる精神・心の動きとしての機能」を挙げている[16]。単なる身体運動の反復練習や反応練習に留まらず、心で感受し身体全身で認識することを重視した点において、リトミックへの大きな影響をみることができる。

リトミックの教育内容における「リズム運動」「ソルフェージュ」「即興演奏」の3領域のうち、プラスティック・アニメは、「リズム運動」に属しており、リトミック教育全体の基礎を支える音楽と動きの概念の一つである。一般的に振り付け法や舞踏術を意味するコレオグラフィ[17]と、視覚的には近似している。しかし、決して形式的な動きや視覚的に見栄えのする動きを要求するのではなく、心で感受した「音楽を極めて自然に翻訳する」[18]という、リトミックの典型的で総括的な手法であり、その点においてコレオグラフィとは大きく一線を隔すものである。

プラスティック・アニメおいては、〈音楽を心の内側で感受〉→〈筋肉感覚の経験を通して知覚〉→〈表出〉→〈視覚的に感受する（観る側）〉という自然な一連の流れを重要とする。つまり、演じる側にとっては音楽の聴取、作品の分析、身体表現という検討の積み重ねであり、それを観る側にとっては、聴覚と視覚によって感受するというものである。

J＝ダルクローズは、絵画や彫刻のような動かない芸術に対して、身体の力を借りて音楽的感情や感情の表現の完成を目指すものとして、「プラスティック・アニメ」と特別に命名し、最も重要な方法であり完全に独自の芸術であるとしている。形式的な形の美しさや、身体的妙技の獲得には何の意味もなく「身体の動きと音楽リズムの統合」[19]がなされた「美学的な欲に全く侵されていな

い感情の姿」[20] こそがプラスティック・アニメの求めるものであるとした。

3 古典バレエとプラスティック・アニメ

3.1 古典バレエにおける「ワガノワ・メソード」について

ワガノワはバレリーナとして活躍した後、引退後はバレエ教師として自らの体験を基に独自の教授法を発達させた。現在のロシア・メソード及び諸国のバレエ界は、それを活用している。1920年より、レニングラード国立バレエ学校〈現在のロシア国立ワガノワ・バレエ・アカデミー〉において教授、学校長を歴任し、1934年に自らの教授法の詳細を『ワガノワのバレエ・レッスン』と題して著した。

ワガノワが古典バレエ教育メソッドを作り上げて行った1920年代は、ソビエト・バレエにとって困難な時期であった。古典作品のレパートリーは非難を浴び、革新者を名乗る勢力によってクラシック舞踏は批判された。踊り手のクラシック舞踏による教育システムの代わりに、「テアフィズトレナージュ［筋力トレーニング］」、体操競技、「エキセントリック」ダンス、「機械」ダンス、「アクロバティック」ダンス等々を使うことが、新しい舞踏としてもてはやされた。

意識的な保守主義、時代遅れ等という非難がバレエ学校に浴びせられる中、全面的な改革を目指し、実習によって厳しく検証された教育システム「ワガノワ・メソード」が編み上げられていった。

3.2 「ワガノワのバレエ・レッスン」の分析に基づく考察

『ワガノワのバレエ・レッスン』(訳・村山久美子　新書館　1996)＜目次＞[21]
  レッスンの構成
  クラシック舞踏の形態
   Ⅰ．基本的概念
   Ⅱ．バットマン
   Ⅲ．ロン・ド・ジャンプ
   Ⅳ．腕
   Ⅴ．クラシック舞踊のポーズ
   Ⅵ．つなぎの補助的動き
   Ⅶ．跳躍
   Ⅷ．ザノースカ（脚を打つパ）
   Ⅸ．ポアント・ワーク
   Ⅹ．トゥール
   Ⅺ．その他の回転
  レッスンの実例
  音楽の構成をつけたレッスン例（楽譜付き）

ここでは『ワガノワのバレエ・レッスン』からキーワードを抽出し個別に考察した内容を基に、音楽的な要素ごとにまとめた検討を行う。以下、表2に特徴的な記述を抽出し、その他については記述でまとめた。

表2 『ワガノワのバレエ・レッスン』に見る特徴的な記述と考察

項目	特徴的な記述	備考
音の高低	腕や脚の上下する動きの指示	音楽の高低と検証してみると、音の動きと合って上下している動きの部分はあるものの、必ずしもそうでない場合もある。
音質	「静か」「柔らかく」	腕の動きに関係する場所でのみに見られた。腕の動きが様々なニュアンスを表現するために重要であることを示している。
音の強弱	アクセント	「床を打つ」というような動きによって生まれるものが殆どである。
時価	「4分音符」「8分音符」「16分音符」「1と2分の1拍」「2分の1拍」「4分の1拍」という表記のみ	例えば「1拍」とされている動きの中にも、いくつかの種類の動きがあり、実際には多様なリズムが内在している。
	「アダージョ」「アレグロ」	「アレグロ」が「アダージョ」に続くセッションを指し、クラシック・バレエのレッスンのパートを意味する。
	細かい動作の指示	音楽に軽さを出す為と思われるスタッカートや、時価の短い音符が使われていて、動きと良く調和している部分が見られる。
拍子	表3参照	
リズム性	「トゥール」に代表されるいくつかのターンを伴う動き	左手の伴奏に細かいリズムが使用され、付点8分音符と16分音符の組み合わせ等、回る勢いの感じられるリズムがある
休止	「休止」	動きでは「休止」となっていても、音が伸びている状態で休符とはなっていない場合がある。
フレージング	一連の流れある動きの指示	動きのまとまりに合う音楽のフレーズ感が感じられる。
構成（形式）	殆どが2部形式。2または4小節のフレーズで構成	同じ動きのパターンを繰り返して、脚を変えたり、方向を変えたりと、構成感のある音楽になっている。

補足

1) 「音楽の構成をつけたレッスン例」のうち、A・グラズーノフとP.チャイコフスキーの作曲した数曲を除き、S・S・プロツカヤの即興曲となっている。S・S・プロツカヤは、ワガノワが動きのコンビネーションを考えたものに対し、動きを支持する伴奏音楽をピアノで即興的に付け、その過程を繰り返しながら、本書に掲載されている楽曲に整えていったものと考えられる。

2) 「音楽の構成をつけたレッスン例」の項に掲載されている全21曲の拍子の内訳

表3 使用音楽の拍子の内訳

拍子	4分の2拍子	4分の4拍子	4分の3拍子	8分の3拍子	8分の6拍子
曲数	7	7	3	2	2

4　全体の考察

3.において検討した音楽的な要素における考察を基に、基準とするJ＝ダルクローズの提示した共通要素の有無を整理し、全体的な考察を深める。

表4は、『ワガノワのバレエ・レッスン』より抽出した、音楽に関係する表記の内容において、共通要素の有無を示したものである。表中の縦軸には共通要素の項目を、横軸には共通要素の有無を3段階で分類し示した。まず、抽出された音楽に関係する表記を、それぞれの項目内において出現回数に対する比率としてまとめ、次に総出現数692に対しての比率を確認し、以下の3分類とした。

確認できる（感じられる）：○　　　どちらとも言えない（どちらの場合もある）：△
全く確認できない（感じられない）：×

表4　分析のまとめ

音楽	プラスティック・アニメ	共通要素の有無	備考（総出現数：692）			
			出現数（※1）	○（※2）	△（※2）	×（※2）
音の高低	空間における身振りの位置と方向	△	19（2.7%）	12（63%）	0（0%）	7（37%）
音の強弱	筋肉の強弱性	△	21（3%）	18（86%）	1（4%）	2（10%）
音質	（両性の）身体のフォルムの多様性	△	14（2%）	11（79%）	1（7%）	2（14%）
時価	持続時間	△	482（69.7%）	421（87%）	60（12%）	1（1%）
拍子	拍子	○	34（4.9%）	34（100%）	0（0%）	0（0%）
リズム性	リズム性	△	39（5.6%）	23（59%）	5（13%）	11（28%）
休止	静止	△	15（2.2%）	10（67%）	2（13%）	3（20%）
メロディー	個別の動きの次から次への発生	△	17（2.5%）	9（53%）	3（18%）	5（29%）
対位法	動きの対位	×	0（0%）	0（0%）	0（0%）	0（0%）
和音	連動している身振り（またはグループの身振り）の固定	×	0（0%）	0（0%）	0（0%）	0（0%）
和声進行	連動している身振り（またはグループの身振り）の次から次の発生	×	0（0%）	0（0%）	0（0%）	0（0%）
フレージング	フレージング	△	39（5.6%）	28（72%）	10（26%）	1（2%）
構成（形式）	空間と時間の中での動きの配分	△	12（1.7%）	3（25%）	9（75%）	0（0%）
オーケストレーション	（両性の）さまざまな身体のフォルムの対位と（音質を参照）コンビネーション	×	0（0%）	0（0%）	0（0%）	0（0%）

表4に基づき、以下に詳細な考察を述べる。
1）共通要素14項目のうち、共通要素として確実に確認できたのは「拍子」のみであった。「拍子」は音楽の拍節をベースにした基礎的かつ重要な項目であり、動きと音楽を同時に進行する上での、最低の条件であるからと考えられる。
2）「音の高低」「音の強弱」「音質」「時価」「リズム」「休止」の6つについては、△という結果になり、常に共通性があるとは言えないものの、全く無関係であるという結果には至らなかった。
3）△のついたもののうち、「メロディ」「フレージング」「構成」については、特に「音楽の構成を付けたレッスン例」という項においてのみ確認できる。このレッスン例は、教本の最後に総合的な練習として設け、楽譜まで付記しているという点を考えても、「構成」という観点が、当時から古典バレエにとっても重要な要素であるということが推測される。しかし、同書に見られるこれらの点は、動きの一連の流れを、なめらかに動くために意図されたものであると考えられ、音楽と動きの双方向の共通要素としては、充分に必然性を確認できるには至らなかった。
4）本編中の頻出度の高い「拍」「速度」については、いずれも「時価」に関連する項目であり、この2つの要素においては一定の合致は確認できたが、一つ一つのリズムの持つ時価に対しての合致は、確認できなかった。
5）共通項目のうち、×となった項目が、「対位法」「和音」「和声進行」「オーケストレーション」の4つであった。この4つの項目は、いずれも音楽的に高度な学習を伴い、細かい音楽的分析を必要とする。このことから、古典バレエでは、音楽を深く表現するというよりは、音楽をあくまでも伴奏として、古典バレエ特有の決められた様々な動きの、テンポや拍子を与え、動きを支えるものとして使用していたと考えられる。

以上の検討を通して、J＝ダルクローズが「音楽と現代バレエ[22]の共通要素は、唯一『拍子』であり、付け加えて、近似的には、『リズム』である。」[23]と述べた点について照合し、その記述内容が正しかったことを確認することができた。

また、プラスティック・アニメでは、まず音楽を心で感受し「音楽を翻訳」する為に自由な身体の動きを用いたのに対して、『ワガノワのバレエ・レッスン』に見る古典バレエでは、伝統的に決められた動きを正確に動くための「動きのテクニック」が優位とされ、音楽はその動きを支える伴奏として終始している点で、両者には大きな相違を見出すことができた。この点について、J＝ダルクローズは次のように述べている。「バレエにおいては、音の動きは身体の動きに相伴して展開されるにとどまり、音楽の役割は付随的なもので、協力者としての役目をはたしていないのである。」[24]

ワガノワが舞踊芸術に対しては動きの視覚的な指示が必要であり、紙面上で伝えることの限界について触れている[25]。本分析も、同じ限界を内包したと言えるだろう。しかし、ここでの検討を通して、古典バレエの核になる要素とJ＝ダルクローズのプラスティック・アニメとの相違点を明確にし、「音楽と身体の動き」に対する根本的な考え方の違いを導き出すことができたのではないかと考える。

5　プラスティック・アニメの意義と活用

　音楽の動きと身体の動きを一致させるというプラスティック・アニメの手法は、様々な分野で応用されていくであろう可能性を含んでいる。
　現在の日本においてリトミックは、幼児教育から音楽家養成まで、また生涯教育としても幅広く普及し、体育や特殊教育といった分野にも取り入れられている。特に幼児教育においては、「リトミック」や「プラスティック・アニメ」という言葉では認知されていない場合も含めて、表現教育の一環として深く根付いてきている。幼稚園教育要領の領域「表現」にも見られるように、身体性の強い幼児期の発達の特徴を考えると、心と身体のバランスを育てながら「感性を育む」ものとしてその意義は大きいといえるだろう。
　また日本の学校教育においても、文部科学省が学習指導要領（2008）[26]において、指揮、舞踏と並んで、形式に囚われない自由な身体的表現活動を取り入れた音楽活動の実践を打ち出してきている。これらは、表現領域すなわち歌唱、器楽、創作における学習を充実させるために、創意工夫の過程で効果的に取り入れられることが期待されている。
　また、J＝ダルクローズは、早い段階から健常者の教育の延長において「リトミックと治療」の可能性に気付き、特に盲人教育に対しては、その成果を論文にもまとめている。
　感覚の再教育の必要な障がい者に、視覚や聴覚の欠陥を補う空間感覚、触知感覚、聴覚能力の発達を、音楽と筋肉感覚を関連づけた様々な課題で体験させた。失われた感覚の統合を図り補うことで生活の質を向上させ、ひいては精神的な安定と自立性を高めていこうとした試みである。板野（2012）は、「J＝ダルクローズによる視覚障害者教育は、対象の性質やニーズに細かい配慮がなされている点、『時間・空間・力』の要素のうち空間に重点をおいて構成されている点、論理的な考察が加えられたうえで具体的な練習が示されている点などがその特徴である」[27]と指摘する。
　フロスティッグ（Frostig,Marianne 1906-1985）の開発したムーブメント教育・療法における、「創造的ムーブメント」や、音楽とムーブメントを結びつけた「音楽ムーブメント」、「精神運動教育プログラム」にJ＝ダルクローズの影響が強く見られる[28]。自由で創造的な運動は、身体意識を高め周りの空間と自分の身体の関係を知覚させるものとして、また、聴知覚を活用した運動は、運動感覚や視知覚との同時的統合を促進するものとして、それらの効果は非常に重要かつ絶大であるとされ、音楽療法を中心とする療育や治療の分野に多くの提言や示唆を与えてきた[29]。
　一方、モダン・ダンスにおいては、古典バレエのステップやポジションに拘束されない自由な振り付けにより、新しい舞踊を模索していたイサドラ・ダンカン（Duncan,Isadora 1878-1927）が注目を浴びた。が、J＝ダルクローズは彼女の芸術家としての功績は強調しながらも、より音楽的理解の上に生れる動きの重要性を説いた。舞台演出家アドルフ・アピア（Appia, Adolphe 1862-1928）の協力の元に発表したプラスティック・アニメの作品は、当時の新進気鋭の舞踊家達に大きな影響を与えていくことになる。J＝ダルクローズが活躍した時代は、ダンカンを始めとする複数のダンサーが、新しい試みを通しそれぞれ独自の理論や主張を展開し始めた時代でもあり、舞台芸術にとって革命的な時代であったといえるのではないだろうか。
　浅倉（2004）は、20世紀を代表するバレエの振付家であるバランシン（Balanchine,George 1904-

1983）の作品分析を行い、プラスティック・アニメの影響が強いことを指摘した[30]。バランシン作品には、古典バレエには見られないような音楽と身体の動きの調和が確認され、音楽と動きが密接に関係し合う新しい時代のダンスを感じることができる。こうして舞台芸術としてのプラスティック・アニメは、その影響を受けた人材を次々と輩出しながら、確実にモダン・ダンスの成長と発展を支えていったと考えられる。

おわりに

18世紀から19世紀にかけて起こった産業の大変革に伴い、社会構造も大きく変化した。時代的変化に伴って市民レベルでの意識改革も進み、それまでの封建・絶対主義からの解放と、自立した自我を持つ個人の集まりとしての市民社会の形成は、様々な思想や新しい表現活動を育む素地を育てていった。そのような時代背景の中で、それまでの伝統的な音楽教育の枠に収まりきらない、音楽の動きと身体の動きを一致させるというJ＝ダルクローズの革新的なアイディアは、弛まぬ研鑽と実践の繰り返しの中でその世界を広げながら、やがて人間の本質的なものを呼び覚まし育てるという、人間教育としての可能性をも発展させてきた。

画一化された動き優位の表現ではなく、あくまでも音楽を心の内面で感受した上で、より深い音楽理解を核とするのがプラスティック・アニメであると言える。J＝ダルクローズのこの理念は、人間本来の持つ「感覚」を高める手法として、すでに様々な分野に応用され、また今後も益々その効果を広げる大きな可能性を秘めている。それは音楽の特定の専門家や愛好者のみならず、市民レベルの感性を育てる感覚の教育に、また音楽療法、生涯教育へと多くの示唆を与えていくであろう。

価値観の多様化した現代において、個人個人の持つ個性を大切にしながらも、調和していくことの重要性が叫ばれているが、リトミック教育の持つ特性は充分にその一助となると考えられる。今後も、他の教育理念や方法論との比較分析を通して、リトミックの教育的意義やその特性を深く追求していくことで、J＝ダルクローズの理念を踏襲する質の高い実践研究に繋がっていくことを目指し、引き続き研究を続けていきたいと考えている。

注
1) E.J＝ダルクローズ、板野平監修、山本昌男訳『リズムと音楽と教育』全音楽譜出版社（2003）p.1
2) 鈴木晶編著『バレエとダンスの歴史　欧米劇場舞踊史』平凡社（2012）p.193
3) E.J＝ダルクローズ、板野平監修、山本昌男訳、前掲書（2003）p.187
4) E.J＝ダルクローズ、板野平監修、山本昌男訳、前掲書（2003）pp.185-186
5) アグリッピナ・ワガノワ，村山久美子訳『ワガノワのバレエ・レッスン』新書館（1996）
6) 渡辺真弓『世界のバレエ学校―誕生から300年の歴史』新国立劇場運営財団情報センター（2014）
7) E.J＝ダルクローズ、板野平監修、山本昌男訳、前掲書（2003）p.185
8) E.J＝ダルクローズ、板野平監修、山本昌男訳、前掲書（2003）pp.185-186
9) E.J＝ダルクローズ、板野平監修、山本昌男訳、前掲書（2003）p.77
10) 日本ダルクローズ音楽教育学会第12回研究大会（2012,11,23）において、パネルディスカッションⅡ「ジャック＝ダルクローズのリズム論」をテーマに、関口博子氏司会、福嶋省吾氏、板野和彦氏、今田口匡彦氏により検討がなされている。
11) 日本ダルクローズ音楽教育学会第12回研究大会（2012,11,23）、パネルディスカッションⅡ
12) E.J＝ダルクローズ、板野平監修、山本昌男訳、前掲書（2003）p.119
13) L.チェクシー他，板野和彦訳『音楽教育メソード比較』全音楽譜出版社（1994）p.57

14) E.J＝ダルクローズ、板野平監修、山本昌男訳、前掲書（2003）p.xii
15) R.リング他,河口道朗他訳『リトミック事典』開成出版（2006）p.216
16) 多賀仁美『J＝ダルクローズとデルサルト式「身振り表現術」の関わりについての一考察—gestureを軸として—』ダルクローズ音楽教育研究（1996）第21号 pp.13-26
17) Choreography（英）一般的にバレエやダンスに用いられる言葉であって（中略）ギリシャ語 khoreia に根を持つ言葉で、元々 Choral Dance のことを意味した。〈馬淵明彦,ダルクローズ音楽教育研究（1998）第23号 p.30〉
18) E.J＝ダルクローズ、板野平監修、山本昌男訳、前掲書（2003）p.183
19) E.J＝ダルクローズ、板野平監修、山本昌男訳、前掲書（2003）p.166
20) E.J＝ダルクローズ、板野平監修、山本昌男訳、前掲書（2003）p.182
21) アグリッピナ・ワガノワ,村山久美子訳『ワガノワのバレエ・レッスン』新書館（1996）
22) ここで述べられた「現代バレエ」は、論文の執筆された1919年当時のバレエであり、現代においては「古典バレエ」のことと考えられる。
23) E.J＝ダルクローズ、板野平監修、山本昌男訳、前掲書（2003）p.185
24) E.J＝ダルクローズ、板野平監修、山本昌男訳、前掲書（2003）p.187
25) アグリッピナ・ワガノワ,村山久美子訳、前掲書、新書館（1996）p.37
26) 文部科学省『中学校学習指導要領解説音楽編』（2008）
http://www.mext.go.jp/component/a.../1234912_007.pdf（2010年10月2日）
27) 板野和彦『ジャック＝ダルクローズによる視覚障害者教育の目的と方法についての研究』（2012）日本ダルクローズ音楽教育学会第45回研究例会個人研究発表
28) マリアンヌ・フロスティッグ,小林芳文訳『フロスティッグのムーブメント教育・療法 理論と実際』日本文化科学社（2007）p.126
29) マリアンヌ・フロスティッグ,小林芳文訳、前掲書（2007）p.61
30) 浅倉恵子『プラスティーク・アニメとして見たバランシンによる音楽の視覚化—バレエ＜ロベルト・シューマンのダヴィッド同盟舞曲集＞の分析を通して—』日本ダルクローズ音楽教育研究（2004）第29号 pp.11-22

参考文献・DVD

バランシン DVD『Balanchine As seen on Public Television』KULTUR
カール・ビュヒャー,高山洋吉訳『作業歌＜労働とリズム＞』西田書店（1970）
デブラ・クレイン他,鈴木晶監訳『オックスフォード バレエダンス事典』（2010）
グレッチェン・ワーレン,谷桃子監訳『クラシックバレエテクニック』大修館書店（2008）
海野弘『モダンダンスの歴史』新書館（1999）
山名淳『夢幻のドイツ田園都市 教育共同体ヘレラウの挑戦』ミネルヴァ書房（2006）
ワガノワ・バレエ・アカデミー監修 DVD『ワガノワ・メソッド 動くバレエ用語集』ワガノワ・バレエ・アカデミー（2010）

（本稿は明星大学通信制大学院人文学研究科教育学専攻の修士論文の一部を加筆修正したものである。）

リトミック教育に関する理論的考察
―音楽的感情と隠喩のプロセスに注目して―

塩　原　麻　里

An Investigation of Musical Feelings and
Metaphorical Processes in Dalcroze Eurhythmics

Mari SHIOBARA

1　はじめに

　リトミック教育の創始者であるスイスの作曲家、エミール・ジャック＝ダルクローズは、生涯を通して数多くの著作を執筆している[1]。その中でも、彼の音楽教育理論とその方法論について、いくつかの事項に関して書かれた独立した論文が、それぞれ13の章に時間軸によって編集された『Le rythme, la musique et l'éducation』（ジャック＝ダルクローズ、1920/1965）は、リトミック教育に携わる者にとって、その研究と実践の拠り所となる重要な文献である[2]。

　ジャック＝ダルクローズはジュネーヴ音楽院で和声学を教えていたときに、学生たちの多くが聴音の課題で和音を聴き取ることができないことを知り、聴覚を鍛えることの重要性について考察したことを、論文集の序の部分で述べている（ジャック＝ダルクローズ、2003、p. viii）[3]。彼は、聴く力を伸ばすことを目的としたいくつかの実験を経て、聴音能力は感覚が新鮮で好奇心が豊かな子どものときに、適切な訓練によって急速に発達することに気付いたという。さらに聴音能力は正常に発達していても、リズム感が乏しいために音楽的な成長が遅れてしまう生徒たちがいることから、「…本来リズミカルな性質のものである音楽的感覚は、からだ全体の筋肉と神経の働きにより高まるものである…」と考えるに至った。そして、生徒たちに行進と停止の練習を課して「…耳で聴く音楽リズムに身体的に反応することに慣れさせていった」（ジャック＝ダルクローズ、2003、p.ix）ことが、リトミック教育の始まりであったとジャック＝ダルクローズは語っている。その後、リトミック教育をさらに発展させていく過程で、音楽的なリズム感を身に付けるために必要とされる、さまざまな身体・運動感覚が、約80％の子どもたちにおいて不完全であることが明らかになったという。彼は、「音楽的な非リズム性は、全般的な非リズム性の結果なのであり、これを治す方法は、全部品をもう一度造りかえる特別な教育、神経反応を整備し、筋肉と神経を整合させ、精神と身体を調和させることを目指した特別な教育しかないと…」（ジャック＝ダルクローズ、2003、p.ix）考え、リトミック教育の体系化を目指したことが、この論文集の序章に明記されている。

　前述したジャック＝ダルクローズの論文集について、1898年から1919年までに書かれた内容を、順を追って読み進めていくと、リトミック教育成立と成熟に関して、3つの展開と考えられる過程

が明らかになってくる。第1の展開は、音楽家を養成する過程で発見した、聴覚を鍛えることの重要性に基づき、将来音楽家を目指す子ども達のためのものを含めた、音楽教育システムの在り方を模索しながら、独自の教育活動を展開した時期に起こったものである。論文集の第1章「音楽の学習と聴音教育」と第2章「学校音楽教育改革論」が、この時期の彼の考え方を顕著に表明している。第2の展開は、第3章「リズムへの手引き」で論じられているように、音楽リズムに身体全体を使って反応することによって、音楽的感覚を研ぎ澄ましていくことを目的とした、リトミック教育の方法論を探究する時期に始まる。そして、第3の展開は、学習者の全般的な非リズム性を克服させるため、彼のことばを借りれば、「精神と身体を調和させることを目指した特別な教育」としての、リトミックを完成させる時期である。1915年に書かれた第7章「学校、音楽、喜び」は、リトミック教育が音楽教育としての域を超えて、人間教育にいかに貢献することができるのか、というところまで論考が進められている。これに続く第8章以降は、演劇や舞踊といった芸術分野とリトミック教育の関連が探究されるようになる。その中でも第10章「舞踊の復権」や第11章「リトミックと身体造形」では、ジャック＝ダルクローズが考案したプラスティック・アニメ plastique vivante, plastique animée と名付けられた、音楽と身体造形を融合させた、当時注目された新しい芸術について論じられている。この身体芸術は、リトミックをパフォーマンス[4]として表現する際になくてはならないものとなっただけでなく、後のバレエや舞踊の発展にも影響を与えたとされている（リング、R.とシュタインマン、B., 2006, pp.216-218）。

　以上に概観したリトミック教育の展開は、常にそれ以前の展開による発展の成果を基礎として、層のように積み重なって成り立っていると考えることが重要であろう。層のように考えることによって、基本となる第1の展開が、常にリトミック教育の根幹になければならないことを確認することができるからである。一つの例を挙げると、単に音楽の伴奏が付いたリズム活動や、身体を使ったうた遊びを、リトミックと誤解してしまうことがある。これは目に見える活動の外面のみに注目した結果としてよく起こることである。このような活動がリトミック教育として活用される可能性は十分あるものの、リトミック活動の基本は、第1と第2の展開がその根底にあることであり、音楽と動きが一緒になった活動が全てリトミックなのではない。一見リトミックのように見える活動が、全般的な非リズム性を克服する真のリトミックとなるためには、まずジャック＝ダルクローズが、音楽教育において、音楽的な聴覚を育てることの重要性を主張したことに、留意する必要があるのである。そして、音楽リズムに身体全体を使って反応することで音楽的感覚が鍛えられる、とジャック＝ダルクローズが考えた、第1と第2の展開の過程を十分理解した上で、第3のさらなる展開としての活動内容が成り立つ必要があるからである。常に音楽的な聴覚を育てることを中心に置きながら、身体全体の神経システムを鍛えることによって音楽的感覚を研ぎ澄ましていくことが、リトミックの基本であるということが、ジャック＝ダルクローズの論文集の序の部分から読み取れるのである。

　前述の内容を踏まえて、本論文はジャック＝ダルクローズの音楽教育論に関して、その最も基本的で重要な第1の展開から第2の展開にかけての理論的背景と、第3の展開へ向けての流れについて、前述した彼の論文集における記述をもとに、今日的な関連分野の知見として、認知過程における隠喩の役割に関する研究を踏まえながら、考察することを目的としている。

2　内なる耳と音楽的感情

　リトミック教育のまず第1の展開に関して、ジャック＝ダルクローズは、「すぐれた音楽教育法というものはすべて、音を出すことと同じく、音を「聴くこと」の上に築かれねばならない」そして、「子どもたちが、音がどこから始まるのかをはっきりと学びとるのは、思考の努力によってである。したがって、思考力を刺激し、方向づけてやらねばならない」（ジャック＝ダルクローズ、2003、pp.32-33）と述べ、その根本的な役割を聴音教育の視点から考察している。ジャック＝ダルクローズが考案した聴音教育は、現在、音楽大学などの入学試験に行われているような、ピアノで弾かれた単一のメロディーや伴奏つきのメロディーを、五線譜に書き取ることに習熟させるための訓練とは一味違っていた。彼が注目したのはこのような学習活動を可能にする、あるいは実現するために、音楽学習者が備えていなければならない、音を聴きとる能力の育成であったからである。そのような能力を備えていれば先に述べたような聴音活動も効果が上がるのだろうが、その能力が身に付いていなければ、段階を追って複雑に難しくなる書き取り聴音に、最後まで付いていける生徒は数えるほどになってしまうだろう。ジャック＝ダルクローズが、和声学を学ぶ学生たちが、記譜しようとする和音を耳で聴き取る力を見に付けていないことをみて、「内なる耳で先行的にその響きを聴きとれなければ、正しい和声進行を譜に書くことは不可能である」（ジャック＝ダルクローズ、2003、p.2）と述べているとおりである。聴音活動においては、聴きとった響きを内なる耳で確認しながら譜に書くという、前述の和声の課題とは逆の工程が起こっているのであるが、内なる耳が弱いためにそれがうまくいかないのである。ここでキーワードとして提示されている「内なる耳」とは、頭の中に記憶されている音の響きや特徴と直結している耳であり、その響きのイメージを先へ先へと聴き取りながら確認することができる、音楽的な聴覚といえるであろう。

　ジャック＝ダルクローズはこの「内なる耳 une oreille intérieure、an inner ear」を、「内的聴取 l'audition intérieure、inner hearing」能力、あるいは「内的聴覚」[5]と同様のものとして考えていた。そして、この「…内的聴覚の教育が達成できるのは、感覚によってのみである…」（ジャック＝ダルクローズ、2003、p.66）と確信したのである。そして、「音楽の知的聴取への準備」（ジャック＝ダルクローズ、2003、p.35）としての、「…音高を認識し、音程を正しくつかみ、和声の理解を深め、和音を構成するさまざまな音を弁別し、多音音楽の対位法構図についていき、調を区別し、聴覚と発声感覚の相互関係を分析し、聴覚の受容力を伸ばし、さらに　―神経組織訓練のための新しい体操を利用して―　全身の機能を使って脳、耳、喉の間に内なる耳とでも称するべきものをつくり上げるのに必要な回路を創り出すことを目的とした訓練…」である、リトミック教育の方法論の確立をめざしたのである（ジャック＝ダルクローズ、2003、p.3）。リトミック教育の第1の展開である音楽的な聴覚の育成を目的としたものから第2の展開へ、すなわち身体全体の神経システムを鍛えながら、その聴覚の音楽的感覚をさらに研ぎ澄ましていくことへ、リトミック教育が層となって深められていったことが分かる。

　しかしながら、ここで注意しなければならないのは、前述したリトミック音楽教育の定義ともいえる引用部分の直前に、無視することのできない重要な内容が示されていることである。「私たちの心の中に音楽的感情のハーモニーを呼び覚ます感覚の音階を、そのあらゆるニュアンスを含めて、

さまざまに変化させ、色合いをつけ、組み合わせることを全く無視して音楽を教えるなどということはナンセンスではなかろうか。現実の音楽教育において、音楽家を音楽家らしくする主要な特徴をまったく無視するなどということはできるわけがない。そのために…」(ジャック＝ダルクローズ、2003、pp.3-4) という逆説的な文章を前置きとして、前述の引用の文章が始まっていることである。ジャック＝ダルクローズは、「内なる耳」についてただ単純に、聴覚が鋭くいろいろな音とその組み合わせを識別できる耳とは考えていなかった。それは何よりも、私たちの心の中に音楽的感情のハーモニーを呼び覚ます耳であることが、前提とならなければならないと主張しているのである。そして、彼は「…音楽的に優れた耳をもっていることを保証するには、音を認識したり、区別したりできる能力をもっているというだけでは不十分である。その上に、外の音を聴く感覚が、意識と情感という心の状態を生み出すことが必要である」(ジャック＝ダルクローズ、2003、p.57) と結論づけている。

　ジャック＝ダルクローズが内なる耳に求めた、音楽的感情のハーモニーを呼び覚ます意識と情感という心の状態は、いったいどのようなものを意味しているのだろうか。彼は当時のスイスの学校音楽教育を批判した文章の中に、そのことを次のように示唆している。「彼ら（児童の）6)の感性や心情に、音楽への真の愛好を孵化させようとはせず、音楽を彼らにとって生きたものにしようともしない。彼らに教えるのは音楽の外面であって、音楽の情感的な、真に教育的な内実ではない。」(ジャック＝ダルクローズ、2003、p.22) そのために、「耳（内なる）7)は、音の強さ、強弱変化、音の連なりの緩急、音色などのさまざまな度合い、要するに、音楽の色合いとよばれる音の表現的性質を構成するすべての要素のさまざまな度合いを感得できなければならないのである。私の考えでは、この（表現的）性質こそ、子どものもって生まれたものの中で、子どもの音楽上の将来を占う上で最も重要…」(ジャック＝ダルクローズ、2003、pp.57-58) と語っている。そして、「何度くり返してもいいすぎではない大切なこと」と前置きをして、「…子どもが音楽を心に感じとり、喜び迎え、音楽において心と体が合一すること　―耳でしっかり聴くばかりでなく、自分の全存在で聴き入ること」(ジャック＝ダルクローズ、2003、p.59) がいかに重要であるかということを力説するのである。ジャック＝ダルクローズの文章は、前述の逆説的な引用部分からも明らかなように、しばしば批判を伴った否定形で書かれており、注意して読みとらないとその内容の重要さを見落としてしまうことがある。しかしながらここで明確に示されていることは、ジャック＝ダルクローズは、音楽的感情とは人が音の表現的性質を構成するすべての要素のさまざまな度合いを知覚し、そのことによって音楽が彼らにとって生き生きと感じられるものとなり、音楽を喜んで自分の感覚によって受け入れることで、彼らの心と身体が音楽において合一する状態を生み出す感情、と定義していることである。

3　音楽的感情とリズムの表象

　ジャック＝ダルクローズは、「リズムは、ディナミズム同様、全面的に動きに基づくものであり、その最も完成された手本は、私たちの筋肉組織の中に見出せる。時間に関するあらゆるニュアンス…エネルギーに関するあらゆるニュアンス…を、私たちは私たちの身体で演じて見せることができる…」と述べている。そして、「…音楽的感情の鋭敏さというのは、身体感覚の鋭敏さに左右され

るのである」（ジャック＝ダルクローズ、2003、p.73）と結論づけている。さらに彼は、この理論を発展させて以下のように説明している。「筋肉組織はリズムを知覚する。毎日くり返される経験のおかげで、筋肉の記憶がつくり出され、リズムの鮮明で、確実な表象が定まる。耳はリズムを知覚する。毎日くり返される経験のおかげで、音の記憶がつくり出され、判断はシャープになり、個人としての批判力が養われる。実際、聴取している当人は、音のリズムの知覚をその表象と比べてみることさえしているのである。」（ジャック＝ダルクローズ、2003、p.45）この内容を、ジャック＝ダルクローズが「…本来リズミカルな性質のものである音楽的感覚は、からだ全体の筋肉と神経の働きにより高まるものである…」（ジャック＝ダルクローズ、2003、p.ix）と考えていたことと照らし合わせれば、音楽の中のリズムの要素だけを取り出して、このような論議を展開しているのではないことは明らかである。つまり、ジャック＝ダルクローズは、音楽の本質はリズム、と捉えた上で、音楽的感情の鋭敏さは身体感覚の鋭敏さに左右される、と結論づけているのである。

さらにジャック＝ダルクローズは、「…ひとたび、リズムの意識が形成されてしまえば、動く経験により、リズム行動のリズム表象への、逆にリズム表象のリズム行動への、相互の影響が絶えず発生する…リズムの表象、すなわちリズム行為を反映するイメージは、私たちの全筋肉の中で息づいている」（ジャック＝ダルクローズ、2003、p. 49-50）と説明する。ここで使われている「表象」ということばは、フランス語原典版の représentation、英語版の representaion を訳したものである[8]。哲学、心理学、認知科学、あるいは人類学などの分野で、専門用語としてさまざまな意味と意図を持って使われている「表象」についての論議からは距離を置き、あくまでその動詞形である représenter と represent を訳すことでその意味を探ると、〜を心に描く、〜を想像する（image）、〜を思い浮かべる（recall）ということが明らかになり[9]、上記のジャック＝ダルクローズの語る「リズムの表象、すなわちリズム行為を反映するイメージ」という考え方が見えてくるのである。

ジャック＝ダルクローズが、音楽的感情の鋭敏さが身体感覚の鋭敏さに左右される、と述べていることは、このリズムの表象、すなわち、リズム行為を反映するイメージの鋭敏さに、音楽的感情が左右されること、を意味しているのである。彼は、リズムの表象を、リズムの単なる印象をイメージ化したもの、あるいはリズムの抽象的なイメージに触発された具体的な何かをイメージすること、とは考えていなかった。彼はリズムの表象を、動きや行為を伴わない静止したイメージとしてではなく、リズム行為そのものを反映するイメージ、と定義していたからである。ジャック＝ダルクローズは、リトミック教育を通して、音楽と共に動くことで強化される、生き生きとした身体によるリズム行為のイメージを、筋肉感覚とそれを司る神経システムに生み出そうとしていたことが理解できる。

4　音楽とニュアンス

筋肉感覚と神経システムに生み出された、リズム行為そのもののイメージであるリズムの表象が、音楽的感情の鋭敏さを左右すると、ジャック＝ダルクローズが考えていたことは既に述べた。そして、第2項で考察したように、このリズムの表象を豊かに備えた内なる耳の育成をとおして、子どもたちの音楽的感情がさらに研ぎ澄まされて、音楽が彼らにとって生き生きと感じられるものとなり、彼らの心と身体が音楽において合致する状態を生み出すことが、ジャック＝ダルクローズの考

案したリトミック教育の理論的基盤であることが明らかになった。

　子どもたちにとって音楽が生き生きと感じられる、ということは、音楽が彼らの生活そのものに根ざしたものとなることを意味している。そしてジャック＝ダルクローズが音楽経験において、何よりも大切にしていた音楽的感情とは、その音楽のもつ特徴的な表現の中に自分自身の感情を投影することができる感情である。そして、子どもが自分の身体を通して音楽と一体となったときに、あたかも自分の中からその音楽が自然に湧きあがってきて、自分の身体が「感情をじかに表現する楽器」（ジャック＝ダルクローズ、2003、p.5）になったかのように錯覚する、そのような深く個人的な意識と情感を兼ね備えた感情でもある。興味深いのは、ジャック＝ダルクローズがこのような自分と音楽との一体感の根拠について、音楽表現の法則、それ自体が「…人体そのものの中にその源泉をもつものではないのだろうか。私たちの肉体的生命の自然なニュアンスの観察から生まれたものではないだろうか」（ジャック＝ダルクローズ、2003、p.67）と語っていることである。

　音楽用語として使用される「ニュアンス」には、強弱、速度、タッチ、楽句（節）などの微妙な相違、変化、という意味があり[10]、英語の nuance の意味は、「（色彩・意味などの）微妙な差異、あや、陰影…」である。語源であるフランス語の nuance は「… nuer（くもらす）＋-ance ＝微妙な陰影を与えること」を意味している[11]。音楽とは、私たちの肉体的生命の自然なニュアンス[12]、言い換えれば、私たちが生活の中で自分の肉体で経験する全てのことにまつわる身体感覚や情感の移り変わり、その微妙に揺れ動き常に変化する、ことばにはならなくとも自分ではっきり、あるいはぼんやりと自覚することのできる意識の全て、あるいは無意識のうちにある混沌としたものも含めたニュアンス、そういったものの観察から生まれた芸術であると、ジャック＝ダルクローズは考えていたのである。観察されたものがその音の中に表現されていることは明らかであり、人間の肉体的生命の自然なニュアンスは、必然的にその音楽のニュアンスとなって表現されていると彼は考えたのである。ジャック＝ダルクローズが音楽を、人間の肉体的生命の自然なニュアンス、つまり人間が身体をとおして経験することの全てのニュアンスを、音の中に隠喩（メタファー metaphor）として内在させている芸術、と考えていたことが次第に明らかになってくるのである。

5　隠喩としての音楽、隠喩としての身体の動き

　隠喩は、あるものを別のものにたとえる語法一般を指しており、たとえを用いながらも、表面的にはそれ（「～のようだ」等）を出さない方法であり、あるものを表すのにこれと属性の類似するもので代置する技法である。[13] 英語 metaphor をそのままカタカナ読みでメタファー、と表現することも多く、ギリシャ語の語源 metaphorá は、～を移動させる、～を持っていく、～を変化させる、～を改造する、等の意味を持つ。[14]

　ジャック＝ダルクローズが示唆する、音楽と人間の身体や動きを通した経験との関連から生まれる隠喩の働きについては、両者に共通すると考えられる、緊張 tension と運動 motion、という概念を中心に分析された、アメリカの音楽学者ファーグソン D. N. Ferguson の『Music as Metaphor』（1960）がよく知られている。最近では、スピツァー M. Spitzer（2004）やズビコウスキー L.M. Zbikowski（2008）、音楽療法に関連させたボンデ L.O. Bonde（2000, 2010）らの研究があるが、これらの研究は1980年代に言語学者のレイコフ G. Lakoff と哲学者のジョンソン M. Johnson が提唱

し、認知科学の多岐の分野にわたって影響を与えている、概念メタファー（conceptual metaphor）の理論に関連付けられている。

　レイコフとジョンソンは、主に言語学における修辞法の一つとして取り上げられてきた隠喩（メタファー）について、その考え方を拡大して人の毎日の生活の中に溢れているもの、そして私たちの思考や行動の中に常に存在するものと考えたのである。「私たちが考え、行動する、という意味での日常における概念のシステムは、その本質に隠喩的な性質を持っている」（Lakoff and Jhonson、1980、p.3）[15]と述べたうえで、私たちは思考する際に、人間の肉体感覚に根ざした概念領域をたとえとして、感情領域や社会的な概念領域はもとより、抽象的な概念領域にいたるまで理解しているのではないか、という仮説を立てたのである。たとえば、感情領域では「舞い上がるような気持ち」「気分が落ち込む」というような表現があり、社会的な概念領域では「課長に昇任する」「一文無しに落ちぶれた」など、いずれも上へ昇ったり、下に落ちたり、という身体感覚が隠喩として使われている。善悪など抽象的な領域に関わる隠喩にしても「高い道徳感」「地獄に落ちる」など、同じことがいえると共に、「希望をもって前へ進む」「この辺で引き下がった方がよい」など、前や後ろに動く感覚、「心の重荷」「気分が軽くなった」など重さに関する隠喩もある。レイコフとジョンソンは隠喩のシステムが機能するためには、その肉体感覚が育まれる文化的背景が影響することを指摘した上で、身体による経験や体験があって初めて成り立つものであることを強調している。そして、私たちが考えて行動する、行動して考えるというように、行動と思考のプロセスは常に一体となっていて、両者を切り離すことはできない、ということを主張し、身体化された知性と心（embodied mind）[16]の概念を提示している。

　音楽においても、レイコフとジョンソンが提唱する人間の肉体感覚に根ざした概念領域をたとえにした理解は、ごく頻繁に起こっている。例えば楽語のクレッシェンドは、背丈が伸びる、成長する、大きくなる、等の意味を持つ crescere に、〜しながらの意味を持つ接尾語 endo がついたイタリア語であり、身体の動きで表現してその感じ方を理解することができる[17]。このようにことばの意味を考えるまでもなく、音楽にクレッシェンドの次第に強くなっていくというニュアンスが込められているのを認知したときに、私たちはその様子を、少しずつ伸び上がっていったり、腕の動きを段々と大きくしていったりする身体表現によって、ことばの媒介なしにその様子を演じることが可能である。そして、そのような身体表現をしながら、私たちの心の中にはその音楽がクレッシェンドで表現されていることで示している感情、たとえば、伸び上がることで感じる希望に満ちた高揚感、あるいは段々と拡げていく腕と腕の間に解放感が広がっていく、など、個人によって様々な解釈があると同時に、集団においても共通理解することができるような感情が、呼び覚まされるのである。それは、ジャック＝ダルクローズが考えたように、音楽には人間の肉体的生命の自然なニュアンスが隠喩として存在しているためである。私たちがその音楽と共に動きながら、自分の身体でそのニュアンスを隠喩として表現するとき、その活動そのものが、リズム行為のイメージであるリズムの表象を活発化させて、私たちの意識の中に音楽的感情として立ち現われてくるからである。

　このように考えていくと、ジャック＝ダルクローズのリトミック教育においては、音楽を人間の身体を通した様々な経験を音で隠喩している芸術と考えること、そして身体を楽器のようにしてその音楽の隠喩が意味すると思われることを、再び人間の身体感覚にもどして探求し、理解する、という二重構造の隠喩のプロセスが常に存在していることになる。この二重構造の隠喩のプロセスは、

私たちの筋肉組織や神経システムの中に強化されていくリズムの表象によって、音楽における特徴表現を即座に音楽的感情と結び付け、同時にリズムの表象によって呼び覚まされた音楽的感情が、即座に音楽における特徴表現との整合性を探り出す、という循環する音楽行動モデルとも呼ぶべきものを生み出していく。レイコフとジョンソンは、私たちが日常において考え、行動する、という認知システムそれ自体が、人間の肉体感覚に根ざした概念領域を隠喩することで成り立っている、と考えていたことは既に述べた。彼らが「身体化された知性と心」と呼んだ知的体系そのものが、リトミック教育においても「身体化された音楽の知性と心（embodied musical mind）」を育てる体系として機能していること、そしてそのことにより、音楽の知的理解においても重要な役割を担っていると考えることができるのである。この二重構造の隠喩のプロセスに基づいた、音楽的感情に伴われた音楽の知的理解が、レイコフとジョンソンの主張する概念メタファーの知的体系に含まれていると理解することで、リトミック教育の第3の展開、つまり人間教育としてのリトミック教育へ、という道筋が見えてくるのである。

6　リトミックにおける二重構造の隠喩と実践への示唆

　リトミック教育の理論における二重構造の隠喩のプロセス、つまり、音楽における動きの隠喩と音楽の身体表現による隠喩という、2つのプロセスを重ね合わせて考えることが、リトミック活動の実践においてその内容を吟味する際の指針の役割を果たす。その活動がリトミック教育の真髄に関わる活動であるのか、それともリトミックの周辺領域に関わる活動なのか、あるいはリトミックのように見える活動なのか、を見抜くことが可能になるのである。これらの種々の音楽と動きの活動を、リトミック教育として確実に位置付けるためには、どのような考慮と工夫が必要なのか、ということも、この隠喩のプロセスに当てはめてみることで明確になってくるのである。
　冒頭でも取り挙げた、音楽の伴奏が付いたリズム活動の典型的な例として、教師の演奏するピアノに合わせて子どもたちが集団で、歩いたり、走ったり、スキップしたりしている活動を考えてみる。まず、ここでは教師がピアノで奏でている音楽が、歩く、走る、スキップする、といった身体感覚を隠喩する音楽であることがまず、リトミックとして成り立つための前提条件である。単に、四分音符や八分音符、符点八分音符と十六分音符の組み合わせ、あるいは三連符の最初の2つをタイでつなげたリズムパターンを、歩かせるために、走らせるために、スキップさせるために、演奏するのではリトミックにはならない。子どもが教師の音楽を歩いたり、走ったり、スキップしたりして身体表現で隠喩することは、強いられたり、教え込まれてすることではなく、その音楽の特徴を最もよく表象していると彼らが考える身体表現であることが重要である。音楽を注意深く聴いてそのリズムの特徴を聴き取り、どんな身体表現で隠喩したいか即座に判断して動くことが、子どもたちが経験する隠喩のプロセスである。教師の側の隠喩と子どもの側の隠喩がお互いによく理解できること、それがリトミック活動の原点であるといえるだろう。
　そしてこの隠喩が意図しているものが、教師と子どもたちの間に共有されたときに、音楽的感情も共有されるのである。この音楽的感情は一人一人感じ方が違っていて当然であり、リトミック活動における二重構造の隠喩のプロセスは、そのひな型を示すものであって、何か一つの具体的なかたちを押し付けることになってはならないのである。ひとたびこの双方向ともいえる隠喩のプロセ

スが理解されれば、子どもたちが動きを変化させれば、教師がそれを感知してピアノの演奏を変化させる、という音楽のコミュニケーションが成り立つ。その動きと音楽の変化がどのようなものであるのか、何が原因で起こったのか、ということについて理解することが、音楽の決まりごとや約束ごと、つまり音楽の知的理解の基礎になるのであり、子どもたちに身体をとおしてこれらを経験させたのちに、教師が確認するべきことなのである。

　歌に合わせて身体表現するうた遊びに関しても、二重構造の隠喩のプロセスと照らし合わせて考えてみることで、リトミック活動と混同させないためのいくつかの留意点がみえてくる。歌詞をそのまま表現するような身体表現は、音楽の特徴よりも歌詞の内容を身体表現で隠喩することが多く、音楽の特徴表現と歌詞とがぴったりと合っているのなら問題はないが、そうでなければ、音楽の特徴的な表現としての動きの要素を認知し、身体表現で隠喩していくことが難しくなる。さらに、それらが伝統的に定まった動きとして表現される場合、教師と子どもたちとの関係は固定され、その歌にあらかじめ決められた身体表現を歌と共に見せる、それを見ながら、歌いながら身体表現で模倣する、という、いってみれば閉じられた関係になることが予想される。音楽の特徴を身体表現によって隠喩するプロセスが弱められ、そのかわりに歌詞の身体表現による隠喩が全面に押し出されることになり、リトミック教育における二重構造の隠喩のプロセス、つまり、音楽における動きの隠喩と音楽の身体表現による隠喩という２つのプロセスが、成り立たなくなる可能性が生まれてくるのである。

　一つの例として、「金魚のひるね」という童謡をうたいながら金魚の動きをする、ということを考えてみたい。その際、教師は子ども達が歌いながら、金魚が泳ぐ様子や尾ひれの動きを、身体を左右に揺らすことで表現、つまり隠喩することを期待したとする。これは、歌の題名から考えて、すぐに思いつくことかもしれないが、この歌のメロディーは４分の２拍子で、歌ってみると、行進しているような雰囲気がある。金魚が揺らぐように泳いでいる、というよりは、上下に、あるいはメロディーに合わせて大きく上へ向かってから下へ、そしてまた上へゆったりと上がっていくような、そういった動きの隠喩が感じられるのである。さらにもっと重要なことは、この歌の歌詞には、眠っている金魚の静かに動かない様子をじっと見ながら、起きて欲しいな、一緒に遊ぼうよ、と声をひそめて待っている、子どもの思いと優しさが込められていることである。そこには、行進の要素や上下の動き、あるいは泳ぐ要素などは感じられないのである。多くの人々に愛唱されている童謡の音楽性を云々するのではないが、金魚がテーマになっているということで、金魚の尾ひれの動きを隠喩して下半身を揺らす、というような活動を歌に合わせて行ったとしたら、リトミック教育における二重構造の隠喩のプロセスを実現することはできないのである。ここには、歌詞の動きのイメージと音楽の動きのイメージのずれ、さらに実際の身体表現におけるイメージのずれが生まれていることになり、リトミック活動として位置付けることは難しい。しかしながら、うたを歌ってその歌詞を味わいながら、好きな身体動作をしてみんなで雰囲気を楽しむ、という、うた遊び本来の目的は達成されているので、そこに何らかの音楽的感情が共有されているのであれば、敢えてリトミック教育とこれらの活動を関連させて考える必要はないのである。

7　まとめにかえて

　現在、日本で行われているリトミックと呼ばれる活動には、実に数多くの種類があり、ジャック＝ダルクローズの論文集から読み取ることのできる内容は、その一部を説明するものでしかないのではないかという、いってみれば奇妙な逆説的な思いにとらわれることがある。リトミック教育の幅が広がり発展していった結果として、様々な種類に枝分かれをして実践されている、と考えることのできる活動と、ジャック＝ダルクローズの教育論とはあまり関連性を持たないままに、リトミックと呼ばれて実践されている活動、とは、境界線が曖昧になったまま、常に共存しているように見受けられるのである。

　本論文の最後で行ったリズム活動やうた遊びについての考察は、目に見える活動の外面のみに注目するだけでは、リトミック教育の本質に近づくことが難しいことを提示したつもりである。数多くのマニュアル本の中からアイデアを見つけることは可能であるが、そのアイデアをリトミックとして、あるいはリトミックと関わるものとして、音楽的に、発展的に教えることは、教師として、音楽家として、実に多くのものを要求されていることを、再度確認する必要があるように思うのである。本論文で考察した、リトミック教育の3つの展開の層は、音楽の要素と特徴を繊細にとらえることのできる内なる耳の育成を目指す、という第1の展開の上に成り立っていることをまず確認することで、音楽教育の中心にリトミック教育を位置付けていくことができると考えるのである。そして、リトミックの二重構造の隠喩のプロセスを経験することで、音楽的感情が豊かになること、そしてそれが音楽の知的理解にもつながっていく、という仮説の証明は、音楽学、認知科学、教育学など、学際的な知見を結集することではじめて検証が可能となる今後の課題である。

引用および参考文献

ジャック＝ダルクローズ、E.、板野平訳（1975）『リトミック論文集、リズムと音楽と教育』全音楽譜出版社。
ジャック＝ダルクローズ、E.、河口眞朱美訳、河口道朗監修［音楽教育学選集］（2003）『リズム・音楽・教育』開成出版。
ジャック＝ダルクローズ、E.、山本昌男訳、板野平監修（2003）『リズムと音楽と教育』全音楽譜出版社。
ジャック＝ダルクローズ、E.、河口眞朱美訳、河口道朗編（2009）『リズム・音楽・教育（定本オリジナル版）』開成出版。
リング、R.とシュタインマン、B.　編著、河口道朗・河口眞朱美共訳（2006）『リトミック事典』開成出版。
レイコフ、G.とジョンソン、M.、渡部昇一他訳（1986）『レトリックと人生』大修館書店。
Bonde, L.O. (2000) "Metaphor and Narrative in Guided Imagery and Music", *Journal of the Association for Music and Imagery*, 7, pp.59-76.
Bonde, L.O. (2010) "Music as Metaphor and Analogy", *Nordic Journal of Music Therapy*, 16:1, pp.73-81.
Ferguson, D.N. （1960/1976） *Music as Metaphor*, Greenwood Press, U.S.A.
Jaques-Dalcroze, E., (1965) *Le rythme, la musique et l'éducation*, Lausanne, Foetisch. (Edition originale: 1920.)
Jaques-Dalcroze, E., (1921/1969) Rhythm, *Music and Education*, translated by Rubenstein, H.F., The Dalcroze Society (inc.) Redcourt, Pyrford, Working, Surry, England.
Lakoff, G. and Jhonson. M. (1980) *Metaphors We Live By*, Chicago and London: Chicago University Press.
Spitzer, M. (2004) *Metaphor and Musical Thought*, Chicago: University of Chicago Press.
Zbikowski, L.M. (2008) "Metaphor and Music" in Gibbs, R.W. (ed.) *the Cambridge Handbook of Metaphor and thought*, pp.502-524.

注

1) ジャック=ダルクローズ、E.、(2010)『音楽と人間』開成出版の翻訳者、河口道朗は「あとがき」の中で、彼の数多くの著作の中で、ソルフェージュ関連の著書を除いた重要著書として『リズムと音楽と教育 Le rythme, la musique et l'éducation 1921』『回想録 Souvenirs 1942』『音楽と人間 La musique etnous 1945』を挙げ、三部作に相当するもの、としている。

2) 現在、参照することのできる日本語訳は4種類存在する。引用および参考文献参照。板野訳と山本訳は共に13本の論文が時系列にそって各章として編集されている。なお、2003年に出版された河口眞朱美訳では、1905年に執筆されたとされる"Le piano et la mademoiselle de Conservatoire"が「ピアノと女子学生」と訳されて附章として最後に掲載されている。また、2008年の河口訳では第3章「ピアノとコンセルヴァトワールのマドモアゼル」として掲載され、全体で14章立てとして出版されている。なぜ、この章が付け加えられたのかという理由については、2008年版のp. v～xiiiに編者の河口道朗氏により、詳しい説明がなされている。

3) この序の部分は、1919年に発表されており、1898年から1919年までに書かれた13本の論文の内容を概観し、彼のリトミック音楽教育論がどのように発展していったか、ということが手短にまとめられている。なお、本論文では、山本昌男訳、板野平監修(2003)『リズムと音楽と教育』全音楽譜出版社、を引用元とする。

4) Performanceは演奏することや上演することを意味する単語であるが、何かを成就して実行・遂行することaccomplishmentや、できばえや能力efficiencyを披露すること、などの意味を含んでいる。『英和中辞典』旺文社(1975)参照。

5) フランス語原典版 Jaques-Dalcroze, E.、1965、p.9と英語版 Jaques-Dalcroze, E.,1921/1969、p.1を参照のこと。「内なる耳」に関しては、フランス語、英語共に不定冠詞が付いており、単なる状態や様子をいうのではなく、一つの対象として存在する能力を持つ耳であることが分かる。L'oreille intérieure (p.53)は、英語版では「内なる耳」と同じinner earと訳されているが(p.55)、日本語訳では、板野訳(1975, p.57)、山本訳(2003, p.66)、河口訳(2003, p.41)(2008, p.84)の全てが一貫して「内的聴覚」として翻訳している。

6) 引用における括弧付きの部分は本論文著者のものである。

7) 引用における括弧付きの部分は本論文著者のものである。

8) フランス語原典版 Jaques-Dalcroze, E.、1965、p.41と英語版 Jaques-Dalcroze, E.、1921/1969、p.41を参照のこと。

9) 『英和中辞典』旺文社(1975)参照。

10) 『新訂標準音楽辞典』音楽之友社(1966)参照。

11) 注8の同上書参照。

12) フランス語原典版では、des nuances naturelles de notre vie physiologique (p.54)、英語版ではこの部分は意訳されており、the natural course of our physiological life (p.56)と記述されている。英語版の意訳は分かりやすいが、「ニュアンス」ということばが、行動や振る舞いを意味するcourseに意訳されていることで、音楽との関連性が読み説きにくくなってしまっている。

13) 新村出編『広辞苑』岩波書店(2007)参照。

14) 『新英和大辞典』研究社(2002)と
http://etymonline.com/index.php?term=metaphor&allowed_in_frame=0 (2013年7月30日)参照。

15) 日本語訳は著者。

16) Lakoff, G. and Jhonson, M. (1999) *Philosophy in the Flesh: The Embodied Mind and ItsChallenge to Western Thought*, Basic Books 参照。先駆的な研究として、認知科学と仏教思想とを関連づけた Varela, F.J., Thompson, E. and Rosh, E. (1992) *The Embodied Mind: CognitiveScience and Human Experience*, Cambridge, Mass.: MIT Press がある。

17) 遠藤三郎著(1984)『音楽用語・楽器名由来物語』日音。

リトミックによるフレーズ指導に関する一考察

清 水 あずみ

A Study of Teaching Phrase by Dalcroze Eurhythmics

Azumi SHIMIZU

1　はじめに

　フレーズは音楽に形やまとまりを与える音楽表現に欠かせない重要な要素である。ジャック＝ダルクローズもフレーズの学習の重要性を認識し、著書『ダルクローズ・ソルフェージュ』[1]においてフレーズと音楽のニュアンスについての法則を提示している。しかし、自身がピアノや歌のレッスンを通して意識せずにフレーズを習得してきた音楽教師にとっては、フレーズをどのように教えたらよいか戸惑うことも少なくない。フレーズの指導には様々なアプローチが考えられるが、フレーズを身体で感じて動くことによりそのエネルギー・形・まとまりを捉え、音楽の流れを感じとることが有益であると考えられる。本稿では抽象的な存在であるフレーズを第6番目の感覚[2]ともいえる「筋肉運動感覚」を通した具体的な動きで体験し、目に見える具体的な形へと変換するリトミックのアプローチに基づいたフレーズ指導法を紹介し、その有効性を考察したい。

2　フレーズとは

　フレーズは音楽表現に欠かせない重要な要素の一つである。しかし、フレーズの定義にはあいまいな部分も見られる[3]。そこで、本稿では複数の代表的な辞典・事典におけるフレーズの定義を比較検討することにより、一般的な音楽論におけるフレーズの定義のエッセンスを抽出することから始めることにする。

1)『新音楽辞典楽語』：「＜楽句＞のこと。旋律線の自然な区切をいい、散文における節ないし文に相当するもの。意味が厳密ではない。」[4]
2)『最新音楽用語事典』：「ある自然なひと区切りのメロディ・ラインを指し、楽句または楽節といわれる。」[5]
3)『音楽大事典第4巻』：「ふつう楽句と訳され、旋律や走句の自然な区切りを指す。(中略) 小楽節の意味に用いることが多い。(中略) 時代や楽種によってフレーズの長さは一様ではなく

（後略）。」[6]

4)『新編音楽中辞典』：「音楽の流れのなかで自然に区切られるひとまとまり。「楽句」とも訳され、文章の句読点に相当するような段落感をもつ。フレーズの長さは時代や様式によって異なるが、2・4・8などの偶数倍の小節のことが多い。」[7]

5)『ニューグローヴ世界音楽大事典第4巻』：「言語学の統辞論から取られた語で、短い音楽構造単位を表すが、その長さは一様ではない。楽句は一般に動機より長く、楽節よりは短いとされている。」[8]

　これらの定義から最大公約数的に共通する要素を抽出すると、①「旋律線の自然な区切り」、②「長さは動機から楽節までの間だが一様ではない」、③「言語の単位を表す用語からの転用」となろう。①から見えてくるフレーズの本質的な特徴は「旋律線を区切る単位」だということである。それも「自然に」句切るものでなければならないわけだが、この「自然に」という点が②の「長さ」の解釈に多義性や曖昧さを持たせる所以であろう。ドイツのチェリストであるマンテルは、「（フレーズの）形を楽譜の中に書くのは難しく、演奏者が解釈して表現しなくてはなりません。」[9]と述べている。このように、フレーズは明示されるものではないため、拍や旋律の流れ、和声進行、速度や強弱の変化、歌詞などから、演奏者それぞれが「自然に」感じ取らなければならず[10]、それゆえに解釈に幅が生じるわけである。

　③は言語と音楽の一定の類似性からくるメタファーに基づく転用だと考えられるが、言語学における「フレーズ」とは「文の中のいくつかの語がひとかたまりとなって文の成分をなすこと」[11]であることから、音楽的な意味のまとまり感、かたまり感を持つという特徴が導き出される。ラストは、①の自然さと③の言語との関連性の両面を踏まえて、「音楽の作品をフレーズに分けて考えることは、言語の句読点のように、自然で本能的であり、全体を考えるのに欠くことができない。」[12]と述べている。

　言語の単位としての「フレーズ」との共通点をもう一つ挙げるとすれば、どちらも呼吸に関わることであろう。私達が言葉を話す際には、必ずしも文末まで息継ぎをせずに一息で話すわけではない。特に長い文を口にする際には文中の意味の切れ間で息継ぎをしながら話すが、音楽におけるフレーズもこれと同様の特徴を有する。こうした特徴は、「言葉の場合と同様に、音楽においても、フレージングするのは呼吸することと同じであり、よくフレージングするとは霊を吹込んで呼吸することを意味する。」、[13]「（フレーズの）分離は、レガートでは普通歌手の息つぎに相当する休止によって生まれ（るのである）」[14]などの音楽家の言説にも見て取れる。寺西は、フレージングは音楽の生きた呼吸のもとであり、生きた音楽の呼吸がなければ単なる音の羅列であって音楽ではないと指摘しているが、[15]このようにフレーズと「呼吸」は切っても切れない関係にあると言えよう。

3　ジャック＝ダルクローズのフレーズ観

　では、ジャック＝ダルクローズはフレーズをどのようなものとして捉えていたのだろうか。
　彼は著書『リズムと音楽と教育』の中で、「旋律は、ことばによる話をモデルに築かれるものであって、談話と同様、コンマや終止符や段落で区切らねばならないことも学び知るだろう。」[16]と

述べている。このように旋律の区切り方と言葉の区切り方との共通点を見出している点で、前節で挙げたフレーズに関する3つ目の観点をジャック＝ダルクローズも共有していたことを物語っている。

また、ジャック＝ダルクローズは同著でフレーズの機能について、「音楽におけるすべての事柄が、いかに生理学的基本法則に合致するものであるか、（中略）旋律のフレーズが、その表情やリズムの表現とあいまって、また、その和声化と緊密に結びついて、いかにひとつの有機的全体を形作っているか」[17]と述べ、フレーズを生理学的法則と結び付けるとともに、フレーズこそが音楽を「有機的全体」たらしめている点を強調している。つまり、フレーズを生命現象の機能的な側面との連関で捉えるとともに、音楽があたかも有機体のように、旋律、リズム、和声などの要素が密接に結びついて互いに影響を及ぼし合いながら全体を形作るのに必要不可欠なものとしてみなしていると考えられるのである。

さらに、ジャック＝ダルクローズは指導の側面に対する考察において、「（フレーズや音楽のニュアンスの技術の）指導は興味深いものであり、練習の無味乾燥さを、詩情とか、美とかの輝かしいマントでおおいかぶせるのは、この部分の指導なのである。」[18]として、フレーズの指導が練習を単調さから解放するとともに、表現力や音楽性の養成に必要不可欠である点を指摘している。また、適切な指導の下であれば子どもたちにとってフレーズを学ぶことは容易なことであると考えていたことは、「フレージングやニュアンスづけの内容はすべて、（中略）子どもたちに即座に理解され、受け止められる」[19]という言説から見て取れる。

4　フレーズの指導方法

4.1　ピアノレッスンにおける指導方法

これまで見てきたように、フレーズは音楽表現を支える必要不可欠な要素である。したがって、音楽教育において、その効果的な指導方法を考えることが肝要である。フレーズの指導については、声楽、合唱、種々の楽器など、その目的や分野によってアプローチが多少異なると思われるが、紙幅の都合上、本稿では筆者が専門とするピアノレッスンにおけるフレーズの指導方法を取り上げ、リトミックにおける指導方法と比較検討する。

一般的なピアノレッスンにおいてフレーズをどのように指導しているかを明らかにするためには、教材分析が有効であろう。そこで、市販されている代表的なピアノ教材をいくつか見てみると、楽譜にスラーやブレス記号を書き込み、これらの視覚的な補助を用いてフレーズを理解させる方法や、曲の歌詞のイメージや語感などから柔らかい音色やレガート奏法を引き出し、フレーズを感じさせる方法などが使われていることがわかった。

例えば、『木村メソッド』の教材では、五線譜に入る前の初期の導入から楽譜にスラーが書かれ、曲の歌詞のイメージや語感などから柔らかい音色やレガート奏法を引き出し、フレーズを感じさせる方法が使われている。指導のポイントでは「フレージング」という言葉が散見され、「やわらかい音色」「やさしく」「レガートで」「フレーズの区切り」などの説明が記されている[20]。

『バスティン・メソッド』では、五線譜を読んで曲を弾く最初の段階で、フレーズの区切りについて学ぶようになっている。初めてフレーズを習う＜かぜのおばけ＞という曲では、楽譜の右端に

スラーとレガートおよびフレーズの簡単な説明が載っており、「フレーズのおわりには、おとをよわくひいて、そっとてくびをあげましょう」という具体的な演奏方法も示されている[21]。フレーズの最後の手の離し方は、まさにおばけの手の形であり、そのイメージと歌の歌詞から、フレーズのまとまりや音の余韻をも感じることができる[22]。

また、『プレ・ピアノランド③』では、「スタッカートとレガート」の項で、その対比をイラストなどの視覚的補助と奏法の違いによって紹介した後に、「フレーズ内の自然な強弱変化が身につけば飛躍的に表現意欲が伸びていく」として、楽譜にスラーやブレス記号を書き込み、これらの視覚的な補助を用いてフレーズを理解させる方法がとられている。楽譜に「うたったようにひきましょう」「うたいながらひきましょう」という指示も見られる[23]。

他にも、『メトード・ローズ・ピアノ教則本 上巻』[24]や『こどものバイエル』[25]でも、スラーについての簡単な説明が見られ、その説明以降の楽譜にはスラーが記されており、メロディのまとまりを視覚的に把握することができるようになっている。一方、『ピアノの森』[26]、『ぴあのどりーむ』[27]では、楽譜にスラーは書かれているが、特に説明はない。

次に、ピアノ指導者や演奏者用の解説書や参考書などを見てみると、ピアノを弾きながら一緒にメロディーを歌ったり、ピアノを弾かずにメロディーのみを歌うことによって息継ぎの個所を確認し、フレーズの切れ目を見つけさせるという方法も薦められている。

例えば、ピアニストのベルマンは「演奏者がフレージングに対する良い感性を養うのに役立つ方法はいろいろある。その中でもピアニストにとって最も一般的で、最も効き目がある方法のひとつは、フレーズを歌い、ダイナミクスの自然な上昇・下降とタイミングの小さな変化を観察し、次にそれをピアノで再現してみることだ。」[28]と述べている。他にも、「音楽的なフレーズ感を体得するには、実際に声に出して歌うのがおすすめです。よく、『歌うように弾け』といいますが、まさにそのとおり。」[29]、「ピアノは指で楽器を鳴らすという過程を経るため、息使いを直接楽器に伝えにくいところがあります。それを補うには、指の動きを息と一致させる必要があります。一番手っ取り早い方法は、声を出して歌いながら弾くことです。速い動きは喋りながら。」[30]などのように、歌うことを通してフレーズを体得させようとする試みが各書で推奨されている。こうした指導方法が国内に限らないことは、以下の関の記述からもわかる。「外国の教本の多くは、それぞれの国の歌をとり入れながら、導入期の学習を進めている。例えば《メトードローズ》の中で、題のついた曲はほとんど、フランスの子供ならだれもが知っていて、日頃よく歌う童謡である。ゆえに何も説明しなくても、歌詞から自然に、正しいテンポやフレージングなど、理解できる。」[31]

また、ピアノ指導の教本や参考書では、上述の3つ目の特徴である「言語との関連性」を意識化させることによってフレーズに気付かせる方法も見られる。例えば、池川は「一音一音の区別をするだけではなく、それぞれの音がまとまると「どんな言葉で、どういう感じの話になるか？」と、話し言葉と同じように考える習慣を付けます。」[32]と述べている。彼女は「子どもに自分の名前を書かせて（例：まえだ まり）、違う区切りにして（例：まえ、だまり）、それがおかしいことをわからせる」というユニークの方法も提案している[33]。

4.2 リトミックにおける指導方法

以上のように、ピアノレッスンにおいてフレーズを学ばせるための方法はいくつかあるが、これ

らはフレーズを視覚的に捉える、頭で考える、歌うというアプローチが主であり、ここにはフレーズを身体感覚に変換することにより、頭だけでなく体でも理解させるというアプローチは含まれていない。もちろん歌うことは身体を「楽器」とすることであり、また呼吸の意識を通してフレーズのまとまりを感じられる点で有効なアプローチであることは間違いない。

しかし、「2 フレーズとは」において触れたマンテルの陳述中に見られた、楽譜中に書くことができず、かつ演奏者が解釈し、表現しなければならないフレーズの「形」[34]を把握するためには、リトミックで実践されている全身の筋肉運動感覚も取り入れたアプローチのほうがより効果的ではないだろうか。なぜなら、リトミックにおけるフレーズ学習が上述のピアノレッスンでのフレーズの学び方と大きく異なる点は、音楽の流れを身体で捉えて動くことにより、目に見えない抽象的な要素であるフレーズを身体運動を通して「目に見える形」に変換することだからである。このことは、第6番目の感覚とも言われる筋肉運動感覚を通した具体的な動きとしてフレーズを体験することにより、そのエネルギー・形・まとまりを捉え、音楽の流れや方向性を感じ取ることだと言い換えてもよい。こうした学びのメリットをジャック＝ダルクローズ自身は次のように述べている：

> ＜フレージング＞や＜ニュアンスづけ＞の構造のどんな細部もすべて、身体で実地に体験され、身体機能に則したものになるがゆえに、生徒には、はっきり見えるであろう。一言でいえば、生徒は、自分の中に音楽をもつようになり、彼の楽器による演奏表現は、いちだんと確信に満ちた、内発的な、生き生きとした、個性的なものになるであろう。[35]

さらにジャック＝ダルクローズは、「音楽に正しく芸術的にフレーズをつけ陰影づける能力は、神経中枢の教育、筋肉組織の調和、四肢と脳との間の素早い連絡、一口に言えば、全身体組織の健全さに依拠している」[36]と述べていることから、心身の調和の促進と身体運動を通した学習こそがフレーズの習得に欠かせないものだと考えていたことがわかる。

5 フレーズを歩く

動き（身体運動）は、はっきりとしたフレージングを可能にする。音楽と一緒に身体を動かすことにより、その区切りや長さ、形などが明確になるからである。ジャック＝ダルクローズは、フレーズを「旋律としてだけではなく、身体運動によって表現されるリズムのひとつとして」[37]学ばせることを提唱し、例えば、行進時の停止の体験を通して無音で区切られる段落を学習することで、音楽のフレーズの法則を学ぶことができるとしている[38]。これに関連して、菅沼も最もシンプルな身体運動である歩くという動きだけでも、方向やフォーメーションの変化によってフレーズを感じることができる点を指摘している[39]。そこで、はじめに歩く動きを使ったフレーズの指導のための活動例を3つ紹介する。

まずは、フレーズの切れ目を明確に感じること、フレーズのまとまりの感覚を体験する活動から入る。例えば、あるメロディーや歌に合わせて歩き、フレーズの変わり目で方向を変え、新たなフレーズで違う方向へ歩く、といった活動が考えられよう。音楽に合わせて歩くことに「方向」という要素が加わることで、動きのラインが生まれ、さらにフレーズごとに歩く方向を変えることでフ

レーズの切れ目が明確となり、まとまりを体感できるようになる。

　次に、フレーズに出発点と到着点があることを体験、認識し、それによって音楽のひとまとまりを感じる活動も考えられる。具体的には、空間の中のいくつか特定の場所（ピアノ、椅子、床に置かれたカラーボードなど）を目印として意識して、ひとフレーズの終わりでその目印のところまで到達し、新しいフレーズでは次の目印へと向かって歩くという活動である。空間の中に目印をつくることによって、動きの出発点と到着点が意識される。この動きと視覚的要素を通して、フレーズにも出発点と到着点があり、それによって音楽のひとまとまりを感じることへと結びつくのである。さらに、音楽のフレーズの長さと目印の間の空間的な距離とを結び付けることによって、フレーズの長さも「具体的に」理解することが可能となる。

　さらに発展的な活動としては、数名のグループでばらばらに立ち、一人が音楽に合わせて、ひとフレーズを歩く。その人はスカーフやボールなどを持ち、フレーズの終わりで誰かに渡す。フレーズの変わり目で次々と受け渡していく、といったものが考えられよう。この活動では、複数人で「受け渡す」ことにより、ひとつのフレーズから次のフレーズへと受け渡していく感覚を体験する。このフレーズを受け渡していく感覚を通して、音楽の自然な流れの中で区切られたまとまりを実感することが可能となる。また、よりスムーズに音楽に寄り添って動くためには、フレーズの長さと受け渡す相手との距離を結び付けることが必要となるため、動きと音楽の方向性だけでなく、フレーズの長さの把握にもつながる。

　これらの活動は、身体運動面からも活動のコンセプトの理解という側面からも、比較的シンプルで容易な活動であるため、幼児から大人まで適したものである。具体的な設定などは対象年齢に応じて調整する必要はあるが、筆者が実際に教えた様々な年齢のグループでは、これらの活動を通して音楽のまとまりを感じ、フレーズの切れ目を意識することができるようになった。しかし、子どもの場合、2つ目、3つ目の活動では、到着点が視覚的に明確になったがゆえに、目標（到着点）へたどりつくということに興味や意識が過度に集中することにより、しばしば急ぎすぎてフレーズの終わりより早く到達してしまったり、フレーズ途中の動きのクオリティに問題が見られたりするケースも見られた。こうした場合には、音楽をよく聴くことを促すとともに、時間・空間・エネルギーの関係にも折々触れていく必要があるだろう。

6　区切られた動きへの注目

　次に、歩くこと以外のシンプルな動きによる活動を考えてみたい。音楽のフレーズにはまとまりや区切りがあることから、「区切られた動き」ということに注目する。「ある一連の動きは、区分されることによってはじめてはっきりする。それはより強く働きかけ、より注意を喚起する。音楽演奏の場合と同様に、言語表現や運動表現においても、フレージングは、表現者の側にとっても受け止める側にとっても理解を助け、意味のある統一を形づくろうとする欲求を満足させるのである。」[40]という記述からもわかるように、音楽のひとまとまりと区切りのある動きを結びつけることで、より鮮明にフレーズを捉えることができるようになると考えられる。

　こうした活動としては、例えば、メロディーを歌いながら空中にフレーズの線を描き、フレーズの変わり目で、描く方向や腕を変える、といったものが考えられる。あたかも一筆書きのように、

ひとフレーズを一本のラインの動きで表すことにより、フレーズのまとまりや長さを捉えることが可能となる。音楽のひとまとまりを感じて、線の方向や腕を変えることによってそれは明確に区切られた動きとなり、その感覚がフレーズのまとまりや長さを捉えることにつながるのである。また音楽のフレーズが持つ「持続するエネルギー」を滑らかな動きとリンクさせることで身体感覚を通して実感することができる点も有益である。しかし、子どもの場合には、虹や流れ星、一筆書きといったイメージを持ってラインを描くように導いていかないと、方向性の感じられない複雑な曲線を描いたり、空中にライン（図形、絵）を描くことに意識が集中し、フレーズのまとまりが感じられない動きをすることもあるので注意が必要である。

同様の活動として、メロディーや音楽を聴いて、見えない糸を引っ張る。フレーズの変わり目で、次々と違う糸を引っ張る、といったものが挙げられる。引っ張った糸の最後のポイントから新しい糸を引っ張るようにするとフレーズの切れ目と新たなフレーズとのつながりを意識することができる。この活動は一人でも行うことができるが、二人組で交互に糸を引っ張ると「受け渡し」の感覚も体験できる。目的はフレーズの切れ目とフレーズの長さを明確に感得することであるが、ひとフレーズが一本の糸というように明確な区切りができるため、フレーズの切れ目が感じやすくなると思われる。また、糸を引っ張るエネルギー（スピード）を一定にすることにより、フレーズの長さを明確に感得することも可能になる。コントロールされた動きであるため、フレーズの終わりの瞬間まで集中して聴くことができるというメリットも考えられる。

ここで挙げた活動には身体の特定部分のある程度高度なコントロールが必要とされるが、腕のような比較的コントロールしやすい身体部分を使うことで、洗練された動きがまだできない子どもや自由に動くことが苦手な成人でも、フレーズのラインや滑らかな動きを体験することが可能となる。また、線を描くなどの区切られた動きによって音楽のまとまりを感じるだけでなく、フレーズの長さも容易に視覚的、感覚的に捉えることができるというメリットもある。しかしこれらの活動は、取り組みやすい一方で、動くことにまだあまり慣れていない学習者は、腕などの身体の特定部分の動きのみになってしまい、体の中心部や下半身などとの連携が見られないことがある。単にまとまりや句切り、長さの認識だけではなく、音楽のフレーズ・呼吸と一体化できるよう、身体の使い方に着目し、フレーズの長さやダイナミクスを変化させて導いていくことが大切であるといえよう。

7　ペアワーク

フレーズの学習において、単に音楽のまとまりを感じ、切れ目やその長さを把握するだけでは、この課題の本質には到達できていない。そのためには、もう一歩進んで、音楽のまとまり、エネルギーの流れや形、方向性などを音楽と一体化し持続した滑らかな動きとして経験することが必要である。この点を考えるのに、ダルクローズの以下の記述が参考になる：

> 運動が美的な価値を持つべく、情動を柔軟にそして弾力的に伝えるためには、その開始点と終止点の間に"橋"が架けられ、関係が結ばれる必要がある。言い換えれば、身振りの中に時間的な持続と連体関係が創造されなければならない。[41]

開始点と終止点の間の"橋"がフレーズに通ずるものであり、身振りの中に「時間的な持続と連帯関係」が創造されるためには、洗練された身体のコントロールと高い意識が必要となる。それらは、単に音楽を感じて自由に動く活動ではなく、ペアワークと道具を用いることによって焦点を絞った活動を行うことで、実現可能になると思われる。

　そのような活動としては、まず、二人組で向かい合って立ち、掌と掌を合わせ、お互いに適度な力で押し合い、音楽に合わせて、ひとフレーズ一方向でゆっくり滑らかに動かす。フレーズの変わり目で動かす方向を変える、といったものが挙げられる。この活動では、相手と息を合わせコミュニケーションをとりながら力加減を調節することにより、ゆっくりと持続した滑らかな動きが体感できる。一人で動くときには感じることができない動きの質を通して、音楽のフレーズと一体化した感覚を体験することが可能になるのである。これは「フレーズの動きのアンサンブル」と呼べるものである。ただし、この活動では、お互いに適度な抵抗を感じられるように力加減をコントロールすることが難しい。導入として、お互いに掌と掌を合わせて思いきり押し合ったり、逆に力を抜いてみたり、自由にラインを意識しながら一方向に動かしたりして、力加減を体験する活動が必要だと考えられる。

　次に道具を使用した活動を紹介する。まずは棒を使った活動である。これには、二人組で、1ｍほどの一本の棒をお互いの人差し指の腹や掌で支え合って持ち、音楽に合わせて、ひとフレーズ一方向に動かす、といった活動が考えられる。この動きは特に息の長い、持続したエネルギーを持つフレーズを感じるのに適しており、滑らかな動きを行いつつ方向性やラインを感じることが可能となる。しかし、棒を落とさないように動くことはかなり難しく、動きのコツをつかむまでにある程度の経験が必要な難易度の高い活動でもある。そのため、身体や動きが抑圧されて固くなってしまい、滑らかで長い動きがうまくできないこともある。そうした場合には、まず音楽無しで自由な動きを体験させ、棒を二人で支え合う感覚に慣れさせるとよい。また、リーダーの動きにフォロワーが合わせるといったやり方も効果的である。この活動を続けた後では、空間を広く使うことや音楽のエネルギーの変化に柔軟に対応することができるようになるだろう。また、阿吽の呼吸が求められるため、コミュニケーションや動きのアンサンブルとしての要素も強く、この活動を経験した後は、棒を使わなくても、お互いの息を合わせながら持続した滑らかな動きができるようになると考えられる。

　固い棒の代わりに、柔らかく弾力性のあるストッキングを使った活動も考えられる。例えば、二人組でストッキングを一本の紐のようにして適度な張りを保つように持ち、音楽に合わせて、ひとフレーズ一方向に持続した動きで引っ張る、といった活動が考えられる。お互いが反対の方向へ引っ張り合うのではなく、同じ方向へ動くようにする。ストッキングという適度に弾力のある道具を用いることで、身体のしなやかで柔軟性のある動きが引き出され、上下左右斜めと空間を自在に使うことで自由で開放された動きへと導かれる。ただし、この活動では、身体をしなやかに長く使うことができないと十分な質を保つことが難しい。また、ストッキングがたわんだ状態で活動すると、お互いの間の抵抗感が得られず、引っ張る（引っ張られる）感覚が体験できないので注意が必要である。

　ここで紹介したようなペアワークでは、相手や道具を通して適度な力の抵抗を感じることによって、ゆっくりとした持続した動きが可能となり、長いフレーズの課題に適した動きの質をじっくり

と体験することが可能になる。動きとの一体感をより鮮明に感得させるためには、ゆったりとしたテンポで長い持続性のあるフレーズをもつ音楽を使うとよい。これらの活動で感得した動きの質は、様々な長さのフレーズを身体表現するときに応用することができる。さらに、長いフレーズを持つ音楽を演奏する際にもこれらの活動によって記憶された筋肉運動感覚が呼び起こされることで、抵抗を感じながら押したり、引っ張ったりする感覚を持ってフレーズを持続させることができるようになると思われる。

8 即興と創作

ダルクローズは、音楽教育における創作の重要性について以下のように述べている：

> 創作意欲はすべての子どもに共通のもので、教師たるものは、この嗜好とこの気質を利用するどんな機会も逃してはならないのである。[42]

フレーズの学習も例外ではなく、創作活動を積極的に取り入れていくことは、子どもに限らず学習者のモチベーションを上げるとともに、自分で考えるという過程を経ることで課題に対する理解をより深めることが可能となる。こうした点に鑑み、フレーズ学習の最終段階として、即興や創作を用いた活動を取り入れることを薦めたい。

即興を取り入れた活動としては、音楽を聴いて、ひとフレーズでひとつの身体の形を作る。各フレーズの終わりで身体の形を作って静止する、といったものが挙げられる。この活動は一人で行うこともできるが、ペアやグループで行ってもよい。この活動では全身で形を作るため、より大きな筋肉感覚を通してフレーズを体験することができる。また各フレーズの終わりで形を作って静止するため、身体運動を通してフレーズの最後まで集中して聴くという体験につながる。何より、音楽の流れと一緒に身体の形を作っていくため、フレーズごとに出来上がる形は即興的であり、各々のオリジナルの形となる点が創作的である。特にグループでの活動では、次々に形がつながっていくため、曲の最後には全体としてどのようなオブジェができあがるのかという期待感が生まれ、これが活動の喜びや楽しさへとつながっていくというメリットもある。しかし、ユニークな形をつくることに過度に意識を集中してしまうと、フレーズの途中の動きが散漫になったり、音楽をしっかりと聴くことがおろそかになってしまうこともあるので、注意が必要である。

ペアで行う即興活動としては、一人が相手の身体部分（頭、肩、腕、足など）をフレーズの始まりと同時にタッチし、触れられた人はそのタッチのエネルギーや方向性、ニュアンス等に反応し、触れられた部分から動き出し、そのフレーズの終わりまで動き続けて止まる。これをフレーズごとに繰り返す、といったものが考えられよう。ここで大事なことは、動き手は能動的に自分の意志で動くのではなく、パートナーとの関わりによって、自分の身体部分が動かされる感覚を持つようにすることである。またタッチする側はどの身体部分をどのくらいの力で触れると、相手がどのように反応するかということを常に観察しながら活動を行う。ただし、すべてを統括するのはそこにある音楽であることを忘れてはならない。こうした活動を通して、身体の各部分の動かし方、脱力しているがコントロールできている状態を経験することができるようになる。そして、パートナーと

の即興的な動きのアンサンブルを体験することにより、音楽のフレーズとそのエネルギー、方向性、ニュアンスなどについて体験から分析へとつなげていくことができるようになると考える。

　リトミックにおけるフレーズ学習の総仕上げとしては、グループによる創作活動が考えられよう。比較的短く、フレーズの構成が明確かつ流れるようなフレーズ感を感じる楽曲を提示して、グループでその曲に対する動きを考える、といったものである。創作活動では、自主的にアイディアを考え進めていくため、生徒たちは生き生きと活動を行い、作品に対する理解も一段と深まることが予測される。また、複数のグループに分かれて行った場合には、お互いの作品を見せ合うことにより、同じ作品に対する異なるアプローチや解釈を学ぶ良い機会となるであろう。ただし、「自由な」創作活動が本来の目的から外れないように、教師はフレーズの表現という観点から動きが創作されているかを適宜確認し、フレーズの形が見えるか、繰り返しのフレーズはあるかなどといった細かい点に注目させるような指導をする必要があろう。

9　おわりに

　以上、フレーズのエネルギー・形・まとまりを捉え、音楽の流れや方向性を感じ取るという観点から、リトミックにおける身体運動感覚を通したフレーズの指導例を紹介した。フレーズをアナリーゼすることは重要であるが、それはあくまで身体でフレーズを体験した後で行うべきであろう。頭を使った分析のみでは客観的な対象として知的に理解するに留まることになってしまいかねない。一方で、リトミックによって身体運動感覚を通じてフレーズを経験することは、「まさにその音楽の"中"にいるという感覚を持つ」[43]ことであり、結果として「その理解は、知的なものを兼ね備え、さらに直観的で感情的なレベルに達する」[44]ことができるのである。

　ダルクローズは、フレーズを生命現象の機能的な側面との連関で捉えるとともに、音楽があたかも有機体のように、旋律、リズム、和声などの要素が密接に結びついて互いに影響を及ぼし合いながら全体を形作るのに必要不可欠なものとしてみなしていたが、人間の身体が作り出す自然な動きは、音楽のそうした要素を包括し、直観的で感情的なレベルで実感しながら知的な理解へと導くことができるものだと考える。

　本稿では、リトミックによる身体運動を通したフレーズの活動に焦点を当てたが、フレーズは呼吸や声とも深い結びつきがあるため、歌うことを中心とするソルフェージュの要素を取り入れた活動も欠かせない。また、「アナクルーシス、クルーシス、メタクルーシス」とフレーズの関係も切り離すことはできない。これらの問題については、稿を改めて考察してみたい。

注
1) エミール・ジャック＝ダルクローズ『ダルクローズ・ソルフェージュ』ⅠⅡⅢ 板野平、岡本仁訳、国立音楽大学出版 (1966)
2) 「第6番目の感覚」とは、視覚、聴覚、嗅覚、味覚、触覚の五感に次ぐ感覚のことである。ダルクローズ自身も「身体の運動はある意味で筋肉の経験であり、その経験は、筋肉感覚という第6番目の感性によって測定される」として、この「第6番目の感覚」の存在、重要性を認めている。フランク・マルタン他『エミール・ジャック＝ダルクローズ』全音楽譜出版社 (1977) p.303
3) 永富正之「メロディの歌い方」『最新ピアノ講座3 ピアノ初歩指導の手引きⅠ』音楽之友社 (1981) p.157
4) 岡部博司編『新音楽辞典楽語』音楽之友社 (1977) p.516

5) 小森優編『最新音楽用語事典』リットーミュージック (1998) p.230
6) 下中邦彦編『音楽大事典第 4 巻』平凡社 (1982) p.2194
7) 海老沢敏、上参郷祐康、西岡信雄、山口修監修『新編音楽中辞典』音楽之友社 (2002) p.608
8) 加田萬里子「楽句」『ニューグローヴ世界音楽大事典第 4 巻』柴田南雄、遠山一行総監修、講談社 (1994) p.456
9) ゲルハルト・マンテル『楽譜を読むチカラ』久保田慶一訳、音楽之友社 (2011) p.117
10) 井上恵理、酒井美恵子『動いてノッて子どもも熱中！リトミックでつくる楽しい音楽授業』明治図書 (2012) p.17
11) 亀井孝、河野六郎、千野栄一編『言語学大辞典第 6 巻術語編』三省堂 (1996) p.306
12) ジョーン・ラスト『学習者のためのピアノ演奏の解釈』黒川武訳、全音楽譜出版社 (1970) p.128
13) ヘルマン・ケラー『フレージングとアーティキュレーション』植村耕三、福田達夫共訳、音楽之友社 (1969) p.22
14) カール・ライマー、ウォルター・ギーゼキング『現代ピアノ演奏法』井口秋子訳、音楽之友社 (1967) p.135
15) 寺西春雄『やわらかな音楽教育』春秋社 (1993) p.186
16) エミール・ジャック＝ダルクローズ『リズムと音楽と教育』山本昌男訳、全音楽譜出版社 (2003) p.41
17) 前掲書 p.41
18) エミール・ジャック＝ダルクローズ『ダルクローズ・ソルフェージュ』ⅠⅡⅢ 板野平、岡本仁訳、国立音楽大学出版 (1966) p.3
19) エミール・ジャック＝ダルクローズ『リズムと音楽と教育』山本昌男訳、全音楽譜出版社 (2003) p.40
20) 木村美江『子どものピアノ・メソッド＜基本編＞①』エー・ティー・エヌ (1987) p.16,20,21,32,35,42,50,53,58
21) ジェーン・S・バスティン、リサ・バスティン、ローリー・バスティン『ピアノパーティＣ』溝部洋子訳、東音企画 (1994) p.28
22) 池川礼子『100 のレッスンポイント』音楽之友社 (2013) p.79
23) 樹原涼子『プレ・ピアノランド③』音楽之友社 (2002) p.40
24) エルネスト・ヴァン＝ド＝ヴェルド『メトード・ローズ・ピアノ教則本上巻』安川加寿子訳、音楽之友社 (1968) p.30
25) ドレミ楽譜出版社編集部『こどものバイエル上巻』ドレミ楽譜出版社 (1987) p.33
26) 田丸信明『ピアノの森』学習研究社 (1990)
27) 田丸信明『ぴあのどりーむ』学習研究社 (1993)
28) ボリス・ベルマン『ピアニストからのメッセージ』阿部美由紀訳、音楽之友社 (2009) p.79
29) 伊達華子「音を聴く呼吸法」『よくわかるピアニスト呼吸法』ヤマハミュージックメディア (2013) p.72
30) 白澤暁子「ピアノで歌う！緩徐楽章は"歌"の宝庫」『レッスンの友』10 月号、レッスンの友社 (2005) p.13
31) 関則子「幼児のピアノ指導への一つの試み」『最新ピアノ講座 3 ピアノ初歩指導の手引きⅠ』音楽之友社 (1981) p.130
32) 池川礼子『100 のレッスンポイント』音楽之友社 (2013) p.78
33) 前掲書 p.77
34) ゲルハルト・マンテル『楽譜を読むチカラ』久保田慶一訳、音楽之友社 (2011) p.117
35) エミール・ジャック＝ダルクローズ『リズムと音楽と教育』山本昌男訳、全音楽譜出版社 (2003) p.205
36) エミール・ジャック＝ダルクローズ『リトミック・芸術と教育』板野平訳、全音楽譜出版社 (1986) p.45
37) 板野和彦「リュシィとジャック＝ダルクローズによるフレーズについての見解に関する一考察」『リトミック研究の現在』開成出版 (2003) p.16
38) エミール・ジャック＝ダルクローズ『リズムと音楽と教育』山本昌男訳、全音楽譜出版社 (2003) p.82
39) 菅沼邦子「フレーズを感じ取ろう『トルコ行進曲』」、神原雅之 編著『アクション＆ビートでつくる音楽鑑賞の授業』明治図書 (2007) p.59
40) ラインハルト・リング、ブリギッテ・シュタイマン編著『リトミック事典』河口道朗、河口眞朱美共訳、開成出版 (2006) p.214
41) エミール・ジャック＝ダルクローズ『リトミック・芸術と教育』板野平訳、全音楽譜出版社 (1986) pp.56-57

42）エミール・ジャック＝ダルクローズ『リズムと音楽と教育』山本昌男訳、全音楽譜出版社 (2003) p.42
43）ジュリア・ブラック、ステファン・ムーア『リズム・インサイド』神原雅之訳、西日本法規出版 (2002) p.83
44）前掲書 p.83

リトミックの理念
―リズムの根本思想―

関 口 博 子

Idea of Rythmique: fundamental thoughts of rhythm

Hiroko SEKIGUCHI

1　はじめに

　リトミックは今日、幼児教育から学校教育、障害児教育など、様々な分野で導入され、広く普及している。しかし現実には、リトミックとは何か、その理念について充分に検討されないまま実践されているケースも多く、「リトミック」という名のもとで、まったく別の活動が行われていることも少なくない。このような現在のリトミック実践の現状に鑑み、やはりリトミックを行う上では、リトミックとは何か、その理念とはどのようなものなのか、改めて考えてみる必要があるであろう。

　本稿は、主としてジャック＝ダルクローズ（Emile Jaques-Dalcroze, 1865-1950）の著作の検討を通して、リズムの根本思想、リトミックの理念について考察することを課題とする。具体的には、ジャック＝ダルクローズの訳書『定本オリジナル版　リズム・音楽・教育』（河口道朗編／河口眞朱美訳　開成出版、2009年）を基本文献として検討を進めたい。本訳書は、「定本オリジナル版」と銘打っている通り、「1920年のフランス語版をまず原典とし、1921年のドイツ語版をその一部補充の翻訳と見て、両者を逐一校合し、比較・検討する一方、英語版（1921）およびイタリア語版（1925）をも参照したうえで、欠落している部分を補充して訳出し定本と」[1]したものであるので、リトミックの理念を探るのに最もふさわしい文献であると思われる。特に今回のリトミックの理念についての検討では、リトミックのもととなったジャック＝ダルクローズのリズム論に焦点を当てるという視点から、彼の「リズムの根本的な思想」[2]が現れている「Ⅴ　音楽と子ども（1912）」[3]を中心にしつつ、他のところでも「リズムとは？」「リトミックとは？」とリズム論やリトミックの理念について述べられている箇所を抽出し、そこから彼のリズム論、リトミックの理念を明らかにしていく。

　ただ本訳書はあくまで翻訳であるので、訳出された用語の意味が原語の意味をきちんと伝えているかどうか、言語の違いによる微妙なニュアンスの相違についてもチェックする必要があると考え、可能な限り原書との比較検討も加えた。原書については、さきほど述べた「Ⅴ　音楽と子ども」に「ダルクローズのリズム論の核心的な部分の記述が存在する」[4]という1921年のドイツ語版を参照した[5]。

　また、ジャック＝ダルクローズのリズムの根本思想、リトミックの理念について検討する前提と

して、まずはリトミックという語のもともとの意味を探り、古代ギリシャと19世紀のネーゲリ（Hans Georg Nägeli, 1773-1836）のリズム論を取り上げる。その上で、ジャック＝ダルクローズの『定本オリジナル版　リズム・音楽・教育』の検討を通して、リズムの根本思想、リトミックの理念について考察したい。

2　リトミックの意味とジャック＝ダルクローズ以前のリズム論

2.1　古代ギリシャ時代のリトミックとリズム

今日、「リトミック」と言えば、ジャック＝ダルクローズのリトミックをさすものとして定着しているが、もともとリトミックという語は、リズム法、リズムの理論をさす言葉であり、ジャック＝ダルクローズが作った造語ではなく、はるか古代ギリシャ哲学においてプラトン（Platon, B.C.427-347）やアリストテレス（Aristoteles, B.C.384-322）も用いた言葉である[6]。

紀元前5世紀頃から、リズムという語は芸術の神ムーサとの関連で用いられるようになり、人間の身体や舞踏や器楽の規則的な動きを表した。プラトンは、リズムとは運動の基準、とりわけ身体運動の基準であると規定している。ギリシャ時代のリズムは、言語、音、身体運動を包括する法則で、そこに認められる秩序を探求するのがリズム法と拍節法であった。あらゆるリズム形成の基礎となるものを、古典期には基本時（クロノス・プロトス chronos prōtos）と言った。基本時とは、ある一続きの運動において、人間の感覚が「短さ」として知覚する時間のことである。これに対して「短さ」が2つつながった時間が「長さ」とされた。古典時代のリズム法は、基本的にこの2つの時間の量、すなわち基本時1つ分の「短」と2つ分の「長」の計算に基づいていた。そして、その長短を様々に組み合わせて生まれるのが、脚韻と呼ばれるものである。「脚」という用語は、もともと舞踊のステップや足さばきを意味した語で、最も明確にリズムが現れ出る身体運動に関わる言葉である。

このようにリズムは、古来より身体運動との関わりで論じられてきた。それが、時代が進むにつれ、リズムは身体運動との関わりを離れ、単に音楽の時間構成を意味するものとの捉え方が一般的になっていった[7]。

2.2　H.G.ネーゲリのリズム論

しかし、19世紀になっても、リズムを身体運動との関わりでとらえる考え方は存在している。ネーゲリは、1809年に『一般音楽新聞』（Allgemeine musikalische Zeitung）に連載した論考[8]において、リズムと身体運動との関わりに関連した注目すべき内容の記述をしている。そこにおいてネーゲリは、音楽の基礎教育の目的を"Gymnastik"という語で表現している。ネーゲリの言うGymnastikとは、もちろん「体操」や「体育」などという狭い意味ではなく、生理的な意味での"Organ（器官）"の活性化を意味したものである。ネーゲリは、ペスタロッチと同じように人間をたくさんの能力から成り立つ統一体ととらえ、それを"Organismus"または"Organisation"（有機体）と呼んでいる。ネーゲリによるとこのOrganismusは、調和と不可分性を特徴とし、個々のOrganを構成要素としながらも全体として有機的な組織体となっているものである。なお、Organismusを構成するOrganは、身体的なものだけでなく、知的なもの（Das Geistige）や心的な

もの（Das Seelische）も含んでいる[9]。さらにネーゲリは、人間だけでなく国家や芸術作品もそれぞれ独自のOrganismusを有しているとしている。すなわち権力の分立によって成り立っている国家は、「国家のOrganismus」を有していると言い[10]、多くの部分によって成り立っている芸術作品も、人間と同様にOrganismusを持っているとしている[11]。例えば音楽の場合には、諸音（＝Organ）によって構成されている統一体が音楽作品であり、Organismusなのである。このようなOrganismusとOrganについての認識に基づき、Gymnastikと音楽との関係という新しい視点で論を展開している。

　ネーゲリは、Gymnastikを低度のGymnastikと高度のGymnastikとに分けている。そして低度のGymnastikは、メカニックな目的のための身体のあらゆる部分の練習（ピアニストの指の訓練や声楽家の発声器官の訓練など）を通してOrganを働かせ、強化し、活性化し、完成させるものである。それに対して高度のGymnastikは、全体においてOrganisationを働かせ、完成させるということを目標にしている[12]。そして彼は、低度のGymnastikの理想は、個々のOrganを一緒に働かせ、多方面のOrganの練習を通してOrganismusを利することであるとし、この理想に近づくものとして、舞踊（Tanz）を挙げている。ネーゲリは、「舞踊は最も表現豊かな存在であり、空間的存在の最高の表現である」[13]と述べ、舞踊を高く評価している。そして、高められた空間的存在を統制するための絶対的な補助手段として、舞踊は音楽を必要とするのである。

　以上のような点から、音楽は時間芸術における人間的な表現であり、音楽のGymnastikの最終目的は、Organismusの活性化である、とネーゲリは考えていた。すなわち、ネーゲリにとって音楽は、「時間契機を表示する芸術」[14]であったため、何よりもまず、リズムの形態であった。リズムは、時間的な存在を生のプロセス（Lebensprozess）として直観の前にもたらすものであり、リズムによって音は、「時間の大きさ」として確定され、その量的な内容を得る[15]。つまりネーゲリにとってリズムは、諸音の結合によって時間の量を提示する純粋に量的で数理的なものであり、人間の生の時間性に関連するものであった。このような音楽の性質によって、リズムが音楽の根本的要素となる。リズム関係上の数の法則は、人間の持つ数学的な感覚によって直観に対してまったく明瞭に提示されるので[16]、リズムは、最も簡単かつ明瞭な概念として把握されうるものである。このことから、音楽教育が自然に合致したものであるためにはリズムを出発点としなければならないのである。

　このようなネーゲリの考え方は、ノルテ（Eckhard Nolte）が「音楽は運動器官（Bewegungsorgan）と感覚（Sinn）を発達させる[というネーゲリの－引用者]考え方は、19世紀の音楽教育のなかでほとんど顧みられなかったが、ジャック＝ダルクローズのリズム教育においてよみがえった」[17]と述べているように、ジャック＝ダルクローズのリトミックにつながる考え方とみなしてよいであろう。

　そしてネーゲリは、著名な『ペスタロッチの原理による唱歌教育論』（Gesangbildungslehre nach Pestalozzischen Grundsätzen, 1810）において、音楽における主要3要素の理論の一つとして、リュトミーク（Rhythmik）という用語を用い、リズム法としてかなり重視して使っている[18]。このRhythmikという言葉がリトミックのドイツ語で、今日でもドイツ語ではリトミックのことをRhythmikと表記しており、もちろんジャック＝ダルクローズの『リズム・音楽・教育』の1921年のドイツ語版でもRhythmikというドイツ語＝リトミックとなっている。Rhythmikというドイツ語は現在では、リズム法とジャック＝ダルクローズのリトミックと、2種類の意味で使われている[19]。

以上、ジャック=ダルクローズのリズムの根本思想、リトミックの理念について検討する前提として、リズムとリズム法、リズムの理論について、特に身体運動との関わりを視点として、その起源に関わると思われる古代ギリシャのリズム論について触れ、19世紀におけるネーゲリの身体諸器官を活性化させるというリズム論も取り上げた。それを踏まえ、次にジャック=ダルクローズの著作の検討を中心として、彼のリズムの根本思想を探りたい。

3　ジャック=ダルクローズのリズムの根本思想

3.1　ジャック=ダルクローズのリズムの根本思想とネーゲリからの影響

　さて、ではまずはジャック=ダルクローズの訳書『定本オリジナル版　リズム・音楽・教育』において書かれている「1921年のドイツ語版にはダルクローズのリズム論の核心的な部分の記述が存在する」[20]とはどういうことなのか、以下に述べたい。前述の通り、本訳書は1920年のフランス語版が原典となっているが、実はそこに書かれていないジャック=ダルクローズの「リズムの根本的な思想と見られる部分」[21]が、翌1921年刊行のドイツ語版に見られることがドイツ語版と比較検討したときに判明した、と同書の「オリジナル版について」のなかで本訳書の編者である河口道朗が述べている[22]。つまり、これまで日本で訳出されていた『リズム・音楽・教育』には欠落していたジャック=ダルクローズの「リズムの根本的な思想」が、この「定本オリジナル版」には書かれているということであり、それは彼のリズム論を知る上できわめて重要なことである。他の版で欠落している「リズムの根本的な思想」が書かれているのは、前述の通り「Ⅴ　音楽と子ども」のなかである。2003年に同じく河口の監修で刊行された『リズム・音楽・教育』と比較すると、2003年の訳では肝心のその部分が約1頁強、欠落していることが確認できる[23]。前訳で欠落している部分には、次のようなことが書かれている。

> 　リズムは日常の労働において、すぐれた役割をはたす。リズムは動きをオートマチックにすることによって、一つひとつの動きを軽くするものである。またリズムはさまざまな力を呼び起こすし、力を温存することもできる。そして技能を高め、気のすすまない仕事を快適で拘束を感じさせないようにする。
> 　私の理論を裏づけるために、労働歌（Arbeitslied）を紹介しよう。労働歌はあらゆる手仕事の部門に見られ、そこで重要な役割を果たしている。[24]

このように述べ、「リズムの根源は人間の意識的活動－労働にある」[25]という彼の「リズムの根本的な思想」を示している。つまり、「リズムは主観的な思考や観念の産物としてではなく、肉体と労働にその源泉があるという客観的な見解が表明されている」[26]のである。「それはまた、ネーゲリのリズム観－自然界における光や動きにリズムの根源を認知する、といういわば自然主義的、観念論的なリズム観－を越えてさらに、いわば唯物論的なリズム観を提示している点でも注目される」[27]と本書のなかの「オリジナル版について」で編者の河口も、ジャック=ダルクローズのリズムの根本思想にネーゲリのリズム観の影響を指摘している。すなわち、ジャック=ダルクローズのリズム観は、そうしたネーゲリのリズム観を時代の変遷のなかで発展させたもの、ととらえること

ができるであろう。

3.2 ペスタロッチにおける労働と音楽との関わり

　ジャック＝ダルクローズのそのような思想は、彼と同時代のドイツの経済学者、カール・ビューヒャー（Karl Bücher, 1847-1930）の代表的な著書の一つである『労働とリズム』（Arbeit und Rhythmus, 1896）に由来することが、ドイツ語版の原註に明記されている[28]。なお、労働において労働歌が果たす役割や重要性については、ジャック＝ダルクローズよりも100年も前にペスタロッチ（Johann Heinrich Pestalozzi, 1746-1827）が教育小説『リーンハルトとゲルトルート』（Lienhard und Gertrud, 1781-1787）のなかで、労働しながらや、労働の合間、労働が終わった後などに歌を歌う場面をたびたび描写しており、既にペスタロッチも意識していたことがうかがえる。ジャック＝ダルクローズにおける労働とリズムとの関わりについて検討する前に、ペスタロッチが労働において音楽をいかに重視していたか、少々、みていくこととする。

　例えば、以下のような場面がある。

　　そうした仕事をしながら［ゲルトルートは－引用者］、愛する者達に歌を教えたのであった。
　　お父さんが帰っていらしたらこれを歌ってあげなければなりませんよ、と彼女は子ども達に言った。そして子ども達は、父が帰ってきたとき喜ぶだろうと思われるものを好んで学んだ。
　　仕事をしながら、苦もなく、怠けることなく、楽譜もなしで、彼らは母について歌っているうちについに歌えるようになった。
　　父が帰ってくると母が彼に挨拶し、それから歌った。すると子ども達も彼女とともに歌った。
　　（歌詞）天より来たりて悲しみ、悩み、苦しみを鎮める。
　　　　　　倍の労苦を、倍の元気に変えるのだ。
　　　　　　ああ私は疲れた、不安、苦しみ、
　　　　　　自然の喜び！　甘き安らぎよ！
　　　　　　来たれ、ああ来たれわが胸に！
　　母と子ども達みんながとても朗らかに安らかに歌ったので、リーンハルトの目には涙が浮かんだ。[29]

　これは、家庭内で母親が子ども達と糸繰りをしながら父親に歌って聞かせる歌を子らに教え、父親が帰ってきたときに子ども達が母から教えてもらった歌を歌うのを聞いて、父親が感動して涙を流したという有名な場面である。また、以下の場面では、労働が終わったときにみんなで一緒に歌を歌った様子が描かれている。

　　その間に、ゲルトルートの子ども達は、その日の仕事を終えてしまって糸や紡車の始末をして、それから皆で歌った。
　　（歌詞）仕事はすんだ、お母さん！　私たちの家の仕事はすんだ！
　　　　　　今夜は皆で楽しくねんねして、あしたの朝は機嫌よくおきましょう。[30]

このようにペスタロッチは、家庭内での労働と歌とを素朴に結びつけ、歌に家族の絆を深めるという役割とともに、労働においても欠かせないものと位置づけていた。このような家庭内での母と子らの糸繰りの場面だけでなく、石工である父親のリーンハルトが仕事をしながら歌を歌う場面もあり、『リーンハルトとゲルトルート』には、労働歌がたびたび登場している。歌が労働にリズムを与え、効率を上げることをペスタロッチはよく理解していたものと思われる。ペスタロッチはまた、『リーンハルトとゲルトルート』のような小説のなかだけでなく、自身のイヴェルドンの学園で編集した『歌集』にも、牧人や羊飼いなど、スイスの自然のなかで働く人々を歌った歌を全94曲中9曲収録しており[31]、労働と歌との関わりを非常に重視していたことがうかがえる。

3.3　ジャック＝ダルクローズのリズム教育論

　ただ、ペスタロッチの時代は、家庭内でマニュファクチュアが盛んになりつつあった時代であり、まだ労働が手作業で行われていたので、『リーンハルトとゲルトルート』にみられるような素朴な労働と労働歌との関係が成り立っていた。また、当時のスイスの仕事といえば、家庭内での糸繰りなど以外は、牧人や狩人など、スイスの大自然と関わるような仕事が多かったのであろう。100年後のジャック＝ダルクローズの時代には、もちろん事情は異なる。

　　　近代的な生活が受け入れられ展開された結果として、多くの人々にリズム感が失われてしまった…（中略）…今日では機械が手仕事を追い払い、人間は機械の僕となってしまった。…（中略）…労働が人間の中で発達させた自然のリズムは、このとき衰えてしまった。[32]

つまり、労働の機械化によって人間の自然なリズムが失われてしまったとしているのである。

　　　しかしこのリズムを人間は再び取り戻さなければならない。見識ある教育は、その教育全体において、個々人の生まれながらのリズムを掘り起こす原動力、活力、気力を呼び起こすに違いない。…（中略）…リズムの練習は肉体の本性にかかわっており、気質の無機的な表れを発達させるものである。タクトの練習は知力と判断力に依存しており、コントロールの能力を伸ばすのである。タクトなしに身体を揺り動かし、それからタクトに合わせて表現する場合は、人間の特性、完全なる芸術家の特性が見られる状態となる。このようにして人間の心と知性、神経システムは、より高い能力に統合されて発達し、リズムと音楽に対する感覚が人間の中で目覚めるのである。[33]

　このように述べ、人間の生まれながらのリズムを教育によって取り戻し、リズムと音楽に対する感覚を人間のなかで目覚めさせるという、ジャック＝ダルクローズのリズム教育論が認められる。このことについて河口は、以下のように述べている。

　　　リトミックはこの見解と言説にもとづくリズム思想を根幹にして考案された、リズム訓練を中心とする音楽の基礎能力の形成をめざす方法論として構築されたといえよう。…（中略）…労働を原点とするリズムという思想をバックボーンとしてはじめて、リズムの方法論としての

リトミックは成立したといっても過言ではないと思われる。[34]

まさにそうしたジャック＝ダルクローズのリズムの根本思想が、リトミックを成立させたと言えるであろう。

4　リトミックの理念

ジャック＝ダルクローズは、「リズムはあらゆる芸術の基礎である」[35]とし、「音楽は響きと動きから成り立っている。音は動きの一形式であり、二次的な性質のものである。リズムは動きの一形式であり、一次的な性質のものである。それゆえに音楽の練習は秩序だった動きの力を経験することから始めなければならない」[36]と述べている。また、「私たちがリズムを体現し、知覚できるのは肉体全体の動きによる」[37]、「筋肉は動くために作られており、リズムこそ動きである」[38]、「リズム意識は肉体全体の動きを繰り返し経験することによってしか発達しない」[39]などと述べ、リズムを体現するために体を動かさなければならないとしている。そして、「このリズム意識は随意筋すべてが協働することを必要とし、その結果リズム感覚を生み出すために、体全体を動かすように教育しなければならない」[40]と述べ、音楽とリズム、そしてリズムから動きへという関係性に言及している。リズム意識を高めるために体全体を動かさなければならない、というところから、リトミックは誕生したと言えるであろう。さらに、「有機体全体に作用する以外にも、リトミックはさらに音楽芸術自体にもある作用を及ぼしている」[41]として、音楽芸術のなかでリトミックを次のように定義づけた。

> 音楽のリトミックは響きと動きと静止状態の休止との間にバランスを確立する芸術である。それはまた、様式を生み出し確立するコントラストとバランスの法則にしたがって、すなわち個性を生む持続とダイナミズムのニュアンス、…（中略）…音の色、強さ、鋭さといったニュアンスにしたがって、一方を他方と対比させ、一方を他方によって準備させる技術でもある。[42]

上の言葉に、リトミックの理念が現れていると言えるであろう。

5　おわりに

以上、ジャック＝ダルクローズの言葉を引用しつつ、『リズム・音楽・教育』の従来の版では肝心の箇所が欠落していたためにほとんど知られていなかった彼の労働を原点とするリズム論を中心として、「リトミック」の語源を踏まえた上で、古代ギリシャと19世紀のネーゲリのリズム論、ペスタロッチの労働と音楽との関わりについても触れながら、リズムと音楽、さらにリズムから動きへの関係性、リトミックの体全体への作用から音楽芸術への作用まで、ジャック＝ダルクローズのリズムの根本思想、リトミックの理念について再考してきた。

振り返って今日のわが国におけるリトミック実践について考えてみた時、果たしてこのようなジャック＝ダルクローズのリズムの根本思想やリトミックの理念を理解して実践している方がどれほ

どいるであろうか。巷には、ジャック＝ダルクローズの名前さえ知らずに、音楽に合わせて体を動かすことがすべてリトミックであると勘違いし、明日の実践にすぐに役立つような小手先のテクニックのみ追い求め、実践している子育てサークルの指導者もみかける。それは、リトミックの体全体への作用や音楽芸術への作用など、ジャック＝ダルクローズの根本思想からはかけ離れている。現在のリトミックのおかれている問題点が、そこに見られるであろう。

　「定本オリジナル版」が出されていることに代表される通り、リトミック研究は、日々、進化している。せっかく日本語で読めるほぼオリジナルに近いジャック＝ダルクローズの著書が出ているのだから、それを読んでジャック＝ダルクローズがどのような理念を持ってリトミックを生み出したのかを知ってこそ、よりよいリトミック実践ができるのではないか、と思われるのである。

註および引用文献

1）河口道朗「オリジナル版について」E.ジャック＝ダルクローズ『定本オリジナル版　リズム・音楽・教育』河口道朗編／河口眞朱美訳　開成出版、2009 年、ix-x 頁。
2）前掲書 1）、vi 頁。
3）ジャック＝ダルクローズ「V 音楽と子ども（1912）」前掲書 1）、73-92 頁。
4）河口「オリジナル版について」前掲書 1）、ix 頁。
5）Jaques-Dalcroze, Emile. *Rhythmus, Musik und Erziehung*. Aus dem Franzözischen übertragen von Dr. Julius Schwabe, Wolfenbüttel: Hecker,1977.[Unveränderter reprographischer Nachdruck der Ausgabe Basel 1921]
6）W.Seidel「リズム法　Rhythmik[独]」大角欣也／長木誠司／野本由紀夫監修『メッツラー音楽大事典』日本語デジタル版 DVD-ROM、教育芸術社、2006 年。
7）古代ギリシャのリズム法とリズムについては、同事典の「リズム法」の項目のほか、「リズム」の項目も参考にしてまとめた。なお、古代ギリシャ以降、ネーゲリが現れる以前にも、もちろん、リズムと身体運動との関連を示す記述が全く存在しないわけではなかったが、誌面の都合上、それらについては割愛する。
8）Nägeli, Hans Georg. "Die Pestalozzische Gesangbildungslehre nach Pfeiffers Erfindung kunstwissenschaftlich dargestellt im Namen Pestalozzis, Pfeiffers und ihrer Freunde（以下、この文献は "Die Pestalozzische …" と略称)," *Allgemeine musikalische Zeitung*, 1809, Sp.769-776,785-793,801-810, 817-845.
9）Nägeli, *Vorlesungen über Musik mit Berücksichtigung der Dilettanten*（以下、この文献は *Vorlesungen* と略称), Stuttgart/Tübingen, 1826 [reprint ed., Hidelsheim: Georg Olms Verlag, 1980], S.75-76.
10）Nägeli, *Umriß der Erziehungsaufgabe für das gesammte Volksschul-, Industrieschul- und Gymnasial-Wesen*, Zürich: bey H. G. Nägeli, 1832, S.149.
11）Nägeli, *Vorlesungen*, S.77.
12）Nägeli, "Die Pestalozzische …", Sp.771.
13）Ebenda, Sp.772.
14）Ebenda, Sp.772.
15）Ebenda, Sp.773-774.
16）Ebenda, Sp.790.
17）Nolte, Eckhard. *Die Musik im Verständnis der Musikpädagogik des 19.Jahrhunderts*. München: Schöningh, 1982, S.36.
18）Nägeli & Pfeiffer, Michael Traugott. *Gesangbildungslehre nach Pestalozzischen Grundsätzen*, Zürich: bey H.G.Nägeli,1810.
　　ネーゲリは、音楽の 3 要素を Rhythmik（リズム法）、Melodik（旋律法）、Dynamik（強弱法）の 3 つとみなし、それぞれについて徹底した基礎練習を行わせた。
19）例えば、前掲の『メッツラー音楽大事典』において、「リズム法 Rhythmik（独）」の項目には、1）にいわゆるリズム法についての解説がされ、2）の意味としてリトミックが挙げられている。
20）河口「オリジナル版について」前掲書 1）、ix 頁。
21）前掲書 1）、vi 頁。
22）前掲書 1）、v-vi 頁。

23) ジャック＝ダルクローズ『リズム・音楽・教育』河口道朗監修／河口眞朱美訳　開成出版、2003年。「定本オリジナル版」の80-81頁に書かれている内容が、2003年の版では、当該箇所（39頁）から欠落している。
24) ジャック＝ダルクローズ「Ⅴ　音楽と子ども」前掲書1)、80頁。
25) 河口「オリジナル版について」前掲書1)、xi頁。
26) 前掲書1)、vi頁。
27) 前掲書1)、vi頁。
28) Jaques-Dalcroze, a.a.O., S.63.
29) Pestalozzi, Johann Heinrich. "Lienhard und Gertrud," *Pestalozzi's Sämtliche Werke: Kritische Ausgabe*, hrsg. v. A.Buchenau, E.Spranger, H.Stettbacher, Bd.2, 1995 [1927¹], S.50.
30) Ebenda, Bd.1, S.251.
31) 筆者は、ペスタロッチのイヴェルドンの学園で編集された『歌集』について、全94曲の歌詞の分析を行っている。
　　参照：関口博子「ペスタロッチの学園における子どもの唱歌活動と唱歌教育－イヴェルドンの学園で編集された『歌集』(1811)の分析を通して－」『長野県短期大学紀要』第56号、2001年、67-77頁。
32) ジャック＝ダルクローズ「Ⅴ　音楽と子ども」前掲書1)、80頁。
33) 前掲書1)、80-81頁。
34) 河口「オリジナル版について」前掲書1)、xi頁。
35) ジャック＝ダルクローズ「Ⅳ　リズム入門（1907）」前掲書1)、65頁。
36) 前掲書1)、69頁。
37) 前掲書1)、62頁。
38) 前掲書1)、63頁。
39) 前掲書1)、62頁。
40) 前掲書1)、63頁。
41) ジャック＝ダルクローズ「Ⅶ　リトミックと作曲（1915）」、前掲書1)、119頁。
42) 前掲書1)、120頁。

日本の小学校教育における
ジャック＝ダルクローズの教育の活用に関する一考察

髙　倉　弘　光

A study on the inflection of the eurhythmics
in the elementary school education of Japan

Hiromitsu TAKAKURA

　はじめに

　現行の小学校学習指導要領では、音楽科の章に「各学年の『A表現』及び『B鑑賞』の指導に当たっては、音楽との一体感を味わい、想像力を働かせて音楽とかかわることができるよう、指導のねらいに即して体を動かす活動を取り入れること。」[1]という一文がある。音楽科の学習に身体運動を取り入れるよう示唆したものである。実は、身体運動を音楽科の学習に取り入れることは、学習指導要領が出された当初、つまりその試案が出された昭和20年代から今次の改訂まで、続けて記されてきていることである。

　ところが、実際にはその理念や方法について、十分に小学校現場の教師たちには浸透していないのが現状であるように思われる。音楽に合わせて歩く、などの事例が学習指導要領解説により示されていたり、教科書やその指導書に類似した事例が示されていたりするものの、体を動かす学習活動は実際の教育現場では広がりを見せていない。

　筆者は、かねてよりジャック＝ダルクローズの教育法、リトミックの理念、内容、方法が、日本の音楽教育、特に身体運動を伴う学習に適用または応用できるのではないかと実践的な研究に取り組んでいる。本来、ジャック＝ダルクローズの教育法は、リズムの諸問題を取り上げたリトミックのみならず、ソルフェージュ、即興演奏を含む総合的な音楽教育であり、日本の小学校教育にも十分に適用が期待できるものと考えられる。しかし、一般的に言って、小学校教師のリトミックに対する認知度は高いとは言いがたい。リトミックのことを、幼児教育で行われるリズム遊びと認識していたり、あるいはピアノの即興演奏が苦手だとして敬遠したり、リトミックは習い事や音楽を専門とする学校や施設などで行う特別な教育法として認識していたりする教師も多い。

　そこで、現在の日本の教育に、どの程度ジャック＝ダルクローズの教育法の理念や内容を取り入れることが可能なのかを教育基本法や学習指導要領などとジャック＝ダルクローズが著した書を比較することで明らかにしたいと考えた。このことは日本の音楽科教育においてジャック＝ダルクローズの教育法を活用する際の重要な資料に成りうるものと考えられる。

1　研究の目的と方法

　本稿では、ジャック＝ダルクローズの教育の目的と内容を小学校における身体運動を活用した教育のそれらと比較検討し、どの部分を小学校における教育に取り入れることが可能で、有意義に活用できるのかを明確にすることとする。
　そのために、ジャック＝ダルクローズが著したリトミック論文集『リズムと音楽と教育』（2003）と現行の『小学校学習指導要領』（2007）から、さらに「教育基本法」から、それぞれの教育の目的と内容について抽出し比較検討を加えていく。

2　研究の内容

2.1　ジャック＝ダルクローズの教育の目的と日本の教育について
　まず、教育の目的について検討を行う。ジャック＝ダルクローズの教育法における教育の目的と、現在我が国で行なわれている教育の目的について比較し検討する。

2.1.1　ジャック＝ダルクローズの教育の目的
　ジャック＝ダルクローズが著した『リズムと音楽と教育』において、彼は教育の目的について下のように記している。

　　　彼らは、私のシステムの考え方および構造の根底にある基本理念は、明日の教育が、子どもたちに、まず第一に自分自身をはっきり知るよう、ついで自分の知的・身体的能力を先輩たちの努力の結果との適正な比較により推量するよう教えること―そして、自分自身のもつさまざまな能力を評価し、そのバランスを保ち、それらを個人生活上の必要にも、社会生活上の必要にも役立たせてくれる経験には素直に従うよう導くこと、であることを理解してくれるであろう。[2]

　この一文を詳細に見てゆくと、まず「自分自身をはっきり知るよう」という記述があり、これは子供たちが自分自身を知る、つまり自分は自分であるという「自己認識」を教育の目的の一つとしていると捉えることができる。さらに「自分の知的・身体的能力を先輩たちの努力の結果との適正な比較により推量するよう」という記述に関しては、歴史を重んじ先人たちの残したあらゆる成果と自分の能力を比べることを通して問題解決していく姿勢の重要性を示したものと言える。そして同時に、この記述は、自分が独りよがりとしての自分ではなく、先人たちに学ぶなかで自分を確立していこうとする態度、すなわち社会性の確立にも触れているように捉えられる。続いて「自分自身のもつさまざまな能力を評価し、そのバランスを保ち、それらを個人生活上の必要にも、社会生活上の必要にも役立たせてくれる経験には素直に従うよう導くこと」という記述からは、「自己評価」の重要性や「社会性」を高めることの重要性を教育の目的として位置づけていると捉えられる。
　また、ジャック＝ダルクローズは次のようにも述べている。

明日の教育は、改造であり、準備であり、再適合であらねばならない。すなわち、神経組織を再教育し、精神の落ち着き、内省力、集中力を養うと同時に、余儀ない事情から思ってもみなかったことを行うはめに陥っても、素直にそれに従い、厄介なこともなく反応でき、抵抗も食い違いもなく、自分の力を最大限に発揮できる備えを整えさせることが肝要である。[3]

　この記述は、子供たちが人生のなかでどのような状況に置かれても、それを精神の落ち着き、内省力、集中力をもって自分の力を最大限に発揮して、あらゆる問題に立ち向かうことができるように準備することの重要性を謳っており、ジャック＝ダルクローズの教育の目的の重要な事柄と捉えられる。
　このように、ジャック＝ダルクローズの教育法におけるその目的は、次の三点に集約できそうだ。一つは、子供の自己認識能力を高めること。二つ目は、子供の社会性の確立および社会性を高めること。三つ目は、問題解決能力を高めること、である。

2.1.2　ジャック＝ダルクローズの教育の目的と日本の教育との比較
　ジャック＝ダルクローズが示している教育の目的と日本の教育を比較検討する。
　平成18年に改訂された教育基本法の第一章「教育の目的及び理念」に次のような文言がある。

　　第二条
　　一　幅広い知識と教養を身に付け、真理を求める態度を養い、豊かな情操と道徳心を培うとともに、健やかな身体を養うこと。
　　三　正義と責任、男女の平等、自他の敬愛と協力を重んずるとともに、公共の精神に基づき、主体的に社会の形成に参画し、その発展に寄与する態度を養うこと。[4]

　第二条の一からは、豊かな情操、健やかな身体を養うことの重要性が教育の目的の一つとして示されていることがわかる。これは、ジャック＝ダルクローズが言う精神の落ち着き、内省力、集中力の重要性や、知的・身体的能力を伸ばすことの重要性と合致していると思われる。また、第二条の三では、自他の敬愛、社会性の育成の重要性が謳われている。これもジャック＝ダルクローズが示している教育の目的である自己認識能力を高めること、社会性の確立および育成と合致している。
　また、現行学習指導要領の第1章総則において「生きる力」をはぐくむことの重要性が記されている。「生きる力」とは、いかに社会が変化しようと、自ら課題を見つけ、自ら学び、自ら考え、主体的に判断し、行動し、よりよく問題を解決する資質や能力などのことを指す。これもジャック＝ダルクローズの教育の目的の一つである問題解決能力を高めることと合致していると言える。
　以上、ジャック＝ダルクローズの教育の目的と日本の教育について比較してきたが、ジャック＝ダルクローズの教育の目的は、一般的に認知されているような音楽的能力の伸長に留まるものではなく、全人的な教育の立場に立ったものであると同時に、現在の日本の教育とも合致している点が認められる。
　従って、ジャック＝ダルクローズの教育は、現在あるいは将来における日本の教育のあり方を探

る上で、参考にすべき事柄があると捉えられる。

　一方、周知のとおりジャック＝ダルクローズの教育の中心は音楽である。身体運動を用いて音楽のさまざまな要素などを効果的に学習するところにその特徴がある。現行小学校学習指導要領の第6章 音楽、第3 指導計画の作成と内容の取扱いにおいても、次のような一文がある。

　　2　第2の内容の取扱いについては、次の事項に配慮するものとする。
　　（1）各学年の「A表現」及び「B鑑賞」の指導に当たっては、音楽との一体感を味わい、想像力を働かせて音楽とかかわることができるよう、指導のねらいに即して体を動かす活動を取り入れること。

　この文は、身体運動を手段として、音楽の学習内容を子供たちに定着させることの有効性を述べている。この過程は、ジャック＝ダルクローズの教育と軌を一にしている。
　では、音楽の学習内容について、ジャックダルクローズと現在の日本の音楽科教育ではどのような事柄を挙げているのだろうか。次の項で述べる。

2.2　ジャック＝ダルクローズの教育と日本の小学校音楽科教育の内容について

　ジャック＝ダルクローズが示したリトミックの学習内容は、日本の小学校音楽科にどのような点を取り入れることができるのだろうか。それぞれの学習内容を概観し、比較検討する。

2.2.1　日本の小学校音楽科における〔共通事項〕とリトミックの訓練法

　小学校学習指導要領の音楽科の章には、学習者が学ぶべき事柄として〔共通事項〕が明記されている。〔共通事項〕とは、音楽科における4つの学習活動「歌唱」「器楽」「音楽づくり」「鑑賞」に共通して学ぶべき音楽の諸要素や仕組みなどを示したものであり、学習指導要領が生まれてから数十年を経た今次の改訂で、初めて創設された。下に第5学年及び第6学年の〔共通事項〕を挙げる。

　　（1）「A表現」及び「B鑑賞」の指導を通して、次の事項を指導する。
　　ア　音楽を形づくっている要素のうち次の（ア）及び（イ）を聴き取り、それらの働きが生み出すよさや面白さ、美しさを感じ取ること。
　（ア）音色、リズム、速度、旋律、強弱、音の重なりや和声の響き、音階や調、拍の流れやフレーズなどの音楽を特徴付けている要素
　（イ）反復、問いと答え、変化、音楽の縦と横の関係などの音楽の仕組み
　　イ　音符、休符、記号や音楽にかかわる用語について、音楽活動を通して理解すること。[5]

　前述した通り、これらの項目は、音楽科のあらゆる学習活動に共通して学ぶべき事柄であると同時に、特定の音楽に存在するものではなく、世界の様々な国や地域の音楽に共通に含まれるものであるし、また過去の古い音楽にも新しい音楽にも共通に存在するものである。このことは、ジャック＝ダルクローズが若き頃、アフリカの原住民の音楽に魅了されてリトミックを創案したことと無関係ではないように思われる。音楽の学ぶべき内容はその期限に洋の東西を問わない。

一方、ジャック＝ダルクローズは、その主著『リズムと音楽と教育』のなかの「リトミック」の項で、学習者が学ぶべきリズムに関する訓練法を下のように示している。

　　1．筋肉の弛緩と呼吸の訓練　2．拍節分割とアクセントづけ　3．拍節の記憶　4．目と耳による拍子の迅速な理解　5．筋肉感覚によるリズムの理解　6．自発的意志力と抑止力の開発　7．集中力の訓練。リズムの内的聴取の創出　8．身体の均衡をとり、動きの連続性を確実にするための訓練　9．数多くの自動的作用の獲得と、自発的意志の働きでもってする動作との結合と交替を目的とした訓練　10．音楽的時価の表現　11．拍の分割　12．音楽リズムの即時身体表現　13．動きの分離のための訓練　14．動きの中断と停止の訓練　15．動きの遅速の倍加や3倍加　16．身体的対位と　17．複リズム　18．感情によるアクセントづけ―強弱法(dynamiques)と速度法(agogiques)のニュアンス（音楽的表現）　19．リズムの記譜の訓練　20．即興表現の訓練（想像力の開発）　21．リズムの指導（他者―ソリストたちや集団の面々―に自分の個人的感覚・感情を速やかに伝達すること）　22．いくつもの生徒のグループによるリズムの実演（音楽的フレージングの手ほどき）[6]

　これらの訓練法は、ジャック＝ダルクローズが示した彼の教育法の3つの柱であるリトミック、ソルフェージュ、即興演奏のうちのリトミックのものである。しかし、ソルフェージュや即興演奏における訓練法は、リトミックのそれと強い関連が認められる。つまりリトミックで学んだことをソルフェージュ、即興演奏でも学ぶのである。リトミックは、ジャック＝ダルクローズの教育法の中枢であることが伺える。

2.2.2 〔共通事項〕とリトミックの訓練法の比較

　現在日本で扱われている音楽科教育における〔共通事項〕と、ジャック＝ダルクローズが創案したリトミックの訓練法を比較し、検討を加える。

　ジャック＝ダルクローズは、リトミックの訓練法として22項目を挙げている。リトミックという用語は、英語ではeurhythmicsと呼ばれており、それは「良いリズム教育」という意味であることが示す通り、これら22項目は、すべてリズムに関する学習内容である。これらは、大きく見ると〔共通事項〕のなかの「リズム」の学習内容に相当することになる。文部科学省は、〔共通事項〕のなかの「リズム」についてその詳細な説明をしていないが、ほかに「拍の流れやフレーズ」という項目があることから考えて、「リズム」とはリズムパターンを主とするリズムのあらゆる種類、例えばシンコペーションなどを含むことを意味していると思われる。

　従って、まず、リトミックにおける22の訓練法は、少なからず〔共通事項〕の「リズム」に関係していると言ってよい。

　次いで、〔共通事項〕のそれぞれの項目が、リトミックにおける22、及びソルフェージュなどの訓練法のどの項目と関連があるか詳細に検討する。

　まず、〔共通事項〕アの（ア）からみていく。「音色」に関する学習である。この場合の「音色」について学習指導要領解説では「声や楽器などから出すことができる様々な音の表情を指す。一人の声や一つの楽器から、歌い方や楽器の演奏の仕方を工夫することによって、多様な音色を引き出

すことができる。」[7]と説明している。この学習に合致するリトミックの訓練法は見当たらないが、ソルフェージュの学習についてジャック＝ダルクローズは「＜ソルフェージュ＞の学習が目覚めさせるのは―音の高さの段階と相互関係（調性）の感覚とそれぞれの音色を識別する能力である。」[8]と記している。ここで彼が記している「音色」が、〔共通事項〕で示すそれとは意味が同一とは言えないようだ。しかし、ジャック＝ダルクローズの教育が、主にピアノによってなされ、学習者は身体から出る音、例えばステップする音、クラップする音、声、あるいはさまざまな打楽器を用いて行われることを考えれば、無関係とも言いがたい。

　次に〔共通事項〕における「リズム」はどうだろうか。これは前述した通り、リトミックにおける22のすべての項目が何らかの関連をもっている。日本の教育とリトミックの関連がもっとも強いのが、この「リズム」の項目だろう。次に「速度」である。これはリトミックの訓練法「15．動きの遅速の倍加や3倍加」や「18．感情によるアクセントづけ―強弱法(dynamiques)と速度法(agogiques)のニュアンス（音楽的表現）」「21．リズムの指導（他者―ソリストたちや集団の面々―に自分の個人的感覚・感情を速やかに伝達すること）」と関連が十分に認められる。

　次に〔共通事項〕の「旋律」である。これは、ジャック＝ダルクローズが提唱する教育法の柱の一つであるソルフェージュと関連が強い。特にその訓練法のうち「5．筋肉感覚の強弱による『歌声の高さ』の知覚」や「16.17．身体造形による複リズムと対位法」「19．メロディー、ポリフォニー、和声進行の記譜訓練」は、旋律そのものを学習材として使っている点において関連が強いと思われる。次いで「強弱」。これはリトミックにおける「18．感情によるアクセントづけ―強弱法(dynamiques)と速度法(agogiques)のニュアンス（音楽的表現）」と「21．リズムの指導（他者―ソリストたちや集団の面々―に自分の個人的感覚・感情を速やかに伝達すること）」と強い関連がある。

　〔共通事項〕における「音の重なりや和声の響き」についてみていく。この項は注意深くみる必要がある。まずこれを「音の重なり」と「和声の響き」に分けて考えることにする。「音の重なり」とは、学習指導要領解説によれば「複数の高さの音が同時に鳴り響くことによって生まれる縦の関係である。」[9]としている。つまりいわゆるドミソ、ドファラのような和声的な響きを指していると考えられる。しかし、これは第3学年及び第4学年以上に示されている項目である。本来このような和声的な響きについては第5学年以上に示されていることに鑑みると、リズムによる音の重なりも広義の「音の重なり」と言える。そう考えると、リトミックにおける「12．音楽リズムの即時的身体表現」及び「13．動きの分離のための訓練」「17．複リズム」が強い関連をもっていると判断できる。これらの訓練では、学習者は、同時に2つの操作をする。例えば、12．では、あるリズムをステップしている間に、次にステップするべきリズムを聴き、それを覚え、次の小節で覚えたリズムをステップする。13．では一定時間内にそれをステップにより等しく2つに分割し、クラップは3つに分割したりする。複数の音が同時に鳴らされ、音の縦の関係が生まれるのだ。当然、これらはある時間（フレーズ、あるいは曲）の単位内で行われる訓練だから〔共通事項〕の「音楽の縦と横の関係」とも深い関連がある。

　「和声の響き」に関しては、ジャック＝ダルクローズが提唱するソルフェージュの訓練法のうち、特に「16.17．身体造形による複リズムと対位法」「19．メロディー、ポリフォニー、和声進行の記譜訓練」と関連が強いと思われる。

　次に〔共通事項〕の「音階や調」。これはジャック＝ダルクローズのソルフェージュ「5．筋肉

感覚の強弱による『歌声の高さ』の知覚」の訓練法と強い関連が認められる。

　〔共通事項〕の「拍の流れやフレーズ」について考察する。このうち「拍の流れ」は、リトミックの「２．拍節分割とアクセントづけ」と関連がみられる。この訓練では、例えば学習者が拍に合わせて行進し、各小節の第１拍目を足で地面を叩くことをする。リズムの最小単位である拍があり、それがいくつか集まり、強弱の規則的な反復によって生まれる単位が小節である。拍の流れとは、すなわち小節を生み出す元になっているものなのである。また小節のいくつかのまとまりで次の大きさの単位であるフレーズが生まれる。だからリトミックのこの訓練は、〔共通事項〕における「拍の流れやフレーズ」の学習に合致すると思われる。同様に、リトミックにおける「３．拍節の記憶」「４．目と耳による拍子の迅速な理解」「11．拍の分割」なども、〔共通事項〕のなかの「拍の流れ」の学習の中で行われる学習活動に相当すると考えられ、またリトミックにおける「７．集中力の訓練。リズムの内的聴取の創出」「14．動きの中断と停止の練習」「22．いくつもの生徒のグループによるリズムの実演（音楽的フレージングの手ほどき）」は、〔共通事項〕のなかの「フレーズ」の学習に含まれる内容と考えられる。拍にかかわる学習は、小節、フレーズ、ひいては音楽の形式にまでつながる大切な、基本的な学習と言えるだろう。

　続いて、〔共通事項〕アの（イ）に関わる事項について検討する。まず「反復」である。ここで言う「反復」とは、短いフレーズの反復であったりABAの三部形式の中に見られる再現部を反復と見たり、様々な様相がある。それらの意味においてそれに合致するリトミックの訓練項目は見当たらない。しかし、「９．数多くの自動的作用の獲得と、自発的意志の働きでもってする動作との結合と交替を目的とした訓練」では、筋肉の反復運動に関する記述がある。これは、例えば反復されるリズムに反応して動くことで自動的作用を獲得することが記されているし、その開発にはあらゆる時間的ニュアンスで展開されるべきことが記されている。「あらゆる時間的ニュアンスで」というのは〔共通事項〕の「変化」にも関連があると思われる。

　次に〔共通事項〕の「問いと答え」についてみていく。この項も合致する目的で行われるリトミックの訓練は見当たらない。しかし、例えばジャック＝ダルクローズのソルフェージュにおける「10.11.12．リトミックの訓練の声楽表現への応用」では関連がみられる。この訓練では、教師の歌うメロディーの１小節ずつのカノンでの模倣をする。この模倣は、教師の問いかけによる学習者の応答ともとらえることができる。これは、例えば日本の小学校でよく歌われる「こぶたぬきつねこ」（山本直純詞・曲）と同じ原理である。「反復」または「問いと答え」に相当する学習内容と思われる。

　最後に〔共通事項〕のイ「音符、休符、記号や音楽にかかわる用語について、音楽活動を通して理解すること」とリトミックとの関連について検討する。

　これは、リトミックの「10．音楽的時価の表現」と大きな関連がある。この訓練では、長い音価、例えば２分音符の前進歩行などを学習者に行わせる。その学習過程についてジャック＝ダルクローズは次のように記述している。

　　４分音符を前進歩行で表現するのに慣れた子どもは、もっと長い音符は、その場にとどまっての動きに分解せざるをえない。２分音符は、その場にとどまって膝を曲げ、それから一歩前進歩行するといった動きで表現される等々…（中略）この動きは、正確に正しい時価をもつで

129

あろう。なぜなら、子どもの精神は、無意識な直観で分解作業を続けているであろうからである。[10]

　これは、〔共通事項〕のイで言っている「音符、休符、記号や音楽にかかわる用語について、<u>音楽活動を通して理解すること。</u>」（下線は筆者による）と趣旨が似ているように思われる。例えば4分音符と2分音符の関係を理解する際に、単に数学上の問題として2倍、2分の1の音価として計算し頭だけで理解するのではなく、体を動かすなど音楽活動を通して、音符に含まれる空間やエネルギーを体感的に理解することの重要性を、リトミックにおいても、また〔共通事項〕においても主張しているのである。〔共通事項〕の記述「音楽活動を通して」は、リトミックの精神と合致するものであると思われる。

　ところで、ここまでは〔共通事項〕を視座にしてリトミックとの相違点などを検討してきたが、そこでは触れられなかったリトミックの訓練法で、日本の音楽科教育に関連があると思われるものについて私見を述べる。

　リトミックの「20. 即興表現の訓練（想像力の開発）」は日本の音楽科教育と関連が深いと思われる。この訓練は、文字通り楽譜などの頼りなしに、即座に教師が出した課題に対して創作を行うものであり、日本の小学校音楽科における「音楽づくり」に相当するものであろう。学習指導要領において、音楽づくりはアとイの2つの事項に分けられている。アは即興的に表現することであり、イはまとまりのある音楽をつくることである。リトミックにおける20. の訓練は、日本の小学校における音楽づくりのうち、事項アに含まれるものと言えるだろう。学習指導要領において高学年に「いろいろな音楽表現を生かし、様々な発想をもって即興的に表現すること」[11]という記述がある。「いろいろな音楽表現を生かし」というのは、それまでに学習してきた様々な音楽の要素や仕組みのことを指している。つまり闇雲に即興するのではなく、教師によって示された音楽的な何らかの課題のもとで即興がなされるのである。これもリトミックの即興演奏と軌を一にしていると言ってよい。

　今次の学習指導要領改訂では、既存の作品を表現したりその一部分を創作したりする活動を、音楽づくりの活動には含まないという見解が示された。これは学習者である児童の創造的な能力を高めるねらい、そして〔共通事項〕に示された内容を児童が意図をもって創作できるようにするねらいがある。学習者がある意図をもって創作するという点においても、リトミックと日本の小学校音楽科に共通点が認められる。

　一方、この「20. 即興表現の訓練（想像力の開発）」は、実は児童に対してもさることながら、実は音楽の授業を受け持つ教師にも必要な訓練であると思われる。音楽の授業のあらゆる場面において、教師がピアノなどの楽器において即興演奏をすることができたら、これまでに挙げてきたリトミックの訓練もよりスムーズに行われるはずである。換言すれば、音楽の授業がより効率的に、より本質的に高めていくことができるのである。しかしながら、日本の音楽科教育をとりまく現状を見れば、それは困難なことであると言わざるを得ない。教員養成の過程をみても、教師の即興演奏能力を高めるような授業はほとんど行われていない。また全国で行われている音楽授業のうち6割以上が、学級担任によるものであることに鑑みると、教師が授業の中で即興演奏することは期待できない。

3　まとめ・日本の公教育にダルクローズの教育を活用する有用性について

　以上、教育の目的と学習内容を視点に、日本の教育とジャック＝ダルクローズの教育法を比較してきた。

　教育の目的においては、自己認識力の育成、社会性の確立、問題解決能力の育成という３点において共通点が見いだすことができた。

　また学習内容においては、日本の学習指導要領に示されている〔共通事項〕ア（12項目）、及びイ（１項目）のすべてにおいて、ジャック＝ダルクローズのリトミックあるいはソルフェージュの訓練法と何らかの関連をもっていることが明らかになった。ある項目については合致する内容であり、ある項目については弱いながらも関連がみられた。

　これらの事実に鑑みて、ジャック＝ダルクローズの教育法の理念は、日本の公教育全体の目標に通ずる部分があると言え、また教育の内容及び方法は、現在日本で行われている小学校の音楽科の学習、とりわけ「体を動かす活動を取り入れること」を構築する際の参考となり、活用することが十分に可能であると考えられる。

　一方で、視点をリトミックに移すと、22項目あるリトミックの訓練法のうち「１．筋肉の弛緩と呼吸の訓練」「６．自発的意志力と抑止力の開発」「８．身体の均衡をとり、動きの連続性を確実にするための訓練」については、学習指導要領の〔共通事項〕との直接的な関連を見いだせなかった。また「即興演奏」については、児童はもとより教師にも求められる技能であることが考察されたが、その技能定着は現状では困難であることが伺われ、示唆的であった。

注
1)　文部科学省『小学校学習指導要領解説音楽編』教育芸術社、2007年、p.71
2)　ジャック＝ダルクローズ著、山本昌男訳『リズムと音楽と教育』全音楽譜出版社、2003年、p.x
3)　ジャック＝ダルクローズ著、前掲書、p.xi
4)　文部科学省、『小学校学習指導要領』東京書籍、2008、p.2
5)　文部科学省、『小学校学習指導要領解説音楽編』教育芸術社、2007年、p.65
6)　ジャック＝ダルクローズ著、前掲書、pp.80-88
7)　文部科学省、『小学校学習指導要領解説音楽編』教育芸術社、2007年、p.33
8)　ジャック＝ダルクローズ著、前掲書、p.79
9)　文部科学省、『小学校学習指導要領解説音楽編』教育芸術社、2007年、p.49
10)　ジャック＝ダルクローズ著、前掲書、pp.83-84
11)　文部科学省、『小学校学習指導要領解説音楽編』教育芸術社、2007年、p.59

日本人とリトミック教育
―和太鼓の学習が示唆するもの・長尾満里さんの仕事から―

中 山 裕 一 郎

Japanese and Rythmique Education:
learning from Mari Nagao's study and her activity

Yuichirou NAKAYAMA

はじめに

　日本ダルクローズ音楽教育学会会員であった長尾満里さんが58歳の若さで私たちの前から旅立ってからすでに6年の歳月が流れつつある。長尾さんはリトミックの研究者であり、指導者であり、ピアニストであり、合唱団の指導者であり、和太鼓の打ち手でもあった。
　私は、かつて広島市にあるエリザベト音楽大学に勤務していて、一時期、長尾さんとは同僚であった。長尾さんは非常勤講師として、「幼児音楽指導法」と「リトミック」の2つの科目を担当していた。当時、大学には日本伝統音楽研究会という研究会があり、私はその顧問をつとめていた。和太鼓や笛や民舞を踊る学生のサークルである。長尾さんはその会に時間のあるときはときどき顔を出し、学生の指導をしてくれた。また、折々、いろいろな話もさせてもらった。音楽教育のこと、リトミックのこと、和太鼓のこと等々。
　いくつもの話題の中で、とりわけ思い出されるのは、日本人にとってのリトミックあるいはリズム感覚とは何かという話であった。長尾さんは、ヨーロッパ起源のダルクローズの創設したリトミックの方法をそのまま日本の音楽教育の現場に持ち込むことに懐疑的であった。むしろ批判的であった。そこには2つの論点があったように思う。1つは、ダルクローズが主唱し提案したリトミックの理念と方法をそのまま日本に移入することの問題であり、もう1つは、移入の際の解釈や方法の問題である。どちらかといえば、後者についての問題を多く語ってくれたように思う。一例を挙げれば、日本のリトミック教育界に広く膾炙している＜即時反応＞という語の解釈についてである。リズムや拍子の変化への即応、＜即時反応＞は音楽的反応の速さばかりが強調されるが、それはあまりに機械的ではないか、そこにはもっと音楽にとって必要な大事な意味があるのではないか、と。長尾さんはその点を、あることに喩えて話してくれた。一本の細い道を向こう側とこちら側から人が歩いていく。細い道なので、どちらかが、或いは双方が道の何れかの側に身を寄せないと2人はぶつかってしまう。身を寄せたとしても、同じ側に身を寄せたのでは意味がない。そこでは、互いに向こうからやってくる相手の動きをよく見、次の相手の行動を予測する。さまざまな要素から成

立するその＜場＞を読むことで、衝突は回避される。だから、単に機械的な反応の速さが重要なのではないと。

このような感覚や考えに至る根本には、おそらく小笠原や八丈島での太鼓の経験があったからだと思う。そこでの太鼓は自由であり、多くの場合即興性に支えられている。「八丈太鼓」のように同じ太鼓を2人の奏者が演奏する場合、耳と目と身体全体の感覚を駆使し相手の次の一打ちを察知しなければならない。相手が次にどう動くのか、その動きに対し自分はどう動くべきか。このことは、ジャズのセッションにおける即興演奏と似ているかもしれない。この点はまた、広島の神楽団で笛を吹いていたことのある私にもよく理解できる。民俗芸能としての神楽にとってまず大事なのは演劇性である。演技を主とするなら、音楽は従である。「囃子」というように、音楽は演劇を囃し盛り立てるための道具である。神楽の場合、音楽は独立して存在するのではない。「八岐大蛇」でスサノオと大蛇との戦闘シーンが盛り上がって長引けば、音楽は延々とそれに従って演奏し続けなければならない。そこでは、その場で起きていることの全体的把握、状況に合わせた柔軟な対応が要求される。音楽だけの論理や都合だけで事は進まないのである。

長尾さんはまたこんなことも話してくれた。それは＜ナンバ＞走りのことである。言うまでもなく＜ナンバ＞とは、日本人の歩き方・走り方或いは所作の特徴である。＜ナンバ＞歩きとは、右手と右足を同時に出す歩き方のことであり、江戸時代の飛脚の歩き方・走り方がそうであったとされる。歌舞伎の所作では六方がこの＜ナンバ＞によっている。起源や過去の日本人のその実態については諸説ある。しかし、少なくともヨーロッパの人々と日本人とでは、その基本となる日常生活の所作が同じではないのであるから、リトミックにおける動きの指導も、その違いに配慮すべきではないかというものである。歌舞伎以外にも、神楽などさまざまな伝統音楽・民族（俗）芸能の中に、私たちは＜ナンバ＞の所作をいくらでも見つけることが出来る。

＜ナンバ＞だけではない。能における摺り足の動きもヨーロッパにはないものである。農耕民族に由来するという説が語られるが、この摺り足の動きは日本の芸能の大きな特徴の一つである。要するに、リトミック実践やその教育研究の中に、＜ナンバ＞や力を内面にため込んでの流れるような動きである摺り足による所作、それらへの言及は全くと言っていいほどになされてはいない。長尾さんは上記のような意味で、リトミックの教育について日本の或いは日本人固有の動きやリズム感覚を踏まえて考えようとした数少ない研究者であり実践者であった。

本稿は、日本ダルクローズ音楽教育学会の会員であった長尾さんの足跡と仕事について振り返り、彼女の主張或いは提言について、今一度考えてみようとするものである。

1　長尾満里（1950～2009）略歴

長尾満里さんは、1950（昭和25）年東京生まれ。私立明星学園小学校、同中学校、同高等学校に学んだ後、1970（昭和45）年に国立音楽大学音楽学部教育音楽学科Ⅱ類（リトミック専攻）に入学。妹である山崎絵里氏によれば、長尾さんは明星学園では中学・高校時代を通し「器械体操部」に所属し、平均台、段違い平行棒、床運動、跳馬などをしていたとのこと。身体を動かすこと、身体によって表現することが得意であったそうである。音大への進学を決め、当初はピアノ科を目指していたが、高校の音楽の教師から「機械体操部だった君にはピアノ科よりリトミック科がいいよ」

と勧められ進路変更したとのこと。器械体操の経験、つまり自分の身体をコントロールし、筋肉を自由に使うことの経験が、大学でリトミックを専門に学ぶようになることや、やがてやはり身体を大きく使う和太鼓の実践と研究の領域に足を踏み入れるようになることに大きくつながっているようである。

　長尾さんは 1974（昭和 49）年に国立音楽大学を卒業し、東京都立足立高等保母学院やクリスト・ロア幼稚園に勤務する。同園ではリトミックを担当している。その後、1979（昭和 54）年からは学校法人ワタナベ学園・越谷保育専門学校で講師として「表現Ⅰ（音楽）」、「器楽Ⅰ（ピアノ）」の授業を担当する。授業を担当する中でいろいろ感じたり思うところがあり、勤務の傍ら、1980 年には再び学生として母校の国立音楽大学大学院修士課程音楽教育学専修に入学する。大学院時代の授業科目に、身体を使った舞台表現の科目があり、生き生きとその授業に取り組んでいたと、山崎絵里氏は姉について語っている。

　2 年後の 1982 年 3 月に同大学院を修了。提出した学位論文のテーマは「小笠原太鼓の打法～身体運動とリズム～」であった。この論文が長尾さんのその後の和太鼓を中心とした一連の研究の出発点となる。大学院修了後も 2 年間、同大学附属音楽研究所に研究生として在籍。ワタナベ学園・越谷保育専門学校での勤務を続けながら、1985（昭和 60）年からは広島市にあるエリザベト音楽大学で教鞭を執るようになる。同大学では、「幼児音楽指導法」と「リトミック」の 2 科目の授業を担当した。同じ 1985 年からは東京にある学校法人多摩川学園小鈴幼稚園でもリトミックの指導を担当している。エリザベト音楽大学には 1999（平成 11）年 3 月まで勤務するが、2002 年 4 月からは学校法人クラーク学園・和泉短期大学児童福祉学科に講師として勤務。ピアノの指導を担当している。その間、主に和太鼓そしてリトミックに関する研究活動もおこなっている。主なものを挙げてみたい。

【著書】
　石丸由理・長尾満里他（共著）『みんなでやろうリトミック』、ひかりのくに、1982 年
　繁下和雄・長尾満里・長尾絵里（共著）『保育実習・音楽』（保育基礎講座第 8 巻）、東京都社会
　　福祉協議会、1988 年
　長尾満里（単著）『八丈島の太鼓』自費出版、2001 年

【論文】
　長尾満里「八丈太鼓の新打法－本ばたき～しゃばたきへの変容・リトミック教育の即時反応について－」『エリザベト音楽大学研究紀要』第 12 巻、1992 年
　長尾満里「日本の音と身体の動き－日本の民俗芸能の『リトミック教育』への教材化試論－」『リトミック教育研究の現在（いま）』日本ダルクローズ音楽教育学会、2003 年

【報告論文】
　長尾満里「太鼓芸の鑑賞と講習～2 月例会のリポート～」『幼児音楽研究』、幼児音楽研究会、1998 年春号（通巻第 24 号）、1998 年
　長尾満里「高円寺阿波踊りに見られる子どもの＜動き＞」『幼児音楽研究』、幼児音楽研究会、2000 年秋号（通巻第 28 号）、2000 年

この他、『音楽広場』（クレヨンハウス発行）など多くの雑誌への寄稿、日本ダルクローズ音楽教育学会や幼児音楽研究会での研究発表も毎年のようにおこなっていた。また学会のパネルディスカッションのパネラーやワークショップの講師なども数多くつとめていた。それらの活動におけるキーワードとなるのは、「日本の音」「身体の動き」「子どものリトミック指導」などである。少なくとも、このように「日本」と正面から向き合い、その立場からリトミック教育について考察した研究者は他にはいない。

　長尾さんはピアノや歌など、演奏者としての経歴もある。1979（昭和54）年から2006（平成18）年まで、杉並区の混声合唱団「コーラス・杉の声」の指導者・指揮者としても活躍した。80代の高齢者を含む合唱団だが、定期演奏会もおこなってきた。他にも2004年から杉並区民の童謡の会「杉唱会」の指導者を務めるなど、社会活動にも熱心に取り組み、そこに参加していた人たちから大きな信頼を得ていた。

2　なぜ和太鼓か？〜和太鼓との出会い〜

　長尾さんがなぜ和太鼓を研究テーマとしたのか。そのきっかけは何だったのか。この点について修士論文の冒頭の部分で次のように書いている。

>　「日本の太鼓」に出会ったのは、ある小学校の運動会に行った時のことである。昼休みのアトラクションで高学年の子どもたちが「八丈太鼓」を打ってみせた。その時私は、自分がそれまでに行なってきた「ピアノに合わせて歩いたり走ったりするだけのリズム教育」からは得ることのできなかった生き生きとした姿を、太鼓を打つ子どもたちの中に見出しておどろきと感動を覚えた。そしてそれこそが、リズム教育にとって大切なのだと感じた。また、ピアノの音楽に合わせて生徒たちを歩かせたりすることが彼らに果たしてどの程度リズムを実感させてきただろうかと思ったのもそのときである。そして太鼓のリズムとは何なのか、何故、太鼓を打っている子どもたちは生き生きとしているのかを知ろうと考えた。[1]

　何かとの出会い、そのことによって自らの教育観や考えが大きく転換することは、教育の場ではよくあることでもある。長尾さんにとって、この小学校の運動会で目にした「八丈太鼓」を生き生きと打つ子どもたちの姿は、強烈な印象として残ったのであろう。ちなみに、この小学校とは和光小学校である。1980（昭和55）年の5月、つまり長尾さんが国立音楽大学の大学院に入学した年であった。妹である山崎絵里さんによれば、少なくともこの和光小学校で和太鼓の演奏に接する以前に、和太鼓を自身の研究テーマにすることを姉である長尾満里さんは考えていなかったはずであるとのこと。そして、和光小学校で和太鼓に出会って間もない同年夏には、小笠原太鼓の調査のために同島を訪れている。では、その方向での研究を行うにあたり、長尾さんはどのような見通しを持っていたのだろうか。その点について長尾さんは自身の修士論文において、和太鼓研究の目的や意味や見通しについて次のように述べている。

>　そのため（著者注・何故、太鼓を打つ子どもたちの姿が生き生きしているのかを知るため）

にはまず、太鼓そのものについての認識が必要であり、太鼓芸を会得することが、私の課題となった。そう考えていた折、小笠原に太鼓を習いに行く計画があることを知り、それに参加した。小笠原で小笠原太鼓の打ち方を島の人々から教わり、私はすぐにその躍動するリズムに魅せられてしまった。私自身をもそのとりこにしてしまう魅力がどこにあるのか、それを探るために本研究にとり組んだ。とくに小笠原太鼓は即興的に打たれるだけに、そのリズムについての研究はほとんどない。まずその実際の演奏を記録・整理し、これらの太鼓芸のリズムの基本パターンをとり出すことに本研究のねらいがある。それは個人から個人へと見よう見まねで伝承されてきた芸を、公教育という場にもちこんで教育しようとするときに、一番大切なこととなるからである。[2]

　長尾さんは、小学生たちが何故生き生きと太鼓を打つのか、その理由を知りたいと思う。さらに小笠原の現地で小笠原太鼓に触れることで、自身が「とりこ」になるほどの魅力を太鼓芸に感じ、その魅力の根源を知りたいと考える。一般に、太鼓に限らず、日本の伝統音楽の学習は習うよりも先ず慣れることが重要であるとされ、経験や勘に頼る部分が大きい。長尾さんは、太鼓を打つことで、その芸の内実を自身の感覚と身体を通し言語化しようとした。太鼓のリズムを整理し分析することにより、その基本パターンを誰もが理解可能な記号として取り出そうとした。そうすることによって、多くの子どもたちが学ぶ学校の音楽科の授業の場でも扱えるものにしようとした。太鼓芸を、経験や勘に頼った世界から、学校の音楽の授業の場においても指導可能なものとして解放しようと考えた。このような研究がそれほど簡単に行えるものとも思われない。しかし、長尾さんは研究の基本的な出発点をこのようなところに置いた。

3　日本のリズムと日本人の動き〜研究を通しての知見〜

　研究の成果は、著書『八丈島の太鼓』（2001年）の中にもまとめられている。そこには、「八丈太鼓」に関する打法から始まり、歌を含む詳細な音楽面の分析的記述がある。それによれば一口に「八丈太鼓」と言っても、そこには新・旧の2つの様式があり、「新様式」は若者たちによって、「旧様式」は年配者たちによって主に打たれる太鼓の演奏スタイルである。両者の違いは、例えば打つ際の構えにもあらわれる。「新様式」は鼓面に対し斜めに構えるが、「旧様式」では両足をそろえて、鼓面に正対して立ち、打つ。音楽的には、新様式の方はリズムパターンの種類が多く、変化も早い。そしてテンポも早い。「旧様式」とは対照的である。その記述に続いて同書では、太鼓のリズムの基本パターンが抽出され示されている。長尾さんによれば、和太鼓の即興打ちで用いられるリズムは7種類にまとめることが出来るという。唱歌（しょうが）で示すと下記のようになる。

（リズムの基本パターン）
　A.　ドン　ドン（♩　♩）　B.　ドコ　ドコ（♫　♫）　C.　ドン　ドコ（♩　♫）
　D.　ドコ　ドン（♫　♩）　E.　ドドンコ（♪　♩　♪）　F.　ドーンコ（♩　♪）
　G.　ドドーン（♪　♩）

「八丈太鼓」のように両面打ちの場合、下拍子のリズム（♩ ♫ または ♫ ♫）を1回たたく間に打たれる上拍子のリズムを「リズム・ユニット」（上記基本パターン）と呼ぶ。また、2つの「リズム・ユニット」から構成される上拍子のリズムを「リズム・パターン」と呼ぶ。さらに、リズムの基本パターンである「リズム・ユニット」に休符が加わると、幾種類かのバリエーションが出来る。たとえば、上記パターンのBの場合、拍の頭に8分休符を入れると「ドコ　ドコ」は「スト　スト」となり、基本パターンのDの「ドコ　ドン」は「スト　ドン」となる。また、基本パターンのリズムを「倍化」（2倍の音価に引き延ばして打つ）したり「半減」（半分の音価に縮めて打つ）ことも即興打ちではおこなわれる[3]。

　このような整理の仕方は、単純ではあるが、これまでになかったものである。和太鼓の曲を口唱歌（しょうが）、太鼓譜、或いはリズム楽譜を使って覚えることは可能である。しかし、自由な即興をおこなう場合に頼りとすべき理論（きまり）がこれまで明確ではなかったと言えるので、このような整理の仕方は、和太鼓で即興打ちをする場合も、教室で子どもたちに和太鼓の指導をする際にも大いに役立つ。

　また長尾さんには、「日本の音と身体の動き～日本の民俗芸能の『リトミック教育』への教材化試論～」[4]という論文がある。この論文は、和太鼓からは直接的には離れ、盆踊りの所作に見られる日本人の身体の動きについて取り上げている。中心的に取り上げ分析されている盆踊りは2つ、「高円寺・阿波踊り」（正式には、「東京高円寺阿波おどり」）と「越中おわら風の盆」である。前者は毎年8月下旬（最終の土曜日曜）、JR高円寺駅前から東京メトロ新高円寺駅にかけての通りを舞台に繰り広げられる盆踊りイベントである。1957年（昭和32年）に第1回が開催され、見物客は本場徳島の阿波踊りを超える120万人以上とされる。後者は富山県婦負郡八尾町で毎年9月1日から3日まで開催される盆踊りで、踊りの優雅さと囃子の楽器の中に独特の哀調を奏でる胡弓が含まれていることで知られている。長尾さんはこの2つの盆踊りを中心に、「花笠音頭」「木曽踊り」「郡上踊り」「佐渡おけさ」をも加え、そこから盆踊りにおける身体の動きの要素を抽出している。「①頭、首」「②肩」「③上体」「④腕全体」「⑤肘」「⑥手、掌、指」「⑦腰」「⑧脚（大腿、下肢）、足首、爪先、踵」の身体の各部位別に動きを分析している。そして、日本人の身体文化の特徴として、「ナンバ」についても言及している。論文の最後では、研究によって明らかになった知見を踏まえ、日本におけるこれからのリトミック教育に望むことを記述している。

・日本の身体文化に根ざす『動き』を取り入れること。
・日本の音楽文化に根ざす『音やリズム』を基とすること。
・そこから新しい「身体の動き」と「音楽」とを創作すること。

4　リトミック教育へどうつなげるか？

　長尾さんは和太鼓の研究をリトミック教育の展開にもつなげようとしていた。小笠原太鼓の調査研究から多くの成果が得られたが、リトミック或いはリズム教育への展開について、次のように述べている[5]。

すでに見てきたように小笠原太鼓は歴史的にも形態的にも、また打法の点からも八丈太鼓と共通する部分が多く、その流れを汲んでいるということはほぼ明らかになった。また島の太鼓芸に新・旧二つの様式がみられるということも分析のところでのべた通りである。その上で特に私が述べたいのは、「太鼓を打つということは打ち手の心の表現なのだ」ということである。即ち、太鼓を打つときの身振り、撥さばき、およびそこから太鼓の音となって生じてくる「リズム」は、それぞれの打ち手の内面にあるうごきそのものにかかっているということである。だから、たとえば私たちが太鼓を打つときに稲田カエさんの身振りだけを真似ても決して「おかえ太鼓」そのものにはならないのと同様に、外見上のかたち（身振り）から太鼓に向かっていっても決してそのリズムの本質的なところにせまることにはならないのである。（中略）つまり大友さん（＊小笠原在住の太鼓奏者・中山）が語っていた「格好だけのもの」はダルクローズ流にいえば「無意味なたわむれ」であり、大友さんのいう「身体の中から出てくるもの」という表現の中にリズムそのものが存在していると言って良いだろう。リズムの本質は、音価として表記される音符でもなく、身振りでもなく、それをもたらす内面の動きそのものにあるのだといえるだろう。このことをリズム教育にあてはめて考えると、内面的な動き、即ち身体の外へあらわし示そうとする音楽的な感情（心）を育てることが大切なのだといえるだろう。その反対に、そういった内面的な動きをもたないままに音符の音価を扱うリズム活動というのは、いわば「リズムの抜け殻」を取り沙汰しているのにすぎず、全く意味はないということになる。そこでは感動のないリズム活動が行われるだけである。さらに言うならば、リズムの音価を学ぶためにリズム活動をするのではない。音価は生き生きとしたリズム活動を通しておのずと把握されるものである。

　リズムは実際の音楽活動の中で経験されてこそ意味がある。だからリズム教育で大切なのは子どもたちにまずリズムを実感させることである。そのために、子どもたちに太鼓を打たせてみるのもよいだろう。しかし教育する場合には、くりかえしのべてきたように、「リズムの音価だけを問題にすることはそのリズムの持つ雰囲気を無視することになりかねない」ということに充分注意しなければならないことは言うまでもない。リズムのパターンは音楽の全体像の中で生きているのである。それを前後の流れから切り離して取り扱うことは意味のないことであるのみならず、教育としては誤った方向へ進みかねないという危険性もある。

　さて、すでにのべてきたように私が調査してきた各島の太鼓芸はたいへんにリズミカルで、そこには純粋な音楽の場があった。そしてリズムだけで音楽になっている単純で迫力のある世界はきっと子どもたちの心に働きかける何かがあるだろう。現に和光小学校の子どもたちはすっかり太鼓のとりこになっていた。

　また、太鼓の音、ひびきそのものの持つ威力は、聴く人の胸を打つばかりでなく打ち手の思いをストレートに表現しうるので、太鼓という楽器そのものがすでに"教育的"であるといえる。太鼓を打って身体をうごかすことから得る快感と、そこからハネ返ってくる音の大きさによって得る快感とが一致し、しかもそれらを自分が思い通りに支配できるところに太鼓を打つおもしろさがある。他の楽器に比べて自分の感情が音になる拡大率が大きいということも太鼓の魅力のひとつであろう。精神的な面と肉体的な面から得る快感、その意味で太鼓のリズムが世界的に共通してしまうのかもしれない。

そこで、子どもたちに太鼓を打たせる場合には、まず感動を与えるようなホンモノの太鼓芸にふれさせて、その音楽が持っている雰囲気を把握させることから始める。その上でその音楽（太鼓のリズム）の特徴的な部分を抜き出して教え、音楽のスタイル（様式感）を把握させる。たとえばそれは、誰かが太鼓を打ち始めたときにその音楽が先々どのように発展してゆくかについて予測できるとか、あるいは自分が太鼓を打つときに、打ち始めるとともに次々と音楽的感情がわいてきて、リズムを打ち出してゆけるというような感覚である。
　音楽を先取りして感じられる力、即ちリズムでは"緊張と弛緩"を感じる力である。これをダルクローズは内的聴力とよんでいた。音楽教育で大切なのはそれを子どもたちの感覚の中に育てることである。太鼓の打法研究を通して、生き生きとしたリズム感というものは生き生きとしたリズム活動から生まれるものだということがはっきりとした。そしてはじめに述べた「自分がそれまでに行なってきたリズム教育からはそれが得られなかった」ということは実体のないリズム教育をしていたためだったのだといえる。だからそれを改善するためには、子どもたちにリズムを実感させなければならない。それには、もはやピアノの音楽（その多くは拍子を刻んでいる）に合わせてただ単に歩くようなことではなしに、もっと音楽と身体の動きというものが必然的に合ってしまうような場を子どもたちに与え、全身でリズムを実感させることが必要ではないかと思う。その意味からも、子どもたちに太鼓を打たせるのはひとつの良い方法だと思う。

　ここにはきわめて貴重な主張がある。「太鼓を打つということは打ち手の心の表現なの」であり、「外見上のかたち（身振り）から太鼓に向かっていっても決してそのリズムの本質的なところにせまることにはならない」のである。また、「リズムの本質は、音価として表記される音符でもなく、身振りでもなく、それをもたらす内面のうごきそのものにあるのだといえるだろう」と述べ、単に型を覚えさせる「実態のないリズム教育」を批判している。では逆に、実態のあるリズム教育とは何なのか、長尾さんは、「子どもたちに太鼓を打たせる場合には、まず感動を与えるような本物の太鼓芸にふれさせて、その音楽が持っている雰囲気を把握させることから始める」べきであり、「太鼓の音、ひびきそのものの持つ威力は、聴く人の胸を打つばかりでなく打ち手の思いをストレートに表現しうるので、太鼓という楽器そのものがすでに"教育的"であるといえる」と記している。音楽から切り離されたリズムの要素だけの学習は決して"教育的"ではないと言いたいのであろう。これは、長尾さん自身が、単に研究者であるばかりでなく、実際に音楽を体現するの和太鼓の奏者でもあり、子どもたちの指導にも関わってきたがゆえの発言であると思う。

　おわりに

　2008年、日本ダルクローズ音楽教育学会が東京学芸大学を会場に開催され、そこで「リトミックとは何か、その理念の再考」と題するパネルディスカッションがおこなわれた。パネリストの1人として出席した私は、近代の日本の音楽教育史に見られる＜動き＞の教育は、唱歌や童謡の歌詞にあわせたいわゆる＜あて振り＞であり、音楽そのもののリズム感やフレーズ感に呼応し表現したものではないという主旨の発言をおこなった。そのとき用意した発表資料の中に、リトミック教育

における検討課題として以下の4点を掲げた。

1) 明治から昭和初期にかけての日本において、リズムや西洋音楽に対する認識が十分であったとは言えないこと。紹介者たちの「独自のフィルター」を通して移入普及されてきたこと。
2) リトミックの教育が幼児を対象にしたものであるとのみ捉えられ、幼児～学齢期～成人までの幅広い年齢層を対象とした教育であるという認識が希薄であったこと。
3) 幼稚園・保育園をのぞき、子どもたちの成長・発達の重要な場としての学校教育へのリトミックの適用・応用の可能性について、これまであまり論じられてこなかったこと。
4) 日本人の身体的特質や感覚、リズム感、音楽性を取り込んだリトミック教育の創造が必要であること。[6]

　上記4)の部分について、フロアにいたある先学から発言があった。「(リズムやリズム感について)ヨーロッパも日本もないのではないか。リズムはヨーロッパも日本も共通であり、違いはないと思う。」という主旨の発言内容であった。同じ会場フロアの少し後方に、長尾さんの姿もあったので私は少し話したあと、「ここには日本のリズムに詳しい長尾先生もおられるので、この点についてのお考えを是非お聞きできればと思う。」と言った。しかしパネルディスカッションの終了予定時刻はすでに大幅に過ぎ、残念ながら彼女の発言を聞くことは出来なかった。それ以来、長尾さんとそのことについて話す機会はなく、その可能性も永遠に奪われてしまった。あの時、もし時間が許したなら長尾さんは大先輩の発言に対し、いったい何と答えたのだろうか。それを今でも時々考えることがある。

　本稿は、同じ学会の会員であり研究仲間であった長尾満里さんのなしたこと、そして彼女の和太鼓、リトミックに対しての考えについて、今一度取り上げ考えてみようとしたものである。彼女の書いたものを振り返ってみると、私たちが今、そしてこれから考えないといけない重要な論点が示されているように思う。惜しむらくは、長尾さんの遺した論稿の数が決して多くは無いという点である。もっと生き、もっと多くの発言をして欲しかった。そのことを一番残念に思っているのは長尾さん自身であろう。ただ、私たちには、長尾さんの提起したリトミックに関わる大きな問題提起を引き継ぎ、考えていく責務はあると思う。

　本稿をまとめるにあたり、長尾さんの妹である山崎絵里氏からは多大な援助をいただいた。長尾さんの履歴、研究の歩み、そして修士論文に関しては貸し出し禁止のため、書き写すという作業をしてくださった山崎氏の力添えなしには本稿をまとめることは出来なかった。心より感謝申し上げる次第である。

注
1) 長尾満里：「小笠原太鼓の打法～身体運動とリズム～」、国立音楽大学大学院修士論文、1982年3月、p.1
2) 同上論文、pp.1～2
3) 長尾満里：『八丈島の太鼓』、2001年、pp.72～75
4) 長尾満里：「日本の音と身体の動き－日本の民俗芸能の『リトミック教育』への教材化試論－」『リトミック教育研究の現在（いま）』、日本ダルクローズ音楽教育学会、2003年
5) 長尾満里：「小笠原太鼓の打法～身体運動とリズム～」、国立音楽大学大学院修士論文、1982年3月、pp.118～119, pp.120～125

6）中山裕一郎:パネルディスカッション「リトミック教育における『用語』に関する諸問題」、日本ダルクローズ音楽教育学会第 8 回研究大会パネルディスカッション「リトミックとは何か、その理念の再考」用発表資料、2008 年 11 月 23 日、東京学芸大学

リトミックにおける意識と無意識についての一考察
―リトミックの意識覚醒の検証データをもととして―

北條　郁美

Consciousness and unconsciousness in Eurhythmics:
Based on verification data of arousal of consciousness Eurhythmics

Ikumi　HOJO

はじめに

　筆者は、エミール・ジャック＝ダルクローズ（Dalcroze,E.J,1865-1950、以下ダルクローズと略称）が創始した音楽教育法であるリトミックの研究会に初めて参加した方々が、レッスン終了後、生き生きとした表情になり、声も晴れやかに自主的に感想を述べる場面にこれまで何回も出会っている。また、ジュリア・ブラック＆ステファン・ムーアは、体験者の証言として、「私はレッスンに参加しているとき、いつも幸福な気分であったことを覚えています。クラスにはいるときに機嫌が悪くても、練習を終えてクラスから出るときには幸福感を覚えていました。」[1]と記述している。あくまでも音楽教育として学習した経験が、内面的な自己刷新になったと証言している。このような証言の歴史的なできごととして、1900年初頭、田園都市ヘレラウにダルクローズの教育法を導入する直接のきっかけになったヘレラウ計画中心人物のヴォルフ・ドルーンらがリトミック講習会に参加した証言がある。参加したドルーンは、自分が音楽の素人であることを自覚していたが、講習会の中での心理的な覚醒について、「このとき、習慣により緩慢になってしまった私たちの有機組織、身体、精神を、ある特定の側面から刷新し、若返らせることができたことを、私は知った。」[2]と活性化について述べている。

　ダルクローズ教育法リトミックについて、高橋・神原・笹井は、「音楽と身体の動きを融合させた方法を通して、感覚的な能力の覚醒とその表現の均一化（心身の調和）を図り、想像性や創造性の高揚を目指した。」[3]と述べ、近年ではリトミックが音楽教育にとどまらず、学習の基礎になる諸能力の覚醒に寄与するという見方に支えられていると述べている。

　ダルクローズは著書『リズム・音楽・教育』の中で、「リトミックのあらゆる練習方法は集中力を高め、身体を高度の範囲で秩序づけるのを待機しながら、いわばエネルギーに満ちた状態に保つようにして、無意識の内に意識させ、－略－そのようにして精神を落ち着かせ、意志を強くし、身体に秩序と明晰さを確立することを目指している。」[4]と述べている。これらのことから、リトミックの音楽学習経験を通して起こりうる個人の内面的な刷新や心身の調和は、ダルクローズ自身が目指したことであり、これらの内面的な刷新や心身の調和には、意識と無意識がふかく関係してい

ることうかがえる。

　本稿ではリトミックにおける意識と無意識のありようについて考察したいと考えるが、まず筆者は証言で得られたようなリトミックによる意識の覚醒に注目したいと考える。意識とは、人が何らかの情報にアクセスできてその情報を自己コントロールできる状態をさしている。リトミックの学習経験においては、人の意識が活性化される覚醒の方向に働き、負の方向（ストレス）の覚醒が起きにくくなるのではないかと多くの証言などから筆者は考える。本稿ではまず音楽的な意識や身体的なリズムの意識をたかめるリトミックの音楽学習の経験が、個人の意識水準そのものの覚醒にどのような影響を与えているかを心理的側面から General Arousal Checklist（以下 GACL と略称）をもちいて仮説検証し、リトミックにおける意識と無意識のありようについて考察するものである。

　GACL による意識水準の経時的変化の比較の一元配置分散分析においては、東北福祉大学小松紘教授にご指導を頂いたことに深く感謝している。また GACL 調査にあたっては香川県坂出市社会教育課のご支援を頂き、筆者が稚拙ながら実施した市民講座のリトミック講座に参加した市民の方々にご協力いただけたことに深謝している。

1　リトミックが意識覚醒に与える影響について

　リトミックにおける意識覚醒に関して、市民講座の中高齢者を対象に、仮説を立て検証を行った。
　　仮説：「リトミックによる音楽学習経験が、中高齢者の活力覚醒度を増加させストレス度を軽減する」

1.1　対象者について
　対象者は実験群7名、統制群7名。
実験群の7名は坂出市民講座のリトミック講座（週1回、連続して全10回の講座）で初めてリトミックを経験する50歳代から70歳代の女性7名である。筆者はこの実験群の7名の方とは講座が始まるまで面識がなく、初めて出会う方々であった。
　統制群の7名はリトミック講座を受講していない50歳代から70歳代の女性7名である。この方々は筆者自宅の近所の方や知人で調査をするのに差しさわりのない健康状態の方々である。

1.2　方法
　実験群の7名は、リトミック第1週目受講開始前、第5週目受講終了後、第9週目受講終了後に、GACL（図1）の記入を行う。統制群の7名も別の場所で、実験群の方が GACL を行ったと同じ月1回の時間的間隔で集まっていただき、実験群と同じ説明を受けて GACL を記入する。
　今回使用した General Arousal Checklist（図1）は、Thaer（1978）が提出した「多次元アラウザル（multidimensional Arousal）モデル」における（1）Energetic Arousal（活力アラウザル）、
（2）Tense Arousal（緊張アラウザル）の2つのアラウザルに関する次元から成り立っている。
本チェックリストは、松岡・畑山（1989）によると、アラウザル及びストレスに関する形容詞78語の因子分析の結果（松岡・畑山）をもとに44語を選出、新たなデータを収集、再度因子分析の結果にもとづいて構成されたものである。またこのチェックリストが他の研究と異なるのは、尺度

に視覚的アナログ尺度（Visual Analog Scale）である点であるとも述べてある。
　今回行った得点化の方法手順は、まずチェックリストの1から20の各語のスケール（100mm）に記入されたチェック点までの長さ（0から100mm）を評定値としてスコアリングする。次にスコアリングした評定値は、使用した1から20までの形容語がGA,D-SI,HA,GDの4つの方向性に分けられた（表1）に従って平均評定値をもとめ、下記の式で活力アラウザルと緊張アラウザルに得点化する。

APPENDIX
GACL(General Arousal Checklist)(VAS版)

以下には、自分自身の状態を言いあらわす言葉があげてあります。それを見て、あなたが現在自分の状態をどの程度感じるかについて、最も適当とおもわれるところに印（——/——）をつけなさい。

全く感じない　　　　　　　　　　　　　　　　非常にはっきり感じる

1　うとうとした
2　いらいらした
3　活動的な
4　だらだらした
5　ぼんやりした
6　眠い
7　落ち着いた
8　のどかな
9　活気のある
10　精力的な
11　くつろいだ
12　だるい
13　そわそわした
14　どきどきした
15　のんびりした
16　びくびくした
17　積極的な
18　緊迫した
19　活発な
20　ゆったりした
〔活動状況〕

図1　General Arousal Checklist

表1　GACL（General Arousal Checklist）に使用した形容語の4方向性

活力アラウザル（Energetic Arousal）	
プラス方向（GA）	マイナス方向（D－SI）
全般的覚醒（General Activation：GA）	脱活性－睡眠（Deactivation－Sleep：D-SI）
3　活動的な	1　うとうとした
9　活気のある	4　だらだらした
10　精力的な	5　ぼんやりした
17　積極的な	6　眠い
19　活発な	12　だるい
緊張アラウザル（Tense Arousal）	
プラス方向（HA）	マイナス方向（GD）
高活性（High Activation：HA）	全般的脱活性（General Deactivation：GD）
2　いらいらした	7　落ち着いた
13　そわそわした	8　のどかな
14　どきどきした	11　くつろいだ
16　びくびくした	15　のんびりした
18　緊迫した	20　ゆったりした

活力アラウザルの得点＝（GA の 5 語の平均評定値）－（D-SI の 5 語の平均評定値）

緊張アラウザルの得点＝（HA の 5 語の平均評定値）－（GD の 5 語の平均評定値）

実験群、統制群のそれぞれの得点化を第 1 週目、第 5 週目、第 9 週目とおこない、時間経過による変化の比較を一元配置分散分析（Windows,Excel）によって行った。

1.3 実験群の方が経験したリトミックの内容の概要

実験群の方が受講したリトミックの内容について、筆者が全 10 回の受講内容の基軸として行った活動の特徴について記述する。

①緊張と弛緩と呼吸：ダルクローズはリズム入門（1907）のリトミックの項の中で、まず筋肉弛緩と呼吸の練習について「筋肉の抵抗を理解し、不必要な力を取り除く。呼吸の練習は神経作用の練習とも結びつき、さまざまな姿勢で行われる。」(5)　と述べている。今回の講座に使われた会場では床に寝る活動はできない環境にあったので、まず立位の姿勢で楽に肩幅に足を広げて重心を安定して立ち、足の裏に重力を感じるように立位のバランスをとって筋肉を弛緩させた姿勢を保ち集中しながら、上半身の筋肉や関節の動きの緊張と弛緩を呼吸とともに繰り返すことを行った。ダルクローズの「ジュスチャーの新しい一系列」（図 2）の一貫した上腕の動きを継続的に行いながら、動きに即した呼吸を行った。ジュエスチャー[1]で吸う－[2]吐く－[3]吸う－[4]吐く－[5]吸う－[6]吐く－[7]静かに吸って吐く－[8]・[9]・[10]と連続して深く吸う－[11]一気に吐く－[12]ゆったりと吸う－[13]ゆっくり吐く[14]吸う－[15]吐く－[16]吸って吐く－[17]吸う－[18]

図 2

吐く－[19]・[20]で吸って－腕を下しながら吐く

②拍のフォローをする歩行：

　　今回の実験群の対象者はリトミック初心者がほとんどであったので、拍をフォローして歩くことを重視し、テンポやダイナミクスによる拍のありようが、時間－空間－エネルギーに反映された歩行になるように、毎回行った。たとえば、テンポの変化や強弱の変化を伴う曲を聴き、歩幅の変化など全身の筋肉感覚のコントロールに自己意識を向けるよう促した。実験群の対象者にとって、拍をフォローして歩行することは、聴く情報によって、全身の筋肉のコントロールや平衡感覚を拍ごとに意識する機会となると思えたので、歩行する時間をできるだけとるように心がけ、聴く情報のフィードバックが常に全身におこる状態として歩行を重視した。今回の実験群の中高齢者の場合、転倒をおこさないように熟慮してレッスンをすすめた。

③リズムと個人のエネルギーのマッチングした表現の身体感覚を受容する活動：

　　長く持続する音符や分割するリズムの練習についてダルクローズは、「身体のバランスと重量移動の特殊な条件や、拮抗する筋肉の活力の減少によって、または空間と音の持続の関係を知覚することで容易になる。」[6]と述べている。今回の実験群の対象者の場合、バランスのありようなど配慮すべき点も多かったので、まずこのことをステップの経験にうつす前に、手を打つ活動の中でエネルギーの変化が経験できるようなゲームを多く行った。その際エネルギーの在り方に留意していただくために、対象者同士の相互交渉を多く取り入れて、音楽にマッチしたエネルギーであるかを触覚によって意識する工夫をした。手や腕、上半身の動きによるリズムのエネルギーのコントロールの経験ののちに、ステップに転換して全身のエネルギー変化に意識を集中する段階にすすむよう考えた。

④休止符によって区切る楽節を動きの継続と中断で経験する：

　　音楽における身体のバランスや運動継続の確保の練習として、ダルクローズは、「休符によって区切る楽節を練習することで、生徒は音楽フレーズの法則を学ぶことになる。」[7]と述べている。音楽のフレーズを経験することは音楽の理解を深くし、楽しめると考えるので、休符によって区切られるわかりやすいフレーズを、動きの継続と中断を身体の各部位を使って表現したり、歩行の方向性など空間を使って視覚化することも行った。

⑤グループによる音楽の視覚化の創作活動の経験：

　　今回は初心者ばかりであったが、音楽を身体表現する楽しさを共有するために、グループで音楽を動きで表現し視覚化する活動をとりいれてみた。まず2部形式や3部形式の短い曲を使って、形式とフレーズをはっきりと再現するように指導して創作することにした。バンドゥーレスパーは、作曲された曲を動きで実現するこの方法について、ダルクローズのテーマと位置づけ、「動きを演じる人は、可能な限りその音楽を学び、その音楽の分析を通して表現を動きにかえていきます。音楽の形式とフレージングは正確に再現されなければなりません。」[8]と述べている。実験群の対象者の社会性の発揮される一場面となると考えた。

1.4 結果 ：GACL（General Arousal Checklist）得点結果及び一元配置分散分析結果
①実験群の活力アラウザル（Energetic Arousal）結果

実験群　　　　活力アラウザル得点
Energetic Arousal（覚醒：Arousal）

			第1週事前 （第1回目）	第5週目 （第2回目）	第9週目 （第3回目）	平均値
1	S	− 1	20.0	32.8	78.0	43.6
2	S	− 2	14.2	56.4	33.2	34.6
3	S	− 3	18.2	86.2	42.8	49.1
4	S	− 4	25.4	73.8	85.6	61.6
5	S	− 5	27.6	74.2	78.6	60.1
6	S	− 6	11.2	75.6	93.0	59.9
7	S	− 7	3.0	6.8	48.0	19.3
	平均値		17.1	58.0	65.6	46.9
	標準偏差		8.5	28.5	23.6	15.8

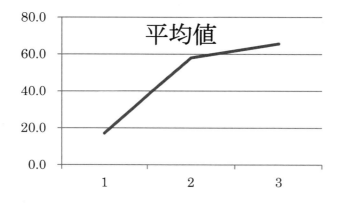

実験群　活力アラウザル一元配置分散分析

要因	平方和	自由度	平均平方	F
群間	9526.3	2	4763.2	9.9
郡内	8659.8	18	481.1	
全体	18186.1	20		

活力アラウザルは1%水準で有意 [Fo=9.90>F（2,18;0.01）=6.01　∴ P<0.01]
実験群の活力アラウザル得点の平均は、第1週目事前値に対し、第5週目、第9週目の値が有意に増加した。

②統制群の活力アラウザル（Energetic Arousal）結果

統制群　　　　　活力アラウザル得点

Energetic Arousal（覚醒：Arousal）

			第1週事前 （第1回目）	第5週目 （第2回目）	第9週目 （第3回目）	平均値
1	S － 1		97.6	8.4	16.2	40.7
2	S － 2		-2.8	18.0	14.2	9.8
3	S － 3		76.4	91.6	92.0	86.7
4	S － 4		66.4	29.8	34.2	43.5
5	S － 5		76.8	9.0	81.8	55.9
6	S － 6		-8.0	33.2	36.4	20.5
7	S － 7		15.2	9.6	-5.4	6.47
	平均値		45.9	28.5	38.5	37.6
	標準偏差		43.2	29.6	36.0	26.2

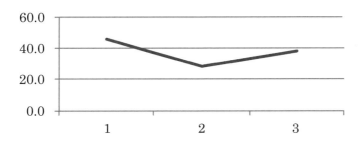

統制群　活力アラウザル一元配置分散分析

要因	平方和	自由度	平均平方	F
群間	1067.9	2	534.0	0.4
郡内	24231.9	18	1346.2	
全体	25299.8	20		

[Fo=0.4<F（2,18;0.05）=3.56　∴ P>0.05]

活力アラウザルはP>0.05なので、有意差がなかった。

統制群の活力アラウザル得点の平均値は、第1週目の値に対して、第5週目、第9週目の値が有意であるとはいえない。

③実験群の緊張アラウザル（Tense Arousal）結果

実験群　　　　　　緊張アラウザル得点
Tense Arousal（ストレス：Stress）

		第1週事前 （第1回目）	第5週目 （第2回目）	第9週目 （第3回目）	平均値
1	S － 1	9.8	-79.8	-79.8	-49.9
2	S － 2	-6.6	-46.6	-72.6	-41.9
3	S － 3	-11.4	-77.6	-14.0	-34.3
4	S － 4	-21.2	-18.6	-22.2	-20.7
5	S － 5	-63.2	-63.4	-79.6	-68.7
6	S － 6	9.8	-57.6	-88.4	-45.4
7	S － 7	-1.2	-1.4	-59.0	-20.5
	平均値	-12.0	-49.3	-59.4	-40.2
	標準偏差	25.2	29.6	29.7	17.0

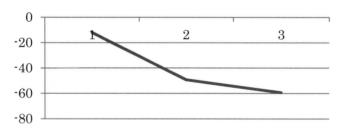

実験群　緊張アラウザル一元配置分散分析

要因	平方和	自由度	平均平方	F
群間	8727.0	2	4363.5	5.48
郡内	14330.3	18	796.1	
全体	23057.3	20		

緊張アラウザルは5％水準で有意　[Fo=5.48>F（2,18;0.05）=3.56　∴ P<0.05]

実験群の緊張アラウザル得点の平均値は、第1週事前値に対し、第5週目、第9週目の値が有意に減少していた。

④統制群の緊張アラウザル（Tense Arousal）結果

統制群　　　緊張アラウザル得点

Tense Arousal（ストレス：Stress）

		第1週事前 （第1回目）	第5週目 （第2回目）	第9週目 （第3回目）	平均値
1	S － 1	-48.6	-2.2	0.2	-16.9
2	S － 2	21.4	-64.0	-17.0	-19.9
3	S － 3	-66.2	-77.8	-90.8	-78.3
4	S － 4	-52.4	-27.6	-8.0	-29.3
5	S － 5	-69.2	-18.4	-39.4	-42.3
6	S － 6	45.4	-19.2	31.8	19.3
7	S － 7	-8.8	-17.0	-5.0	-10.3
	平均値	-25.5	-32.3	-18.3	-25.4
	標準偏差	45.3	27.7	38.4	27.9

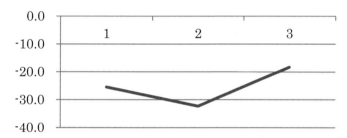

平均値

統制群　　緊張アラウザル一元配置分散分析

要因	平方和	自由度	平均平方	F
群間	686.8	2	343.4	0.24
郡内	25768.4	18	1431.6	
全体	26455.2	20		

[Fo=0.24<F（2,18;0.05）=3.56　∴ P>0.05]

緊張アラウザルは P>0.05 なので有意差がなかった。

統制群の緊張アラウザル得点の平均値は、第1週目の値に対し、第5週目、第9週目の値が有意であるとはいえない。

1.5　仮説についての結論と考察

仮説「身体表現を伴うリトミックの音楽学習の経験が、中高齢者の活力覚醒度を増加させ、ストレス度を低減する。」

結論：GACL（General Arousal Checklist）の調査を、第1週目（1回目）、第5週目（2回目）、第9週目（3回目）に行い、活力アラウザル（Energetic Arousal）と、緊張アラウザル（Tense Arousal）の両面を得点化し、一元配置分散分析を行った結果、リトミックを受講した実験群においては、活力アラウザル（Energetic Arousal）値は第1週目より第5週目、第9週目の値が有意に増加し、緊張アラウザル（Tense Arousal）値は第1週目より第5週目、第9週目の値が有意に低減していた。リトミックを受講していない統制群においては、活力アラウザル（Energetic Arousal）値、緊張アラウザル（Tense Arousal）値ともに有意性は認められなかったという結果から、リトミックの音楽学習経験によって、中高齢者の活力アラウザル（Energetic Arousal）は促進され、緊張アラウザル（Tense Arousal）は低減されることが検証されたといえる。

リタ・カーターは、意識について「自覚・知覚・自意識・注意・内省―これらすべて意識を構成する要素であり、私たちの経験の質は、その要素がいくつ、どのように関わっていくかで決まる。それは、色を塗り重ねて画像を印刷していくインクジェットプリンタの方式に似ている。」[9]と述べているが、聴きながら見ながら動くリトミック音楽教育の経験は、まさに多様な感覚・知覚・運動系の経験を塗り重ねており、この経験の質の高さが意識覚醒の正の方向性である生き生き度を促進し、負の方向性のストレス度を低減したと考える。

では意識覚醒の活性化を促進するリトミックにおける経験の塗り重ねにおける特徴ある要素はどのようなことであろうか。

リトミックの経験の質を高めている塗り重ねの重要な要素として、筆者はまず、時間の枠の中で常に身体感覚に問いかける連続性とそれにともなう身体イメージの構築をあげることができると考えている。リトミックの時間軸に沿った主観的な身体経験に基づいて構築される身体イメージは、minimal self に関連していくと筆者は考える。minimal self について、小川は、「この minimal self は、自己主体感（sense of self-agency）と自己所有感（sense of self-ownership）からなると考えられている。自己主体感は行為を自分自身で行っているという感覚であり、自己所有感は自己の身体がまさに自己のものであるという感覚である。―略―また、脳の主に後部頭頂皮質で、多種の感覚情報や運動指令の遠心性コピーを統合し、統一的な身体イメージが形成されていることが示唆されている。」[10]と最近の認知科学における考え方を述べている。リトミックは音楽という時間の流れの中で瞬間的に自己を多層に身体感覚をとおして意識する連続であり、そのことは minimal self に影響を与え、その意識は心理の重要な課題である「自己とは何か」ということと密接に関係していると思われる。

また、リトミックの経験の質を高めている塗り重ねのもう一つの特徴的な要素として、空間イメージの構築を上げることができると考える。吉田は感覚・知覚・認知の基礎で、「安定な空間のイメージの形成には、行動主体の身体を中心とする身体座標系に基づく記憶イメージ、空間内での身体移動に伴う自己受容性運動情報と視覚性移動情報とが協調的、統合的に寄与することが不可欠である。」[11]と述べている。リトミックの学習経験において、ここで述べられているような空間イメージの形成情報が音楽という時間軸を保ちながら協調的、統合的に寄与されていると思われる。

これらのリトミックの経験の塗り重ねにおける特徴ある要素がもたらす心理的な形成は、音楽学習の意識の向上のみならず、自己意識の活性化を促進することに確かに寄与していると考える。

2　リトミックにおける意識と無意識について

　このようにリトミックは自己の意識の覚醒に影響を与えていると思われるが、人間の複雑な活動を支える自己コントロールの過程には、このような意識的な選択や努力ともう一方で無意識的自己コントロール過程に依存している部分のあることが、近年の社会心理学研究では知見されている。ダルクローズはすでにこの意識的自己コントロールと無意識的自己コントロールによる過程があることに注目していた。ダルクローズは、「気質の総体を構成している肉体と精神のリズムを規則的に交替させること―しかし無意識的な直観にまかせるか、あるいは意識的に意志の力で簡単に中断することができるような交替でなければならない―に習熟していなければ、あらゆる機能の完全なバランスは決して獲得されない。」[12]と述べており、この論文が書かれた1919年にこのような意識と無意識の自己抑制に関する知見をもっていたことは驚きである。Schooler & Engstler-Schooler (1990) は、「通常ほとんど意識を必要としない基礎的な感覚・知覚イメージの想起を意識的に行おうとすると、自動的過程の働きが阻害され、報告が困難になることを示している。」[13]と述べており、ダルクローズが無意識的な働きを意識的過程と同様に重視した見方を裏付けている。

　リトミックにおける意識的自己コントロールと無意識的自己コントロールが協働している記述として、ジュリア・ブラックたちは、「習熟と無意識な動き（自動的な動き）は、生徒の動きの複雑性を膨らませるために、リトミックの指導者たちが利用する道具です。注意を保ちながらも変化にとんだ反復活動は、素早い正確な動きのパターンを確実に発達させます。」[14]と述べている。リトミックの学習過程においては、意識か無意識かどちらか一方の過程を使うのではなく、この両過程の効果を互いに補い合うように、リトミックの活動内容が練られていることを示唆している。

　学会誌「心理学研究」において及川昌典・及川晴たちは、「目標が駆動された後の行為先導は、無意識的な自己制御にゆだねられるため、意識の制約にかかわらず、心的資源の消費を抑えた効率的な実行が可能であると考えられる。意識の真の機能は、様々な心的状態や活動の協調や統合を通じて、個別に洗練された複数の反応系の連携を促進することだという視点は、メタ認知の概念化とも整合している。」[15]と述べて意識・無意識の過程における効率的なこのコントロールがメタ認知の概念化とも整合している点を指摘している。また、リトミックの学習過程で行われている意識と無意識過程を協働した自己コントロールについての心理学的な裏付けとなる記述として、及川たちは「きわめて迅速かつ効果的に、状況に即した反応を生じさせる無意識的な自己制御の真の機能は、意識的過程のために、必要な心的資源を温存することであるとも言える。―略―　意識的過程の重要な機能の一つも、無意識的な自己制御をより効果的にすることであった。このように、両者の協働を仮定してこそ、はじめて無意識的過程、そして、意識的過程の本質的な機能が見えてくるのではないか。」[16]と述べている。

　このようなことから、リトミックの学習経験の中でおこる意識と無意識における協働的な自己コントロールの過程は、人の意識過程の本質的な機能に即しており、心的資源の温存を図り、認知における概念化にも整合していることが考えられる。近年の認知科学、心理学研究などをふまえ、リ

トミックの学習を経験することが、リトミックを受講する人にとってより心的資源の豊かさにつながる過程となるようなリトミックの学習内容の研究が今後のぞまれる。

引用文献
1) ジュリア・ブラック、ステファン・ムーア共著『リズム・インサイド』西日本法規出版、2002, p.94
2) 山名淳著『夢幻のドイツ田園都市　教育共同体ヘレラウの挑戦』ミネルヴァ書房、2006、p.82
3) 高橋敏雄・神原雅之・笹井邦彦共著「幼児のリトミック教育に関する基礎研究（Ⅱ）」『日本保育学会大会研究論文集（43）』1990, p.134
4) エミール・ジャック＝ダルクローズ著『リズム・音楽・教育』開成出版、2009, p.96
5) 同上、pp.98-99
6) 同上、p.102
7) 同上、p.101
8) エリザベス・バンドゥレスパー著『ダルクローズのリトミック』ドレミ楽譜出版社、1996, p.74
9) リタ・カーター著『脳と心の地形図』原書房、1999, p.270
10) 乾敏郎監修『感覚・知覚・認知の基礎』小川健二著、第13章、Ohmsha, 2012, p.179
11) 同上、吉田千里著、第12章、Ohmsha, 2012, p.178
12) エミール・ジャック＝ダルクローズ著『リズム・音楽・教育』開成出版、2009, p.284
13) Schooler, J. W., & Engstler-Schooler, T. Y. (1990). Implementation intentions and visual memories: Some things are better left unsaid. Cognitive Psychology, 22, 36-71
14) ジュリア・ブラック、ステファン・ムーア共著『リズム・インサイド』西日本法規出版、2002, p.67
15) 及川昌典・及川晴著『自己制御における意識と無意識』The Japanese Journal of Psychology, 2010,第81巻、5号、p.489
16) 同上、p.490

音楽授業における対象理解とリトミック導入の意義
―発達障害児の能力の個人内差と音楽学習の関係―

三 宅 浩 子

Significance of the Understanding of the Target Children in the Music Classes and of the Introducing the Eurhythmics into the Music Classes: The Relationship between the Developmental Disorder Children's Intra-Individual Differences of the Ability and the Music Study

Hiroko MIYAKE

はじめに

　特別支援教育の推進により、「みんなに分かる授業」[1]や「授業のユニバーサルデザイン化」[2]のように、クラス全体に対する授業と個別支援を相互補完的に考える授業研究が報告されるようになってきた。平成24年の調査によると、発達障害児[3]は児童生徒全体の6.5％であることが明らかになっており[4]、その多くは通常学級に在籍している。従って、児童生徒の多様性や個別の特性を踏まえなくてはならない授業検討は、音楽科にも求められている今日ではないかと思われる。

　音楽科では、指導のねらいに即して「動き」を取り入れることが、新学習指導要領（平成20年告示）に提示されている[5]。また[共通事項]の新設に伴い、表現や鑑賞のために学習すべき「音楽の要素」「音楽の構成」が具体的に示されたことにより[5]、「動き」による学習は広げられ、目的も明確になったと言えよう。これにより学校音楽教育における「動き」は、リトミックと多くの共通性が認められる位置づけとなった[6]。

　リトミックは、聴覚・視覚・運動感覚など様々な感覚にアプローチするJ＝ダルクローズの音楽教育法である。本論は、この教育法の多感覚性と発達障害児の学習様式に着目して、発達障害児の音楽学習支援の立場から、学校音楽教育にリトミックを導入する意義を述べるものである。

1　問題の所在と研究の目的

1.1　教科学習における特別支援教育

　特別支援教育は、「場の教育からニーズの教育へ」の転換を目指してスタートした。「ニーズの教育」の主柱は対象理解である。校内委員会や専門家チームの連携によるアセスメントにより、支援を必要としている児童・生徒の困難の背景を探り、一人一人に応じた教育的対応が進められている。

さらに、特殊教育では対象とされていなかった、知的障害を伴わない発達障害の児童生徒への指導や、これらの児童生徒を含むクラス運営や授業についても、様々な知見が蓄積され始めている。教科指導では、国語と算数の研究が進んでおり、躓きの原因を探り、学習者の認知特性に応じた具体的指導法が開発されている。その結果、「動作化」「視覚化」など多感覚を用いて学習する方法が有効であり、その方法は障害の有無に関わらず、学級の全ての児童の学習を支援するものとして教科書に導入される方向である[7]。

1.2　音楽授業における特別支援教育

通常学級に在籍することの多い、知的障害を伴わない発達障害の児童に対しては、音楽科授業においても、特別な配慮の必要性が周知され、授業のための研究が繰り返されている。発達障害児を含む通常の音楽授業は、これまで器楽演奏や歌唱、鑑賞、授業規範の指導についての実践が報告されてきた[8][9][10]。

しかしこれらは、授業で問題とされる児童の実態と指導法が述べられてはいるが、対象児童の音楽学習における困難の背景や、個別ニーズの根拠は明らかではない。発達障害は、障害種に関わらず、全般的な知的発達に対して能力の個人内差のアンバランスが著しいという特徴がある。また近隣には、特異性発達障害、発達性協調運動障害や感覚統合障害などの様々な障害が存在しており、これらが合併して見られることも多い。従って、支援対象児の特性理解は、診断名と実態把握だけでは不十分であると言えるだろう。対象児を理解し、適切な指導を行うためには、能力の個人内差つまり能力の強弱を把握することが、音楽の授業においても最も重要であると考える。

本研究は、先に述べた近年の授業研究の動向も踏まえ、音楽授業にリトミックを導入することにより、発達障害児の学習が促される可能性を見出すことを目的とする。そのために事例を分析し、能力の個人内差が音楽学習に与える影響を明らかにした上で、発達障害児の特徴として表れやすい能力の強弱に関連させて、学校音楽教育にリトミックを導入する意義を考察する。

2　方法

2.1　事例の概要と収集したデータ

研究対象児A（小5・男児・アスペルガー症候群）は、通常学級に在籍する特別支援対象児童であった。進級に従い音楽の授業参加が困難になり、4年生3学期には、授業に出ることを頑なに拒否するようになっていた。筆者主催の音楽教室にAが入会したのは、5年生に進級した4月であり、当時Aは、学校の音楽授業には全く関与しなくなっていた。音楽教室では、ピアノの個人レッスン（30分、月3回）と小学生8人のリトミッククラス（50分、月1回）でレッスンを受けていた。しかし、ピアノのテキスト（グローバーピアノ教則本・導入編）を地道に練習していくことは難しく、ピアノのレッスンの時間にもリトミックを導入した。やがて学校の音楽授業にも興味を示すようになり、11月の学習発表会では学年全生徒による合奏・合唱に参加し満足気であった。

アセスメントのために資料としたデータは次のとおりである。
（1）Aが音楽教室に入会してから小学校の学習発表会までの8ヶ月間の記録

・音楽教室のレッスンの内容とレッスン中の様子の記録
・レッスン前後の行動観察
・レッスン前後のインタビュー記録（非構造化インタビュー）

以上は、本研究のために記録したものではなく、通常のレッスンのための記録である。インタビューは、音楽の授業に出ていないことを本人から聞いていたために、時々行っていた。学校での様子や発達の特徴を知るために筆者が意図的に話題を誘導した。

これらの記録に加え、学校の授業を知るための手掛かりとして、
（2）Aの音楽の教科書（小5）と学級文集、学級文集に記載されていた時間割
　　発達の特徴を客観的に捉えるために、
（3）WISC-Ⅲの検査結果

以上は全て、A本人と保護者の承諾を得て研究資料としたものである。また（2）は、Aの学級担任からも了承を得た。これらの資料を研究の問いに応じて整理しながら分析を進めた。

2.2　分析の手続き

Aの言動を単に本人の意図や気分を表しているものと捉えず、障害特性による背景を含めて解釈するために、定性的コーディングによる質的データ分析を行った。

2.1（1）（2）（3）で得られたデータから、Aの音楽との関わりに関すると思われる記述を抽出し、音楽授業の流れを時間軸にして図式化し、Aの音楽との関与を文脈化した。そして全てのデータを概観し、Aの障害特性を推測するために仮説を生成しながらデータ抽出とコーディングを反復した。最後に、Aの躓きの要因を客観的に裏付けるためにWISC-Ⅲ検査結果を照会した。

以上の手続きにより、対象児童の能力の個人内差と音楽学習の関係を明らかにした。

3　結果と考察

3.1　第一次コーディング

Aは、非常に音楽好きであったにも関わらず、なぜ音楽の授業に参加しないのか、障害に起因する原因があるのかという漠然とした問いからのデータ整理であった。最初に、Aの音楽との関わりの特徴や変容を把握するために、収集した記述データと資料から、音楽との関わりに関するデータを抽出して小学校の音楽授業を時間軸として配列し、一覧表の形に整理した。キーワードと思われるAの言葉は、吹き出しで挿入した【図1】。

【図1】を概観すると、リトミックのレッスンは、最初からAに受け入れられており、リトミックのレッスンにより音階の理解が促され、ピアノを弾こうとする意欲が次第に増していったことが分かる。音楽授業に対しては、自分なりに理解している部分から自発的に関わろうとする姿が次第に変化しており、授業担当教員がよいタイミングで（【図1】※1※2）Aの授業関与を高める指導をしたことが伺える。【図1】で整理した情報と共に、吹き出しで挿入したAの言葉を見ていくとAの音楽観や障害特性による言動などを把握できるのではないかと考えられたため、Aの言葉を意味の単位ごとに分類してコードを貼った【図2】。

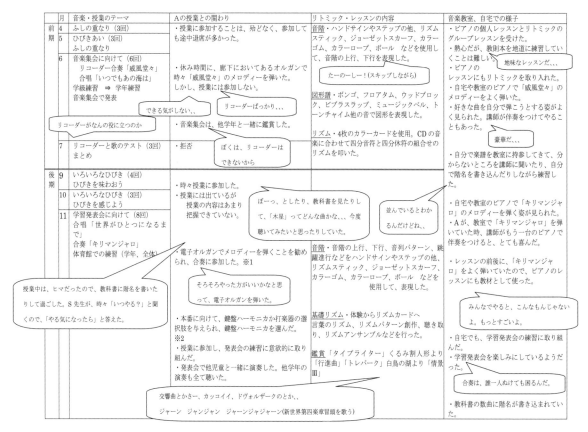

【図1】

a.苦手な活動	b.授業の把握	c.音階の理解	d.音楽体験の充実感
リコーダーばっかり	授業中はヒマ	並んでいると分かるんだけどね、、	地味なレッスンだ
ぼくは、リコーダーはできないから、、	ぼーっとしたり、教科書を見たりして、「木星」ってどんな曲かな、、今度聴いてみたいと思ったりしていた	そろそろやった方がいいかな、、	豪華だ
できる気がしない、、	やる気になったら	─	みんなでやると、こんなもんじゃないよ。もっとすごいよ。
リコーダーがなんの役に立つのか、、	─	─	合奏は誰ひとり抜けても困るんだ

【図2】

3.2　第一次コーディングの考察と仮説生成

a.　苦手な活動

　発達性協調運動障害は、全身の協応性の不良と、手先の巧緻性の不良が種々の程度に組み合わさって見られ、多くの場合、他の発達障害の併存症状として見られる。特に、自閉症スペクトラム[11]、広汎性発達障害においてそうであり、とりわけアスペルガー症候群では、ほぼ必発であると言われる[12]。Aも恐らく発達性協調運動障害があると考えられ、ピアノを弾く時の指の動きもぎこちなく、相当苦労しているように見えた。しかしそれを苦にせずに、ピアノを弾くことに対する意欲を保てたのは、音階名と楽譜、鍵盤の関係理解によって、「分かること」が楽しく、練習すれば弾けるという見通しを持てたからではないかと考える。一方、リコーダーは、音階と運指に視覚的な関係性を見出しにくい上に、鍵盤ハーモニカよりも指先の巧緻性を必要とする楽器であるために敬遠されたものと思われる。

b.　授業の把握

　授業中はヒマ、ぼーっとするなどは、音楽教室では全く見られない姿であった。しかし、小学校のクラスのような大きな集団の中では、指導者に注意を向けることが難しい可能性が考えられた。座席の位置や授業構成などにも影響を受けると思われるが、【図1】※1のように、個別の働きかけには応じていることからも、選択的注意力の弱さが伺われた。

c.　音階の理解

　Aがピアノを弾くことは記憶と勘が頼りであったが、音楽教室に入会して間もなく、楽譜を読むという新たな手段を得て、ピアノを弾こうとした。楽譜に階名を書くようになったことが、音楽との関与の変化であったと捉える。これは、リトミックレッスンが影響していると思われる。和音やリズムを伴っている音階はAが認識している音楽のイメージ（Aの音楽観については後述する）に近いものであり、リトミックによる音階学習がAに受け入れられたものと思われる。「ならんでいると分かるんだけどね、、」からは、階名対音符の一対一関係の理解ではなく、音階を秩序のあるまとまり、方向性のあるまとまりとして捉える理解であったことが伺える。音階の方向性は視唱では表せないことから、このような理解を促したのは「動き」であったと言えるだろう。

　音階の理解をきっかけに、音楽授業に対しては、自分なりの興味や関わりを持っていたようである。後期、電子オルガンを弾くことを勧められてからは、Aは授業に意欲的に参加している。Aは最初、メロディーを全て弾いていた。楽譜を見ながら、自分のパートだけを演奏するようになったのは、しばらくしてからである。合奏を経験してからは、音楽教室でも音楽の授業の様子を嬉々として話した。全体を把握することや、見通しを立てることが授業関与にも影響しているのではないかと思われる。

d.　音楽体験の充実感

　Aは、アニメの主題歌や歌謡曲だけではなく、クラッシックも好んだ。音楽教室では、動きを伴う鑑賞も行ったが、Aはどんな曲でも興味を持って集中して聴いた。また、鑑賞がとても好きな様子でもあった。交響曲などの大作であっても音楽の全体性を捉え、音楽のよさを感じ取ることができることが伺えた。このような事実から、音楽の構造を満たしている音楽がAにとっての音楽であったと思われる。「地味なレッスンだ、、」「豪華だ、、」の言葉は、初心者が長期に時間をかけて少

しずつ音楽を奏でられるようになる過程をイメージできていなかったことや、Aが認める音楽が基準になって発せられた言葉であると感じられた。イメージ力の弱さは、自閉症スペクトラムの3兆候のひとつであり、視覚で捉える事の出来ないあらゆる事象の理解に影響する[13]。

　Aの音楽の教科書を見ると、「威風堂々」「キリマンジャロ」以外の曲にも階名が書き込まれていた。「分かる」ことが興味関心や意欲に繋がったことは間違いないだろう。音楽の授業に出ない理由は「分からない」「できない」であることは明らかであろうが、それが障害特性に起因していることを検証するために、再度コーディングを行った。

3.3　第二次コーディングの考察と仮説検証

　音楽を指導する上で必要であると思われるアセスメントは、学校生活や他教科を支援するために行うものと同様に、行動観察や心理検査により可能なのではないかと思われる。第一次コーディングで整理された情報を踏まえて、全てのデータを概観すると、音楽の授業に参加できなかった要因となる障害特性を推測できる行動が散見された。これらから発達の特徴を表していると思われるデータを抽出し、再度コーディングを行った。

　感受概念による第一次コーディングの客観性を高めるために、第二次コーディングでは発達的視点に基づくコーディングを行った結果、カテゴリーは5つになった【図3】。

　これらにWISC-Ⅲの検査結果を用いて裏付けしながら[14]、Aの特性について順次解釈をして個別支援を検討する。

	①認知スタイル	②話す領域	③書く領域	④選択的注意	⑤運動発達
事例1	やる気にならないので、S先生(支援員)と他愛もない話をしていた。S先生から、「体育はどうする?」と聞かれたが、どうするか自分でも分からなかった。ダンスの練習を2階のベランダから見ていた。(体育の授業についての話)	「やる気にならない」「やる気になったら」など、授業に参加しない理由を説明する語彙が限られている。	作文は好きじゃない。読書感想文や日記が一番嫌だ。	ぼーっとしたり、教科書を見たりして、「木星」ってどんな曲かな、今度聴いてみたいと思ったりしていた。	書字は弱々しく、書いている最中によく鉛筆を落とす。字を書くのは疲れると言う。
事例2	合奏の練習は、初めのうちはメロディーを全て演奏し、全て弾けるようになってから自分のパートを練習した。	知識が豊富であり、覚えたことを話す時は饒舌になるが、自分の体験や気持ちを話す時は、迂回表現が多くなり、話すことを止めてしまうこともある。	ひとつひとつの文章が短い。(学級文集)	授業中はヒマだったので、教科書に階名を書いたりして過ごした。	プリンやヨーグルトの上蓋を剥がしたりすることや、牛乳パックを開くことができない。
事例3	S先生が、「いつやる」と聞くので、「やる気になったら」と答えた。	S先生が、「いつやる」と聞くので、「やる気になったら」と答えた。	テーマに広がりがなく、ひとつのテーマが2、3行で終わっている。(学級文集)		2穴ファイルにプリントを綴じることが難しい。
事例4			作文の全体量が他児童に比べて極端に少ない。(学級文集)		靴ひもを結ぶことが困難な様子である。
事例5					罫線のない用紙にバランスよく文字を配置して文章を書けない。
事例6					ぼくは、リコーダーはできないから 他、リコーダーに関する発話3件

【図3】

尚、WISC-Ⅲは、知能を多種の知的能力の総体と捉え、ある個人における多種の知的能力の強弱、すなわち個人内差を測定できることから、知的障害が軽度の発達障害児の発達支援において重要視されている[15]。

WISC-Ⅲの構成と群指数の意味は【図4】【図5】に表した。尚、個人情報の保護のため、WISC-Ⅲ検査結果の数値は表示を控えた。

WISC-Ⅲの構成

群指数	言語性下位検査		動作性下位検査		
	言語理解	注意記憶	知覚統合	処理速度	群指数に無関与
下位検査	2 知識 4 類似 8 単語 10 理解	6 算数 (12 数唱)	1 絵画完成 5 絵画配列 7 積木模様 9 組合せ	3 符号 (11 記号探し)	(13 迷路)

下位検査に付されている数字は実施順序
( )は通常の場合IQ算出に関与しない補助検査

【図4】

WISC-Ⅲの群指数の意味

群指数名	意味
言語理解	言語の理解及び表現力
知覚統合	視覚的な認知能力および視覚-運動的な表出(構成)能力
注意記憶	注意力・集中力・聴覚的作動記憶、および数処理能力
処理速度	処理速度および視覚的作動記憶

【図5】

①認知特性

　Aの練習には全体像の把握が必要であったことが推測される。活動に見通しを持ち、自分なりに練習の意義を見出すことが必要であったと考えられる。合奏の練習で自分のパートを演奏するまでの過程や運動会のダンスのエピソードに認知特性（同時処理型学習）が表れている。従って、見ているだけ、その場にいるだけの態度や、Aなりの合奏の関わりを容認していたことが、結果的には適切な支援になったと言えるだろう。WISC-Ⅲでは、下位検査＜数唱＞が極端に低いことから、継時処理に弱く、同時処理に強いことが推測できるが、数唱の数値だけで判断することは難しく、検査中の行動観察の情報が必要である。認知処理の特徴については、K-ABCによりアセスメントが可能である（Aに対しては、実施なし）。

②話す領域

　＜言語理解＞は高得点であり、Aの知識の蓄えや言葉概念についての力が優れていることを表している。しかし、下位検査では＜単語＞＜類似＞の高得点に対して＜理解＞は極端に落ち込んでおり、言語表現力の弱さを表している。このことは、インタビューの折にも明らかであると感じた。「授業中はヒマ」「やる気になったら」「そろそろやった方が、、、」などのAの言葉は、授業中勝手気ままに過ごしている印象を与える。また、体験や心情を話す時には迂回表現が多くなったり、「もう、いいや」と話をやめたりすることも多くなることから、話す領域の発達にも問題があるこ

とが認められる。「ヒマ」は、周囲が何をしているか、自分が今何をすべきか分からない状態であり、「そろそろやった方が、、」は、分かってきた状態やできるかも知れないと感じている状態であったことを推測した。Aが自分の状態を表す言葉は限られている。言葉の意味だけを受け取らずに、その時の環境やこれまでの情報を頼りに、Aの状態を丁寧に理解し、必要な支援を推測していく必要があると思われた。

③書く領域

音楽教室では、文章を書く機会がないために、書く領域に分類されるデータは、本人からのインタビューと学級文集から得たものである。話す領域と同様に、言語理解の下位検査＜単語＞＜類似＞の高得点に対して＜理解＞の弱さから文章表現にも困難があることが推測できる。音楽の授業では、恐らく鑑賞文を書くことや、感じたことを言葉で表現することにもサポートや配慮を要すると思われる。

④選択的注意

WISC-Ⅲ・群指数では＜注意記憶＞に極端な落ち込みが見られた。これは、一度に注意を向けられる範囲や持続時間に苦手さがあることを表している。これらの特性に対して、個別指導で聞く力を育てる、一斉指導の際には、Aの注意を必要なことへ向けてやる、成功体験を重ねる、言葉による説明や定義付けをすることが有効であることが、検査結果表に記載されていた。音楽の授業に関与しにくい原因も＜注意記憶＞の弱さに起因している可能性が大きいと思われる。座席の位置の配慮や個別の指示など、Aの注意が指導者に向き易い環境を考えることが必要であろう。

また、動作性IQと言語性IQに有意差はなく、視覚支援は一見必要ないかのように思われる。しかし、＜注意記憶＞の極端な落ち込みは、視覚的体験的な学習が有効であると捉えるのが妥当であろう。

⑤運動発達

指先の巧緻性の弱さから現れる困難もWISC-Ⅲ・群指数＜注意記憶＞に表れている。＜注意記憶＞の落ち込みは、『視覚－運動の協応』の弱さも示しており、Aの検査結果表のコメント欄には、巧緻性を伴う活動には支援が必要であると記載されていた。また、＜組合せ＞の得点は、感覚運動のフィードバックを利用する力の弱さを表しており、Aがリコーダーを敬遠する背景を裏付けていると考えられる。

Aの全般的知的水準は、平均を大きく上回っている。しかし、問題は下位検査のばらつきに起因しており、授業拒否や出席していても授業に関与しない態度や「リコーダーが何の役に立つのか、、」などの不適切な言動には、発達性協調運動障害、選択的注意・注意記憶の弱さなどの背景があることが、情報の分析により明らかになったと思われる。

この結果は、①Aが指導者に注意を向けやすく、指導者が個別に声をかけやすい座席にAを配置する。②合奏などの練習では、Aなりの取り組みの様子を見ながら、授業との関わりを促す。③鑑賞、器楽活動に工夫や配慮が必要である。などの個別支援が必要であることを示している。

行動観察やWISC-Ⅲは、小中学校でも学校生活や教科学習を支援するために行われているアセスメントである。校内委員会や専門家チームが把握している情報は、音楽授業における個別支援にも活かすことが可能であることが示唆されたと考える。音楽授業時に気になる実態や問題とされる言動には、本人にも説明できない背景がある。また、環境が問題を作り出している可能性も考えられるのである。

　音楽を担当する教員の立場は、小学校では学級担任であったり専科教員や非常勤講師であったりと様々である。どんな場合にも、初回授業から困難を予測して個別支援が検討されることが望ましく、授業の中でアセスメントを行い、微調整しながら対象児の学習をサポートして行く方策が現実的であろう。そのために、音楽の授業においても校内支援体制との連携は欠かせないものと考える。

　※ WISC-Ⅲは、2003年にWISC-Ⅳに改訂され、日本版は2010年に発行された。現在は日本でもWISC-Ⅳが主流になりつつある。

4　総合的考察

　アセスメントは、支援対象児の授業内容への興味関心や理解へと繋ぐことが目的である。従って個別支援は、クラス全体に対する授業と関連させて検討する必要がある。これまでの分析により、音楽学習におけるAの個別支援については明らかになったが、授業から離れてしまった要因はそれ以前までの授業の理解と関係していると思われる。授業に再び参加するようになったきっかけは、「分かる」ことであった。Aの理解は、リトミックのレッスンによって得られたものであり、特に音階に対する理解は、授業関与に大きく影響を与えたと言ってもよいと考えられる。

　理解には、有意味刺激・無意味刺激に対する処理能力の強弱も関係している。一般には、意味のある方が無意味なものより注意を向けやすい。音名や音階の意味することを自然に受け入れてきた我々には想像が難しいが、無意味刺激処理に弱い特性のある学習者にとってド・レ・ミ、、、は、抽象的で意味を持たない音韻の羅列でしかないのかも知れない。Aの無意味刺激に対する処理能力の弱さは行動観察から情報を得ることができなかったが、WISC-Ⅲでは、＜符号＞と＜記号＞の落ち込みが重複していることから読み取ることができる。先にも述べた通り、音階の方向性は視唱では表せないことから、音階が有意味化されたのは「動き」による効果であったと推察した。

　音楽を聴覚・視覚・筋肉の運動感覚などの様々な感覚を用いて学習するJ＝ダルクローズの音楽教育法には、学習者の弱い部分を補い、優位な感覚や強い認知特性を活用して音楽を学習できる可能性があると考えられる。

　以下に、発達障害の特徴として表れやすい能力の強弱に関連させながら、リトミックの教育的効果を考察する。

4.1　発達障害児の音楽学習とリトミック

　発達障害の子どもは、注意力・集中力に関わる困難により、クラスでの学習が上手くいかないケースが多く見られる。注意力・集中力の問題は、不注意や多動性、衝動性を特徴とする障害[16]だけではなく、学習障害や認知の特性により内容が理解できないために起こる場合もある。離席や無関心というような実態は、これらに起因して表れる。

従って、注意を促し、集中を持続させる授業の内容が、検討課題の一つになることと思われる。筆者は、リトミックの即時反応には、本来学習者の注意・集中を喚起し、集中を持続させる構造があり、発達障害を持つ幼児にも有効であることを明らかにした[17]。従って、リトミックは小学校低学年からの導入が可能であると言ってもよいだろう。注意を促し、集中力を持続させる要因のひとつは、リトミックの課題の多くに用いられる即時反応が持つ、ゲーム的要素であった[18]。平山・甲本は、発達障害児の集中を持続させるために、教科に関わらず「楽しさ」「緊張」「動き」のある授業を提唱している[19]。リトミックのゲーム的要素は、これら3つの条件を備えている。また、リトミックには「分からないこと」や「できないこと」を反復練習する訓練的な性質がないことも、子どもの注意・集中の持続を助けると考える。

また、リトミックの「動き」は、音楽を視覚化する動きであり、音楽のどの要素を捉えどんな動きで表現するのかが明確である。このようなリトミックの特徴は、イメージ力の弱い学習者や視覚的な情報処理に優れている学習者の理解を促しやすいと思われる。自閉症スペクトラム児の音楽聴取後の情報保持の時間は、定型発達児よりも短い事が明らかになっており[20]、この点においても体験先行・体験重視のリトミックは有効であると言えるだろう。

一方で発達障害のある子どもの中には、模倣やボディーイメージに弱さがあるために、身体を動かす活動への関与が難しい子どもが存在することを指導者は知っておいた方がよいだろう。このような学習者に対しては、具体物を使う方法が効果的であると思われる。具体物を使うことによって「動き」が「操作」に変換されるからである。

以上は、①注意・集中を促す　②音楽が視覚化される　③「動き」が「操作」に変換される　の3点に整理される。これらの性質も、発達にアンバランスが見られる発達障害児の音楽学習をリトミックが支援できる要因であると考える。

4.2　発達障害児の音楽指導における課題

最後に発達障害児の音楽認知の特徴に触れておきたい。「音楽による音楽学習」[21]と言われるリトミックでは、音楽の全体性を充分に感じながら、学習したい要素を聴きとり動くことが多い。私たちが音楽聴取においてゲシュタルト的な把握をしていることは明らかにされているが、細部要素に捉われやすい自閉症スペクトラム児の音楽聴取の特徴はどうであろうか。高機能の自閉症スペクトラム児の音楽聴取は、定型発達児と差異がないと結論付けた研究も報告されている[22]。しかし、この研究に対しては、検証の方法が充分ではなく結論するべきではないとも言われている[23]。現段階では、発達障害児に音楽認知の特異性はないとは言えないが、教育現場では丁寧にアセスメントを行い、明らかにされていない特性についても理解に努める必要があると考える。発達障害児にしばしば見られる不適切な言動は、具体像としては同じでも、その背景となる認知特性は異なる場合があることを踏まえたい。

おわりに

リトミックは、指導者のアイディアによって多彩に授業が展開される。本論で着目した多感覚性は、多彩な授業展開により活かされることになる。これにより学習者のニーズを満たす多様なアプ

ローチが可能になると考える。リトミックによる音楽授業といった内容の著書は、学習指導要領改訂により続々と出版されており、今日の現場実践をサポートしているのではないかと思われる。方法だけを真似ることに異論も起こるであろうが、実践の広がりに伴ってリトミックの理解も深められていくことに期待したい。

註・参考文献
1) 宮崎　紀雅「みんなに分かる授業」、『月刊学校教育相談』3月号、本の森出版、(2008)、pp.16-20
2) 高橋　あつ子「授業のユニバーサルデザイン化」、『月刊学校教育相談』3月号、本の森出版、(2008)、pp.4-33
3) 2005年4月に施行された「発達障害者支援法」では、「発達障害とは、自閉症、アスペルガー症候群、その他の広汎性発達障害、学習障害、注意欠陥多動性障害その他これに類する脳機能の障害であって、その症状が通常低年齢において発現するものとして政令で定めるもの」と定義された。
4) 2012年12月5日、文部科学省初等中等教育局特別支援教育課から「通常の学級に在籍する発達障害の可能性のある特別な教育的支援を必要とする児童生徒に関する調査について」が公表された。
5) 平成20年度告示小学校学習指導要領「音楽」第3指導計画の作成と内容の取扱い 2(1)
6) 上川　恵「小学校の音楽授業におけるリトミック実践の可能性—新学習指導要領を視野に入れて—」、『ダルクローズ音楽教育研究』Vol.35、日本ダルクローズ音楽教育学会、(2010)、pp.44-45
7) 竹田　契一・花熊　曉・熊谷　圭子　編集『特別支援教育の理論と実践 II指導』、金剛出版、(2012)、pp.35-117
8) 平田千秋「特別な教育的指導を必要とする児童の音楽教育法」、『学校音楽教育研究』、(2008)、Vol.12、pp.77-78
9) 平田千秋・西村佳子・勝間亜子・沖　直子「特別な教育的支援を必要とする児童の音楽教育法—4つの事例を通して—」、『学校音楽教育研究』、Vol.13、(2009)、pp.96-97
10) 井上　薫・福島直美「特別支援教育になって、音楽の授業はどう変わるのか—鑑賞活動における「困り感」をどう解消するか—」、『学校音楽教育研究』Vol.14、(2010)、pp.24-30
11) 広汎性発達障害のうち、高機能自閉症、知的障害を伴う自閉症、アスペルガー障害、その他特定不能の広汎性発達障害で見られる対人関係やコミュニケーションの発達障害が、それぞれに独立した障害ではなく、自閉を核とする連続的なものであるとするローナ・ウイングによる概念。
12) 上野　一彦・宮本　信也・柘植　雅義　編集『特別支援教育の理論と実践 I概論・アセスメント』、金剛出版、(2012)、pp.65-66
13) 辻井　正次『広汎性発達障害の子どもたち』、ブレーン出版、(2004)、pp.56-93
14) 上野　一彦・牟田　悦子・宮本　信也・熊谷　恵子　編集『特別支援教育の理論と実践 I概論・アセスメント』、金剛出版、(2007)、pp.99-135
15) 同上書、pp.100
16) ADHD（attention-deficit/hyperactivity disorder：注意欠陥多動性障害）
17) 三宅　浩子「即時反応の相互作用性と学習者の注意・集中の関係に関する実践研究—注意・集中力の客観的評価と動機付け過程の分析—」『ダルクローズ音楽教育研究』Vol.33、日本ダルクローズ音楽教育学会、(2008)、pp.1-12
18) 同上書、pp.5-6
19) 平山諭・甲本卓司『ADHD症状を抑える授業力』、明治図書、(2006)、pp.12-15
20) 原田和幸・中塚善次郎「音楽が自閉症児の血圧に及ぼす影響」、『鳴門教育大学教育センター紀要』、vol.4、(1990)、pp.65-72
21) 馬渕明彦　VTR *2nd THE WORKS OF M.I.E.R de Atelier de Jaques*、M.I.E.R.de Jaques、(2003)
22) Heaton,P.,Hermelin,B.,Pring,l. "Autism and pitch processing:A precursor for savant musical ability?" *MusicPerseption*,15(3)（1998),pp.291-305
23) 竹内　貞一「音楽科教育における特別支援教育対象児への配慮」『音楽学習研究』第3巻、音楽学習学会、(2007)、pp.15-16

記念誌編集後記

　ここに日本ダルクローズ音楽教育学会の創立40周年を記念して、日本ダルクローズ音楽教育学会創立40周年記念論集『リトミック教育研究―理論と実践の調和を目指して―』を刊行する。日本ダルクローズ音楽教育学会では創立30周年には『リトミック研究の現在(いま)』を、創立35周年には『リトミック実践の現在(いま)』を刊行し、今回が記念論集としては3回目の発行となる。

　ジャック゠ダルクローズは『リズムと音楽と教育』の中で「真の教育者は、同時に、心理学者、生理学者、芸術家でもあらねばならない。」としており、自身もエドワード・クラパレードら心理学者、フェルナン・ラグランジェら生理学者、グスタフ・フローベールら文学者に直接学び、あるいはその著作を読んで研究していて、その学習意欲は生涯衰えることがなかった。また、その学びの範囲は広く、オイラーら数学者についても彼らの著作を読み、学んでいたことを知ると、誰でも感服するのではないだろうか。教育について真剣に取り組むためには、広い視野をもって考えてゆく必要があるというジャック゠ダルクローズの考えの表れであると思われる。

　我が国におけるリトミック教育への理解と普及は着実に広がっており、これを支えるためにはリトミックについての研究を行い、その成果を多くの人々と共有することが重要である。創案者の成し得たことに習って、より良い実施を積み重ねながら、その基礎となるしっかりとした方法による研究を行ってゆくことが私たちの使命であると考える。

　最後に、本書にご投稿いただいた執筆者諸氏に心より御礼申し上げると同時に、これが我が国における教育研究の一端を担うことになればという希望を申し述べさせて頂く。

　2015年2月23日

　　　　　　　　　　　　　　　　日本ダルクローズ音楽教育学会創立40周年記念誌編集委員会
　　　　　　　　　　　　　　　　　　　　委員長　板　野　和　彦

日本ダルクローズ音楽教育学会
創立40周年記念誌編集委員会 委員（五十音順）
  板　野　和　彦（委員長）
  板　野　晴　子
  今　川　恭　子
  神　原　雅　之
  塩　原　麻　里
  関　口　博　子
  髙　倉　弘　光
  中　山　裕一郎
  福　嶋　省　吾
  三　宅　浩　子

日本ダルクローズ音楽教育学会創立40周年記念論集
リトミック教育研究―理論と実践の調和を目指して―

発行日 2015年3月31日 第1刷発行©

編集者 日本ダルクローズ音楽教育学会
発行者 日本ダルクローズ音楽教育学会 代表 福嶋省吾
    http://wwwsoc.nii.ac.jp/jsdeme/

発行所 開成出版株式会社
   〒101-0052 東京都千代田区神田小川町3丁目26番14号
    TEL 03-5217-0155 FAX 03-5217-0156

ISBN978-4-87603-497-0 C3073